한국일어일문학회 일본문화총서 16

교양인을 위한 일본 입문

한국일어일문학회 편

BOGOSA

발간사

　1978년 설립된 한국일어일문학회는 일어일문학·일본어교육·일본학 전반의 연구와 교육을 통해 학문적 기반을 넓혀 온 국내 최대의 관련 학술단체입니다. 본 학회는 연 4회의 등재학술지 발간과 정기 학술대회 개최를 통해 연구 교류를 촉진하고, 현장의 교육과 사회적 소통에 기여하고자 꾸준히 노력해 왔습니다. 이러한 축적 위에서 오늘,『교양인을 위한 일본 입문』을 한국일어일문학회 일본문화총서의 제16권으로 선보이게 되어 매우 기쁩니다.

　우리 총서는 지난 20여 년 동안 '가깝고도 먼 나라' 일본을 대중의 언어로 풀어내는 것을 목표로 해 왔습니다. 2003년에는『키워드로 읽는 日本 문화 1·2』,『키워드로 읽는 日本 문학 1·2』,『키워드로 읽는 日本 어학 1·2』를 통해 전통·현대문화, 고전·근현대문학, 언어학·일본어교육의 주요 쟁점을 폭넓게 소개하였고, 2009년에는『언어표현을 통해서 본 한일문화』,『세계 속의 일본문학』,『일본의 이해-체험과 분석』으로 영역을 확장했습니다. 2013년에는 재난과 격차의 일상성 속에서 공생의 상상력을 모색한『슬픈 일본과 공생의 상상력』을 펴내어 2014년도 대한민국학술원 우수학술도서로 선정되는 성과를 거두었습니다. 그리고 2018년에는『소통과 불통의 한·일간 커뮤니케이션』,『한일 양국의 이문화 수용과 번역』을 출간하였습니다.

더불어 '키워드' 시리즈는 이후 『日本 문화3』·『日本 문학3』·『日本 어학3』이 새롭게 추가되어 대대적으로 증보·재출간되어, 총 238명의 집필진이 474개의 키워드를 통해 일본을 다각도로 해설하는 대 성과를 이루어냈습니다.

　이번에 간행하는 『교양인을 위한 일본 입문』은 이러한 성과를 계승하면서도, 총서 최초로 '교재 체재'를 정교하게 갖춘 권이라는 점에서 각별한 의의를 지닙니다. 대학의 교양·전공 수업은 물론, 일반 독자에게도 바로 활용 가능한 구조를 갖추어 '읽는 책'을 넘어 '가르치고 배우는 책'으로서 총서의 지평을 넓힙니다.

　이 책의 완성을 위해 헌신해 주신 한국일어일문학회 총서편찬위원회의 12분 집필진께 깊은 감사의 마음을 전합니다. 바쁜 연구·강의 일정 속에서도 각 장을 치밀하게 구성해 주셨고, 무엇보다 '교양 교육'과 '학문적 정확성'의 균형을 끝까지 견지해 주셨습니다.

　한국일어일문학회는 앞으로도 학술성과의 사회적 환류를 강화하고, 교육 현장에서 바로 활용 가능한 지식 인프라를 확충하는 데 책임을 다하겠습니다. 『교양인을 위한 일본 입문』이 총서 제16권으로서 새 이정표가 되기를 기대합니다.

한국일어일문학회
회장 이시준

머리말

이 책은 일본을 처음 배우는 분들을 위한 기본 입문서입니다. 일본을 막 접하는 일반 독자나 대학 신입생이 어렵지 않게 읽으면서, 생활과 수업 속에서 자연스럽게 활용할 수 있도록 꾸몄습니다.

전체는 13장으로 이루어져 있습니다.

먼저 1~3장에서는 일본이라는 나라의 큰 그림을 살펴봅니다. 일본이 어떤 지리적 환경에 놓여 있고, 기후와 인구는 어떤 특징을 지니며, 지역은 어떻게 나뉘어 있는지를 소개합니다. 또한 고대시대부터 현대까지의 역사 흐름을 짧게나마 훑어 보면서, 오늘날 일본을 이해하는 데 필요한 기본 배경을 마련합니다.

4장에서는 문자와 언어, 문학을 다룹니다. 히라가나와 가타카나 같은 문자 체계가 어떻게 생겨났는지, 일본어의 특징이 무엇인지, 그리고 일본 문학이 어떤 흐름으로 이어져 왔는지 기본적인 윤곽을 잡습니다.

5~7장은 일본의 문화를 다양한 각도에서 보여줍니다. 신도와 불교, 마쓰리(축제), 스모 같은 전통문화는 일본의 역사와 생활 속에 깊이 스며 있습니다. 여기에 더해 만화, 애니메이션, 영화, 게임 같은 대중문화가 오늘날 일본의 대표 이미지로 자리 잡았고, 한국과 일본이 서로 영향을 주고받으며 만들어 가는 '문화 교류'도 중요한 장면으로 등장합니다.

8~11장은 생활문화에 초점을 맞춥니다. 일본 사람들은 어떤 집에서 살고, 어떤 옷을 입으며, 어떤 음식을 즐길까요? 또 계절마다 어떤 행사를 치르고, 인생의 중요한 순간들 ― 성인식, 결혼식, 장례와 제례 ― 은 어떤 방식으로 진행할까요? 이런 부분을 들여다보면 교과서 속 일본이 아니라, 살아 있는 일본인의 일상을 더 가까이 느낄 수 있습니다.

마지막으로 12장과 13장은 오늘날 일본 사회를 이해하는 데 꼭 필요한 주제를 다룹니다. 신문, 방송, 디지털 플랫폼으로 이어지는 미디어 환경, 그리고 정치 제도와 사회 문제를 통해 '지금, 일본'의 단면을 확인할 수 있습니다.

각 장은 "핵심 포인트"로 시작해 길을 안내하고, 장 끝에는 간단한 확인 문제가 있어 읽은 내용을 스스로 점검할 수 있습니다. 꼭 순서대로 읽지 않아도 됩니다. 처음 접하는 분이라면 1~3장으로 기초를 다지고, 흥미 있는 주제를 골라 5~7장이나 8~11장으로 넘어가도 좋습니다. 최신의 일본을 알고 싶다면 12~13장을 먼저 읽어도 무리가 없습니다. 읽는 순서는 자유롭습니다. 기초부터 차근차근 따라가도 좋고, 관심 있는 부분부터 골라 읽어도 괜찮습니다. 교차해 읽다 보면 내용들이 서로 이어져 있다는 것을 자연스럽게 느끼실 수 있을 겁니다.

이 책이 특히 강조하는 것은 비교와 연결입니다. 전통과 현대, 제도와 일상, 지역 차이와 한·일 사이의 상호작용을 한 화면에 올려두고, 고정관념 대신 "왜 그럴까?"라는 질문을 던지도록 유도합니다. 목적은 '일본 상식 암기'가 아니라, 세계 속의 일본을 스스로 읽어내는 눈을 기르는 일입니다.

부디 이 책이 여러분 곁에서 일본을 이해하는 작은 동반자가 되기를 바랍니다. 수업 시간에도, 여행길에서도, 일상 속에서 일본을 바라볼 때 이 책이 길잡이가 되어 일본의 이해를 돕는 세심한 나침반이 되기를 기대합니다.

끝으로 출판 과정 전반을 세심하게 이끌어 주신 보고사 김흥국 사장님과 기획·편집을 책임감 있게 총괄해 주신 이소희 편집자에게 깊이 감사드립니다.

한국일어일문학회 총서편찬위원회

차례

발간사 **3**

머리말 **5**

제1장 개관

1. 국토 17
국토 동서남북의 끝 | 일본의 국토 | 국경 문제

2. 기후 20

3. 국호와 국기 22
국호 | 일장기와 욱일기

4. 국가와 원호 24
국가 | 원호

5. 인구 26
일본의 인구 | 인구분포

제2장 행정구역과 지방의 특징

1. 도도부현 33
도도부현 | 도도부현의 구분

2. 8지방의 특징 34
홋카이도 지방 | 도호쿠 지방 | 간토 지방 | 주부 지방 | 긴키 지방 | 주고쿠 지방 | 시코쿠 지방 | 규슈 지방

제3장 역사의 흐름

1. 원시·고대 **53**

   구석기 시대 | 조몬 시대와 야요이 시대 | 고분 시대와 야마토 정권 | 아스카 시대와 율령국가로의 길 | 나라 시대와 율령국가의 번영 | 헤이안 시대와 율령국가의 변질

2. 중세 **57**

   가마쿠라 시대 | 무로마치 시대 | 아즈치·모모야마 시대

3. 근세 **63**

   에도 시대와 막번체제 | 막번체제의 동요

4. 근대 **65**

   개국과 막부의 멸망 | 메이지 유신과 근대 국가의 기초 형성 | 제국주의 확장과 열강의 일원으로 | 다이쇼 민주주의와 제1차 세계대전 | 군부의 대두와 태평양 전쟁

5. 현대 **69**

   점령과 전후 개혁기 | 주권 회복과 고도 경제성장기 | 경제 전환과 국제화 | 버블 붕괴와 사회 혼미기 | 구조 개혁과 재해의 시대 | 아베노믹스와 레이와 시대의 개막

제4장 언어와 문학

1. 문자 **78**

   한자 | 히라가나 | 가타카나

2. 어휘 **81**

   일본어 속의 한국어 | 한국어 속의 일본어

3. 고전 문학 **83**

   고대 문학 | 중세 문학 | 근세 문학

4. 근현대 문학 **91**

제5장 전통문화

1. 신도와 신사 **105**
   신도 | 신사 | 사호 | 대표적인 신사

2. 마쓰리 **109**
   마쓰리 | 마쓰리와 종교 | 마쓰리의 진행 순서 | 교토의 기온마쓰리

3. 스모 **114**
   스모 | 도효 | 리키시 | 경기 시기와 장소 | 요코즈나

제6장 대중문화

1. 만화 **123**
   만화의 역사 | 잡지와 독자층 | 장르의 다양성

2. 애니메이션 **126**
   애니메이션의 종류 | 제작과 수익 구조 | 세계적 인기

3. 영화 **129**
   영화의 전성기와 국내외 평가 | 산업 구조의 변화

4. 게임 **131**
   일본 게임 문화의 구조와 특성 | 산업 구조와 일본식 게임의 특징 | 글로벌 시장에서의 경쟁 구도

5. 미디어 믹스와 관련 상품 **134**
   미디어 믹스 전략과 콘텐츠의 확장 | 상품화 전략과 소비문화의 결합

제7장 일본 속의 K-culture 한국 속의 J-culture

1. 한류의 시작 **141**

2. 한류에서 K-culture로 **142**
   2차 한류 | K-culture의 확산

3. 일본에서 마주치는 K-culture 146
K-뷰티와 디저트 | K-푸드와 한국어

4. 한국에서의 일본 대중문화 149
일본 대중문화의 유입 | 개방 이후의 변화

5. 한국에서 마주치는 J-culture 153

제8장 주거와 의복

1. 주거의 형태 159
단독주택과 집합주택 | 빈집의 증가

2. 주택의 내부구조 161
마도리 | 도코노마 | 욕실 | 냉난방 | 주차 | 비상시의 대비

3. 전통의상 '기모노' 167
기모노의 형태와 특징 | 여성 기모노 | 남성 기모노

4. 관혼상제와 기모노 172
시치고산과 기모노 | 결혼식과 시로무쿠 | 장례식과 모후쿠

5. 축제와 기모노 175
유카타 | 핫피

제9장 음식

1. 일본인의 식탁 181
한국 음식 문화와의 공통점·차이점

2. 집 안의 음식 공간 182
이로리와 가마도

3. 하레와 게의 음식 문화 183
하레와 게 | 전통적 일본인의 일상 음식 | 일본인의 '집밥' | '하레'의 식사 | 조니와 오세치요리

4. 외식과 음식의 다양화 **191**
외식과 음식의 다양화

제10장 연중행사

1. 봄의 연중행사 **197**
   히나마쓰리(ひな祭り) 3월 3일 | 오하나미(お花見) 3월 말~4월 중순 | 단오의 절구(端午の節句) 5월 5일

2. 여름의 연중행사 **201**
   고로모가에(衣替え) 6월 1일 | 나고시노하라에(夏越の祓) 6월 30일 | 야마비라키(山開き) 7월 1일 | 다나바타(七夕) 7월 7일 | 오추겐(お中元) 7월 1일~8월 15일 | 도요노우시노히(土用の丑の日) 7월 20일경 | 오본(お盆) 8월 13일~16일경

3. 가을의 연중행사 **207**
   오쓰키미(お月見) 음력 8월 15일 | 시치고산(七五三) 11월 15일

4. 겨울의 연중행사 **208**
   스스하라이(煤払い) 12월 13일 | 오미소카(大晦日) 12월 31일 | 오쇼가쓰(お正月) 1월 1~3일 | 성인의 날(成人の日) 1월 두 번째 월요일 | 세쓰분(節分) 2월 3일

제11장 관혼상제

1. 관혼상제와 종교 **217**

2. 성인식 **218**
   국경일로서 '성인의 날'의 유래 | 성인식 문화의 상징 후리소데(振袖)

3. 결혼식 **221**
   기독교식 결혼이 유행하게 된 계기 | 드라마 <롱 베케이션>과 두 번의 결혼식 | 기독교식 결혼과 무종교성

4. 장례와 제례 226
일본인들의 산소 오하카(お墓) | 일본의 '불교식 장례'의 탄생 | 마을 의례로서 조상제사

제12장 미디어

1. 출판 233
신문 | 잡지

2. 극장과 TV 드라마 그리고 음악 236
일본의 극장과 TV | 드라마 | 음악

3. 광고 244
인터넷 광고 및 대중 매체 광고 | 세일즈 프로모션 광고(SP)

제13장 정치와 사회

1. 헌법 251
일본국 헌법의 이해 | 일본국 헌법의 세 가지 기본 원칙

2. 정치 기구 255
삼권분립 제도 | 내각의 구성과 총리의 선출 방식 | 국회의 양원제와 일본 정치 구조의 특징

3. 정당 262
정당과 정치 참여 | 정당 구조와 주요 정치 정당 | 정당정치의 쟁점과 일본 사회의 과제

일본 입문

교양인을 위한

― 제1장 ―

개관

이름·연호·인구로 보는 일본의 얼굴

> **핵심 포인트**
> - 일본이 아시아의 어디에 있고, 어떤 섬들로 이루어져 있는지 알 수 있다.
> - 일본의 지역마다 기후가 다르게 나타나는 이유와 그 특징을 이해할 수 있다.
> - '일본'이라는 나라 이름과 국기·국가가 어떤 의미를 가지고 있는지 설명할 수 있다.
> - 일본의 인구가 어디에 집중되어 있고, 인구가 줄어드는 이유를 알 수 있다.
> - '메이지'나 '레이와' 같은 시대 이름이 무엇을 뜻하는지, 시대를 나누는 방식을 이해할 수 있다.

이 장에서는 일본이라는 나라의 기본적인 모습을 전체적으로 살펴봅니다. 먼저 일본의 지리적 특성과 국토 면적, 주변 해역에 대한 설명을 통해 일본이 어떤 위치와 규모를 가진 나라인지를 이해하고, 이어서 지역별로 다양한 기후 특징을 알아봅니다. 또 '일본'이라는 이름의 유래와 국기·국가의 의미, 시대를 구분하는 원호 제도도 함께 다룹니다. 마지막으로 인구 구성과 도시별 분포를 통해 일본 사회의 구조적 특성까지 폭넓게 소개합니다.

1. 국토

국토 동서남북의 끝

일본은 유라시아 대륙 동쪽에 있는 섬나라입니다. 혼슈(本州, 전체의 60%)·홋카이도(北海道, 전체의 20%)·규슈(九州, 전체의 10%)·시코쿠(四国, 전체의 5%) 등의 4개의 큰 섬과 그 주변에 있는 7천여 개의 섬들로 이루어져 있습니다. 일본은 영역의 동쪽 끝을 도쿄도(東京都)의 미나미토리섬(南鳥島), 서쪽 끝을 오키나와현(沖縄県)의 요나구니섬(与那国島), 남쪽 끝을 도쿄도의 오키노토리섬(沖ノ鳥島), 북쪽 끝을 북방영토의 에

▼ 일본이 불법적으로 주장하는 국토의 동서남북 끝단

토로후섬(択捉島)으로 규정하고 있습니다.

일본의 국토

일본의 국토 면적은 세계 61위이며 한국보다 약 3.7배 큽니다. 일본보다 면적이 큰 각국과 비교하면 세계 1위 러시아는 일본의 약 45배, 2위 캐나다 및 3위 미국은 약 26배, 4위 중국은 약 25배, 5위 브라질은 약 22배가 됩니다. 일본은 아시아에서는 베트남, 말레이시아, 이라크 등의 나라들과 면적이 비슷하며, 유럽의 영국이나 이탈리아보다 넓고, 네덜란드나 덴마크, 스위스는 규슈보다 조금 넓은 정도입니다.

일본의 국토 면적은 결코 세계적으로 넓다고 할 수 없지만 연안으로부터 200해리의 경제수역을 포함시키면 세계 상위권에 속합니다.

원래의 영해(領海)는 대포의 탄환이 미치는 거리를 기준으로 했는데, 18세기 이후 3해리(1해리는 1,852미터)로 되었고, 이후 영해는 12해리로 확대되었습니다. 또한 영해의 바깥쪽으로 12해리에 걸친 지역을 '접속수역'이라고 합니다. 여기서는 세관, 출입국 등 제한적 권한이 인정됩니다. 계속해서 '접속수역'의 바깥쪽 지역은 '배타적 경제수역'이 되는데, 물고기 등의 수산자원과 석유나 천연가스 등의 광물자원에 대한 관리가 연안국에게 인정됩니다. 배타적 경제수역은 간조시의 해안선에서 200해리(약 370킬로미터)까지라고 국제연합에서 정해졌습니다. 일본의 경우 섬나라이지만 이도(離島)가 많기 때문에 각각의 연안 200해리를 포함하면 경제수역이 세계에서도 유수의 나라가 되는 것입니다. 배타적 경제수역 바깥쪽 지역은 공해로 공해에서는 모든 나라가 자유롭게 이용할 수 있습니다.

다만 배타적 경제수역 바깥쪽 지역이라도 해저의 지형이나 지질이 연안과 연속된 경우, 이것을 '연장대륙붕'으로 할 수가 있습니다. 연장대륙붕에서는 광물자원의 관리만이 인정됩니다.

국경 문제

한편 일본과 주변국 간에는 영유권 분쟁이 있는 섬들도 존재합니다. 예를 들어, 홋카이도 북동부 인근에는 하보마이군도(歯舞群島), 시코탄(色丹), 구나시리(国後), 에토로후(択捉) 등 4개의 섬이 있으며, 일본은 이 지역을 '북방영토'라 부르며 자국 영토라고 주장하고 있습니다. 이들 섬은 현재 러시아가 실효 지배하고 있으며, 일본은 영유권을 주장하며 반환을 요구하고 있습니다.

또한 독도(일본에서는 다케시마(竹島))의 경우, 일본은 1905년 시마네현 고시를 통해 자국 영토로 편입했다고 주장하고 있으며, 1952년 이후 한국이 실효적으로 지배하고 있는 것에 대해 불법 점거라고 주장하고 있

▼ 일본이 불법적으로 주장하는 배타적 경제수역

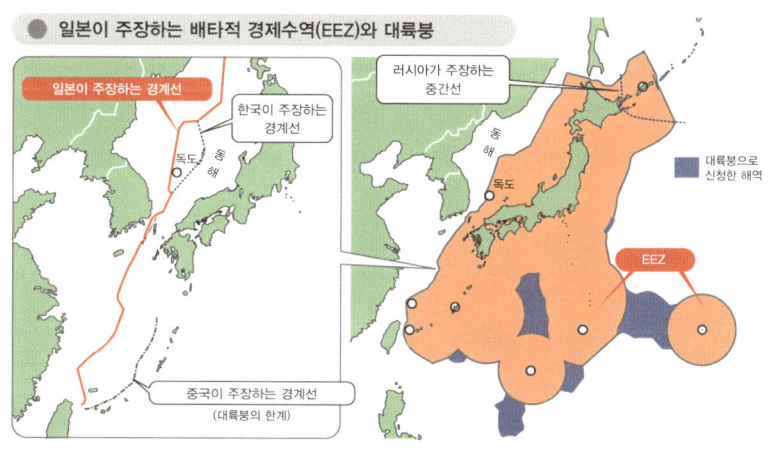

습니다. 한편, 센카쿠 제도(尖閣諸島, 중국에서는 댜오위다오)는 일본이 실효 지배 중이나, 중국과 대만이 영유권을 주장하고 있습니다.

2. 기후

일본 국토의 대부분은 온대에 속하며 우리나라와 마찬가지로 사계절의 구별이 뚜렷하여 여름과 겨울의 기후가 크게 차이가 납니다. 일본은 국토는 좁지만 남북으로 길게 뻗어 있어 계절풍의 영향이나 해류의 영향을 받기 쉬워, 남과 북, 혹은 연안지역과 내륙지역의 기후가 다릅니다. 또한 일본 열도는 많은 태풍이 상륙하며, 활동 중인 화산이 많습니다. 이 때

▼ 일본의 기후 구분

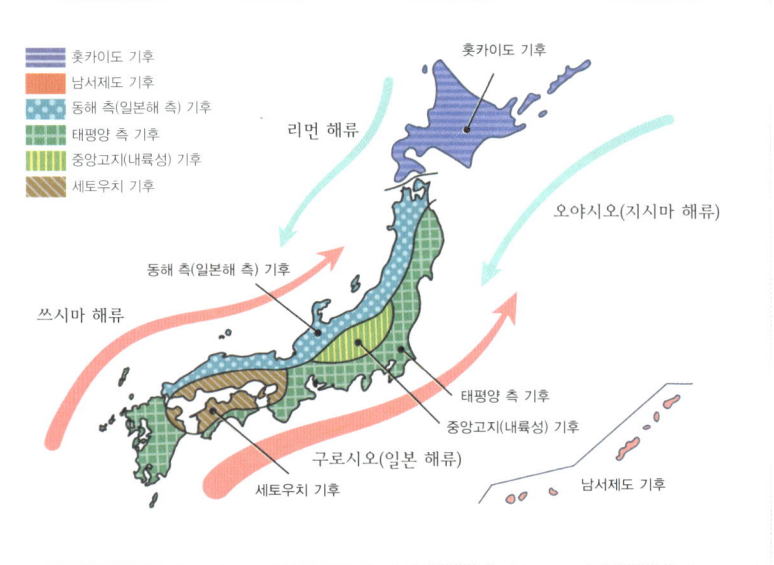

문에 태풍, 지진, 화산 분화 등의 자연재해가 일어나기 쉽습니다. 일반적으로 일본의 기후 구분은 아래와 같이 6개의 지역으로 나눌 수 있습니다.

홋카이도(北海道) 기후는 여름은 서늘하고 겨울에는 매우 춥습니다. 강수량은 적은 편이며 장마나 태풍의 영향을 거의 받지 않습니다.

태평양 측 기후는 여름에 남동쪽 바다의 계절풍의 영향을 받아 비가 많이 오고 무덥습니다. 겨울은 북서 계절풍이 산을 넘어 불어와 건조하고 맑은 날이 많아집니다. 도호쿠(東北) 지방에서는 여름에 바다 쪽에서 짙은 안개가 들어오기도 합니다. 규슈(九州) 동북부, 시코쿠(四国)남부, 기이(紀伊) 반도 남부의 남해지방은 태풍의 영향을 많이 받으며 겨울은 따뜻해 지내기 좋은 기후가 됩니다.

중앙고지(내륙성) 기후는 여름과 겨울 모두 계절풍이 높은 산지에 막혀 연중 강수량이 적은 편입니다. 한편 겨울이 추워 여름과 겨울의 온도차가 큽니다.

동해 측(일본해 측) 기후는 겨울에는 습기가 많은 북서 계절풍의 영향으로 눈이 오거나 흐린 날이 많습니다.

세토우치(瀬戸内) 기후는 북쪽의 주고쿠(中国) 산지와 남쪽의 시코쿠(四国) 산지로 둘러싸여 계절풍의 영향이 적습니다. 때문에 맑은 날이 많고 비가 적습니다.

남서제도 기후는 아열대기후라고 하여 오키나와(沖縄)·아마미(奄美) 군도 등은 연평균 기온이 15도 이상으로 기온이 높습니다. 비는 많이 내리나 서리나 눈은 볼 수 없습니다.

3. 국호와 국기

국호

　일본의 국호는 '일본국(日本国)'입니다. 근대 이후에 성립된 헌법의 표제를 보면 '일본국 헌법(日本国憲法)'으로 되어있고, 외무성에서 발급한 여권 표지에는 '일본국'이라고 표기되어 있습니다. 고래로부터 중국이나 한국의 각 왕조는 일본을 가리켜 '왜(倭)'라는 칭호를 사용했습니다. 이후 720년에 성립된 최초의 역사서의 제목도 "일본서기(日本書紀)"로 되어 있는데, 이렇게 '일본'이라고 하는 국호의 표기가 정착한 시기는 7세기 후반에서 8세기 초로 추정됩니다. 이 기간에는 당나라가 주변국에 강한 영향력을 행사하고 있었고, 일본은 중국과 조선에 대항하기 위해 의욕적으로 율령을 제정하는 등 천황을 중심으로 하는 강력한 중앙국가 건설을 도모하였습니다. '일본'이라는 표기는 이러한 동아시아 각국에 대한 균형과 견제라고 하는 대외적 환경과 맞물려 성립된 것입니다.

　그런데 일본인은 '日本'을 '니혼'이라고 발음할까요, 아니면 '닛폰'이라고 발음할까요. 일본어의 '일본'은 '니혼'이라고 말하지만, 일본인의 '일본'은 '니혼'도 되고 '닛폰'도 됩니다. 한편 스포츠 경기 때 자국을 응원할 때는 '닛폰'이라고 합니다. 단도직입적으로 말하면 그때그때 다르다고 할 수 있습니다. 가령 일본항공·일본경제신문·일본대학 등의 '일본'은 '니혼'으로 발음하고, 전일본공수(ANA)·일본전기·일본의과대학 등의 '일본'은 '닛폰'으로 발음합니다. 참고로 영어로 일본을 'Japan'으로 표기하고 있는데, 이 표기는 13세기말에 마르코 폴로가 원나라 여행을 다닌 이야기를 기술한『동방견문기』에서 일본을 가리켜 'ZIPANGU'라고 한 것에서 유래되었다고 합니다.

일장기와 욱일기

일본의 국기는 법률상으로는 일장기(日章旗)라고 하는데, '일장'은 태양을 형상화한 붉은 동그라미 표시를 말합니다. 일반적으로 히노마루(日の丸)라고도 합니다. 1853년 페리 함대가 일본을 방문한 이래로 대외관계상 필요하게 되었고, 1870년 일장기를 상선용의 국기, 군함용의 국기로 정했습니다. 그러나 이것은 일장기를 국기로 정한 명문의 법규정이 아니었기에, 1999년 공포·시행된 국기·국가법에 의해 정식으로 일장기는 국기로 규정되게 됩니다. 국기·국가법의 규정에 의하면 깃발의 모양은 세로가 가로의 3분의 2인 직사각형. 일장의 지름은 세로의 5분의 3으로 바탕은 흰색, 일장은 홍색으로 되어 있습니다.

한편, 욱일기(旭日旗)는 일장기에 욱광(旭光) 즉 '아침 햇빛'을 그려 넣은 깃발을 말합니다. 1870년에 일본제국 육군의 군기(軍旗)로서 고안·채용되었고, 1889년에는 일본제국 해군에도 군함기(軍艦旗)로 채택되었습니다. 또한 제2차 세계대전 이후에는 1954년 자위대의 출범에 따라 육상

▼ 평양에서의 청일전쟁 모습을 그린 우키요에(浮世絵) 속의 욱일기(1894)

자위대에서도 자위대기(自衛隊旗), 해상자위대에서 자위함기(自衛艦旗)로 채택되었습니다.

　일본의 외무부는 '욱일' 문양은 일본의 전통문양으로 오래전부터 경사와 번영의 상징으로 일상에서 사용되어 왔다고 홍보합니다. 하지만 일본 제국군의 군기 및 군함기로 채택되면서 '군국주의'의 상징으로 되었습니다. 이러한 면에서 욱일기는 나치스가 당의 심벌로 채용한 '卐'의 '하켄크로이츠'나 미국 남북전쟁 당시 노예제에 찬성한 남군이 사용한 전투기 '미국 남부 연합기'와 비슷한 성격을 갖습니다. 전자는 나치스의 상징이 되었고, 후자는 '인종차별'의 상징이 되었습니다.

　2020년에 제정된 '서울특별시 일본 제국주의 상징물의 사용 제한에 관한 조례'는 서울 시내 공공장소 등에서 욱일기를 비롯한 '일본 제국주의 상징물'을 전시·사용·판매하지 못하도록 한 조례입니다. 현재는 조례에 근거해 공공장소·공공기관에서의 욱일기 사용이 제한되고 있습니다.

4. 국가와 원호

국가

　일본의 국가는 '기미가요(君が代)'입니다. 가사의 원형은 10세기 후반의 고전 시집 『고킨와카슈(古今和歌集)』에 수록된 와카(和歌)에 보이고, 이 와카의 첫 번째 자구가 바뀐 형태의 것이 11세기 고전 시집 『와칸로에이슈(和漢朗詠集)』에 실리게 되는데 이것이 현행 국가의 가사와 같습니다. 이 가사를 가지고 1880년 궁내성(宮内省) 소속 아악과(雅樂課)가 리듬을 붙였으니, 일본 국가의 가사야말로 세계의 국가 중 가장 오래된 가

사라 할 있습니다. 가사 내용을 번역하면 '당신의 나라가 천년 만년 영원하기를~🎵 작은 돌이 큰 바위가 되어 거기에 이끼가 자랄 때까지~🎵'인데, 문제는 '당신'은 누구를 지칭하는가에 있습니다. '당신'이란 근대 이전에는 축하를 받는 사람을 가리키는 것으로 반드시 군주나 천황을 지칭하는 것이 아니었습니다. 하지만 1893년 문부성이 학교 의식용 창가로 고시하였고, 1910년대 이후 군국주의가 팽배해져 가는 흐름 속에서 사실상의 국가로서 취급되면서 '당신'은 명확히 '천황'을 가리키게 되었습니다. 결국 이 시기에 '기미가요'는 천황을 상징하는 가사로 인해 군국주의 및 전체주의를 미화하며 멸사봉공의 정신을 고취시키는 도구로 정착된 것입니다.

제2차 세계대전에서 패한 일본은 국민주권을 원칙으로 하는 '일본국헌법(日本国憲法)'을 제정하였습니다. 패전 이후에도 기미가요는 사실상 국가로 사용되었는데 헌법상 명시되지 않아 법적 지위에 대한 논란이 있었고 1977년 문부성의 학습지도요령을 통해 국가로 규정하게 됩니다. 그러나 이후 법적 구속력에 대한 해석이 분분했고, 학교의 입학식 및 졸업식에서 제창을 해야 할지 말지에 대한 논쟁이 끊이지 않았습니다. 그러다가 1999년 '국기·국가법'이 공포·시행되어 정식으로 국가로 규정되게 되었습니다.

원호

'메이지(明治) 시대', '다이쇼(大正) 시대', '쇼와(昭和) 시대'라고 하면 각각 메이지 천황이 다스렸던 시기(1868~1912), 다이쇼 천황이 다스렸던 시기(1912~1926), 쇼와 천황이 다스렸던 시기(1926~1989)를 말합니다. 메이지 천황의 실제 이름은 '무쓰히토(睦仁)', 쇼와 천황의 실제 이름은 '히로히토(裕仁)'인데, 그러면 '메이지', '쇼화'는 도대체 무엇을 말하는 것일까요. 바로 원호(元号)라고 하며 달리 연호(年号)라고도 합니다. 주지하는 바와 같이 원호는 예로부터 중국 문화의 전파와 함께 조선, 만주, 일본, 베트남 등 여러 나라에서 사용되었고, 나라에 큰 일이 일어날 때마다 원호를 바꾸었습니다. 일본은 근대 이후 천황이 세자에게 천황의 자리를 물려주면 원호가 바뀌는데, 이것을 일세일원제(一世一元の制)라고 합니다. 동아시아의 여러 왕조가 망하게 됨에 따라 원호의 사용도 중단되었지만 일본만이 현재까지 사용하고 있습니다. 현재 일본의 천황의 이름은 나루히토(德仁)이며 원호는 레이와(令和)입니다. 따라서 원호로 현재의 일본의 시대를 지칭하면 '레이와 시대(2019~현재)'가 됩니다.

5. 인구

일본의 인구

패전 후인 1947년부터 1949년을 1차 베이비붐이라 하는데 이 기간 동안 출생자 수가 크게 늘었습니다. 이후 계속 인구가 늘어나 1971년부터 1974년에는 1차 베이비붐세대가 부모가 되어 제2차 베이비붐 세대가 도래했습니다. 하지만 이후 여성의 사회진출, 결혼이나 출산에 관한 인식의 변화로 인하여 2008년을 피크로 인구는 감소해 왔습니다. 2017년에 공표된 장례인구추정에 의하면 2053년에는 9,924만 명으로 1억 명 이하로 줄고, 이 중 38%를 65살 이상의 고령자가 차지할 것으로 예상되고 있습니다.

한편 세계 인구는 2022년에 80억 명을 돌파하며 계속 늘어가는 추세이며, 일본의 인구는 세계 12위입니다(「세계인구백서, 2024」). 참고로 한국은 5,170만 명으로 29위에 머물러 있습니다.

순위	국명	인구	순위	국명	인구
1	인도	약 14억 4천만	7	브라질	약 2억 1천만
2	중국	약 14억 2천만	8	방글라데시	약 1억 7천만
3	미국	약 3억 4천만	9	러시아	약 1억 4천만
4	인도네시아	약 2억 7천만	10	에티오피아	약 1억 2천만
5	파키스탄	약 2억 4천만	11	멕시코	약 1억 2천만
6	나이지리아	약 2억 2천만	12	일본	약 1억 2천만

인구분포

일본은 세계적인 시야로 보면 인구 밀집지대에 속하나, 인구분포는 지역적인 편차를 보입니다. 가령 도쿄, 오사카, 나고야 등의 3대 도시권과 그 주변을 중심으로 하는 태평양 벨트나 삿포로, 후쿠오카 등의 지방 중추도시에는 많은 인구가 집중되어 있습니다. 한편, 보통의 도시보다 더 많은 자치권이 주어져 독자적인 행정서비스가 가능한 도시를 정령(政令)도시라고 합니다. 전국적으로 총 20개가 지정되어 있는데, 요코하마시, 오사카시가 인구수 1위, 2위를 차지하고 있습니다. 참고로 도쿄(東京) 23구는 정령지정도시가 아니라 특별구로 인구는 약 985만 명으로 가장 많습니다.

한편, 일본열도의 넓은 지역에는 인구가 적은 지역이 분포하고 있습니다. 이들 대부분의 지역은 지형적인 제약이 많은 산간부, 혹은 본토에서 떨어져 교통이 불편한 도서지역입니다. 또 대도시나 그 주변은 인구증가율이 높지만 도호쿠(東北) 지방, 주고쿠(中国)·시코쿠(四国) 지방 등의 경우, 인구가 감소하는 현이 많습니다.

확인 학습

1. 다음 중 일본의 배타적 경제수역(EEZ)에 대한 설명으로 옳은 것은?
   ① 바다에서 어떤 나라나 자유롭게 자원 채굴이 가능한 구역이다.
   ② 연안국이 군사 기지를 설치할 수 있는 국제해역이다.
   ③ 연안으로부터 200해리까지 자원의 관리가 인정되는 해역이다.
   ④ 각국이 상호 합의 없이 접근할 수 없는 해역이다.

2. 다음 중 일본의 국토 면적이나 위치에 대한 설명으로 옳은 것은?
   ① 일본은 대륙국가로서 중국과 국경을 맞대고 있다.
   ② 일본의 국토는 영국보다 좁고 베트남보다 작다.
   ③ 일본은 여러 섬으로 이루어진 해양 국가이다.
   ④ 일본의 국토는 전 세계에서 다섯 번째로 넓다.

3. 다음 중 일본이 주장하는 북방영토에 포함되지 않는 섬은?
   ① 시코탄섬   ② 구나시리섬
   ③ 요나구니섬   ④ 에토로후섬

4. 다음 중 일본의 내륙성 기후에 대한 설명으로 옳은 것은?
   ① 태풍의 영향을 자주 받는다.   ② 기온 변화가 크고 강수량이 적다.
   ③ 연중 따뜻하고 습도가 높다.   ④ 해안가와 기온 차이가 거의 없다.

5. 일본 국기의 상징인 '일장기'가 처음 공식적으로 사용된 계기는 무엇인가?
   ① 메이지 유신 때
   ② 페리 함대의 내항 이후 대외용 국기 필요성 때문
   ③ 제2차 세계대전 발발과 함께
   ④ 1999년 국기국가법 제정 이후 처음 사용됨

6. '기미가요'의 가사에서 "당신"이 지칭하는 대상이 바뀌게 된 역사적 배경은?
   ① 제2차 세계대전 후 민주주의의 도입 때문
   ② 근대 이후 군국주의 팽창 속에서 사실상의 국가로 취급되었기 때문
   ③ 헤이세이 시대의 평화헌법 때문
   ④ 도쿠가와 막부의 종식 때문

7. 다음 중 '원호'와 관련된 설명으로 틀린 것은?
   ① 일본은 현재도 원호를 사용하고 있다.
   ② 근대 이후 원호는 천황이 바뀔 때마다 변경된다.
   ③ '레이와'는 2023년에 시작된 원호이다.
   ④ '일세일원제'는 한 천황에 하나의 원호를 의미한다.

8. 다음 중 욱일기에 대해 비판적 시각에서 맞는 설명은?
   ① 일본 전통 문양으로만 사용되므로 문제가 없다.
   ② 나치의 하켄크로이츠와 비교되는 군국주의 상징이다.
   ③ 현재 일본에서는 사용이 전면 금지되어 있다.
   ④ 오직 스포츠 경기에서만 사용되었다.

9. 다음 중 일본의 인구분포에 대한 설명으로 옳은 것은?
   ① 도호쿠 지방은 최근 인구가 빠르게 증가하고 있다.
   ② 도쿄, 오사카 등 대도시 주변에 인구가 집중되어 있다.
   ③ 시코쿠 지방은 정령지정도시가 많다.
   ④ 일본의 인구는 1억 5천만 명 이상이다.

10. 다음 중 일본의 국토 면적이나 인구에 관한 설명으로 틀린 것은?
    ① 일본은 국토 면적이 한국보다 약 3.7배 크다.
    ② 일본의 인구는 세계 12위 정도이다.
    ③ 일본은 경제수역이 세계에서도 유수의 나라이다.
    ④ 일본은 에티오피아나 멕시코보다 인구가 많다.

정답									
1	2	3	4	5	6	7	8	9	10
③	③	③	②	②	②	③	②	②	④

―― 제2장 ――

행정구역과 지방의 특징

47개 행정구역과 8개 지방의 풍경

> **핵심 포인트**
> - 일본의 행정구역이 '도도부현'으로 나뉘는 방식을 이해할 수 있다.
> - 일본의 국토가 8개의 지방으로 구분되는 이유를 이해하고, 각 지방에 포함된 현의 이름을 일부 말할 수 있다.
> - 각 지방의 대표적인 지리적 특징과 기후 차이를 비교하여 설명할 수 있다.
> - 주요 지방의 산업과 특산물을 지역별로 정리할 수 있다.
> - 각 지방의 유명한 도시, 관광지, 축제 등을 예를 들어 말할 수 있다.

일본은 하나의 나라지만 지역마다 자연환경, 기후, 산업, 문화가 매우 다릅니다. 이 장에서는 일본을 이루는 47개의 행정구역이 어떻게 나뉘어 있는지 살펴보고, 이를 8개의 지방으로 구분하여 각 지방이 가진 특징을 알아봅니다. 북쪽의 홋카이도는 눈이 많고 자연이 풍부하며, 남쪽의 규슈나 오키나와는 따뜻한 기후와 독특한 문화가 있습니다. 지방마다 유명한 도시, 산업, 축제도 달라 일본의 지역적 다양성과 특징을 소개합니다.

1. 도도부현

도도부현

일본은 도도부현(都道府県)으로 국토를 나누고 있습니다. 가령 이와테현(岩手県)이나 가고시마현(鹿児島県)과 같이 현이 43개, 도쿄도(東京都)의 도가 1개, 홋카이도(北海道)의 도가 1개, 그리고 부(府)는 교토부(京都府) 및 오사카부(大阪府) 등 2개가 있습니다. 결국 1도(都)·1도(道)·2부(府)·43현(県)으로 전부 47개가 되기 때문에 '47도도부현'이라고 합니다.

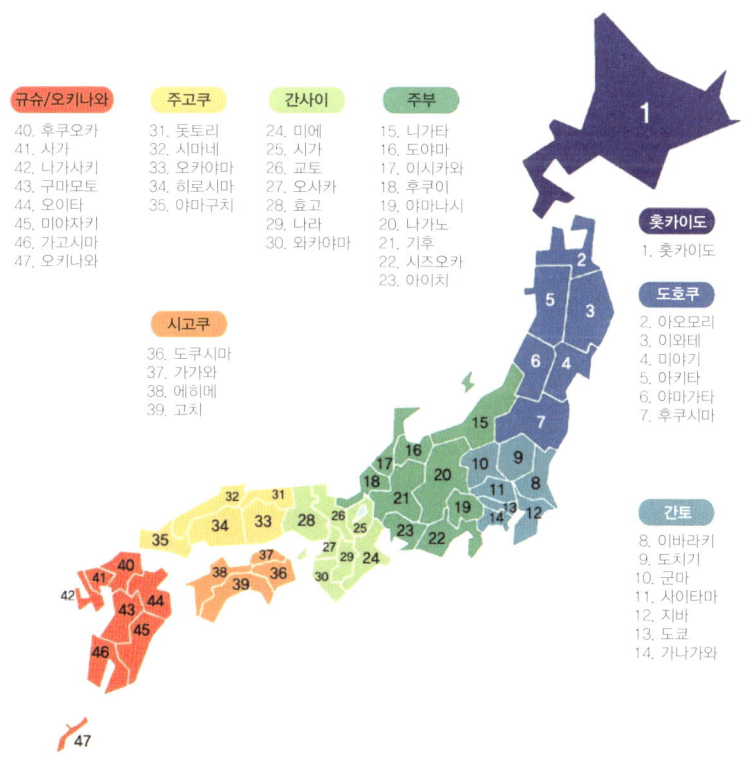

도도부현의 구분

도도부현은 7지방이나 8지방으로 나눌 수 있는데, 이하 8지방으로 나누는 경우는 아래와 같습니다.

8지방 구분	도도부현
홋카이도(北海道)	홋카이도(北海道)
도호쿠(東北)	아오모리현(青森県), 이와테현(岩手県), 아키타현(秋田県), 미야기현(宮城県), 야마가타현(山形県), 후쿠시마현(福島県)
간토(関東)	이바라키현(茨城県), 도치기현(栃木県), 군마현(群馬県), 사이타마현(埼玉県), 지바현(千葉県), 도쿄도(東京都), 가나가와현(神奈川県)
주부(中部)	니가타현(新潟県), 도야마현(富山県), 이시카와현(石川県), 후쿠이현(福井県), 야마나시현(山梨県), 나가노현(長野県), 기후현(岐阜県), 시즈오카현(静岡県), 아이치현(愛知県)
긴키(近畿)	미에현(三重県), 시가현(滋賀県), 교토부(京都府), 오사카부(大阪府), 효고현(兵庫県), 나라현(奈良県), 와카야마현(和歌山県)
주고쿠(中国)	돗토리현(鳥取県), 시마네현(島根県), 오카야마현(岡山県), 히로시마현(広島県), 야마구치현(山口県)
시코쿠(四国)	도쿠시마현(徳島県), 가가와현(香川県), 에히메현(愛媛県), 고치현(高知県)
규슈(九州)	후쿠오카현(福岡県), 사가현(佐賀県), 나가사키현(長崎県), 구마모토현(熊本県), 오이타현(大分県), 미야자키현(宮崎県), 가고시마현(鹿児島県), 오키나와현(沖縄県)

2. 8지방의 특징

홋카이도 지방

이 지방은 주요 4개 섬 중에서 두 번째로 큰 섬이며 일본 최북단에 있는 홋카이도(北海道)와 그 주위의 여러 섬으로 이루어져 있습니다. 홋카이도와 남쪽에 위치한 혼슈(本州) 사이에는 쓰가루(津軽) 해협이 가로막고 있지만, 두 개의 섬은 세이칸(青函) 터널이라고 하는 해저터널을 통해 철도로 연결되어 있습니다.

여름이라도 기온이 낮아 평균 20도를 상회하는 정도로 혼슈의 초여름 정도이며, 내륙부의 아사히카와(旭川) 등은 겨울 온도가 영하 20도를 밑도는 곳도 있습니다. 홋카이도는 산맥이 종횡으로 달리고 있고, 원시림이나 활화산, 큰 호수 및 늪지 등 자연이 아름답기로 유명합니다. 예를 들면 동부에 위치한 구시로 습원(釧路湿原)은 두루미 등의 철새의 낙원으로 알려져 있고, 동북부의 시레토코(知床) 반도는 다양한 생물군이 서식하여 세계자연유산으로 지정되었습니다.

일본인이 홋카이도(에조)의 선주민인 아이누와 교역을 시작한 것은 16세기경입니다만, 섬 전체의 개척은 메이지 정부에 의해 19세기 후반에 이르러서야 개시되었습니다. 섬 왼쪽 끝에 위치한 도청 소재지인 삿포로시(札幌市)는 도로가 바둑판처럼 되어 있는데, 메이지 시대에 들어와서 계획적으로 개발되었기 때문입니다. 참고로 홋카이도 지방의 인구수가 많은 도시의 순위는 1위 삿포로시 약 196만, 2위 아사히카와시(旭川市) 약 32만, 3위 하코다테시(函館市) 약 24만 순입니다. 또한 전국 1위를 자랑하는 어획량과 함께 임업은 홋카이도 농업의 중요한 부분을 차지하여, 식품가공, 목공, 펄프·제지 등이 이 섬의 대부분의 산업의 기초라고 할 수 있습니다. 삿포로시는 2월 초에 행해지는 눈축제(雪まつり)로 유명하며, 하코다테는 매년 500만 이상의 관광객이 찾는 야경이 아름답기로 유명한 관광도시입니다.

도호쿠 지방

대부분의 지역이 산지인 도호쿠(東北) 지방은 일본의 북동부지역 전체가 포함됩니다. 인구는 태평양 연안과 동해 연안 및 몇 개의 분지에 집

▲ 이국적 정취와 문명개화의 역사, 구르메로 유명한 하코다테

▼ 해저 100미터 지하 밑으로 뚫은 전장 약54㎞의 세이칸 터널(1988년 준공)

▲ 도호쿠 지방 최대 도시인 미야기현의 센다이시

▲ 아오모리시의 네부타 마쓰리

중되어 있습니다. 홋카이도 지방과 마찬가지로 여름은 짧고 겨울은 깁니다.

가장 북쪽에는 국내 제1의 사과 산지 및 해저터널인 세이칸 터널로 유명한 아오모리현(青森県)이 위치하고 있습니다. 그리고 오른쪽 아래에는 리아스식 해안의 양식업으로 유명한 이와테현(岩手県), 왼쪽 아래에는 '아키타코마치' 등의 쌀 생산으로 유명한 아키타현(秋田県)이 있습니다. 계속해서 아래쪽으로 일본 삼경(三景)의 하나, 마쓰시마(松島)로 유명한 미야기현(宮城県), 쌀 생산과 국내 제1의 버찌 생산으로 유명한 야마가타현(山形県), 마지막으로 2011년 동일본대진으로 유명한 후쿠시마현(福島県)이 자리 잡고 있습니다.

도호쿠 지방의 주요 산업은 농업으로, 경작지의 65%가 논이며, 일본 전체의 논의 4분의 1을 차지합니다. 그러나 냉하 때문에 수확이 타격을 입는 경우도 종종 있습니다. 어업과 임업도 중요합니다. 전통산업으로는 이와테현의 난부철기(南部鉄器)가 유명합니다. 이 지방의 내륙지방에는 '도호쿠 자동차도'라고 하는 고속도로가 있는데 고속도로 근처에는 반도체나 자동차 공장이 밀집한 공업단지가 발달해 있습니다.

미야기현의 센다이시(仙台市)가 이 지방 최대의 도시입니다. 미야기현의 마쓰시마(松島)는 260개 이상의 작은 섬들로 이루어져 있으며, 일본 삼경 중 하나입니다. 도호쿠 3대 마쓰리라고 해서 매년 여름마다 화려하고 큰 3개의 마쓰리가 개최됩니다. 아오모리(靑森)의 네부타 마쓰리, 센다이의 칠석 마쓰리, 거기에 아키타(秋田)의 장대등(竿燈) 마쓰리 등이 유명합니다.

간토 지방

간토 지방은 혼슈의 남동부에 있으며 일본에서 가장 넓은 간토 평야가 그 대부분을 차지하고 있습니다. 기후는 태평양 측 기후로 겨울에 북서쪽에서 건조한 계절풍이 부는 것이 특징입니다. 8개의 지방에서 가장 면적이 좁으면서도 도쿄를 중심으로 전체 인구 3분의 1이 사는 인구가 가장 많은 지방입니다.

간토 지방의 북부에는 3개의 현이 위치하고 있습니다. 태평양을 면하고 있는 이바리키현(茨城縣)은 도쿄의 대도시와 가깝기 때문에 배추나 피망 등을 재배하는 근교농업이 활발합니다. 그리고 이바리키현 왼쪽으로 딸기 생산이 국내 최대인 도치기현(栃木縣), 그리고 군마현(群馬縣)이 있습니다. 군마현은 곤약의 생산이나 양배추 등의 고원(혹은 고랭지) 야채 재배가 발달했습니다.

도쿄도를 중심으로 위쪽에는 '사이타마 슈퍼 아레나'로 유명한 사이타마현(埼玉縣)이 있고 도쿄만을 끼고 오른쪽으로 지바현(千葉縣)이 위치하고 있습니다. 지바현의 조시항(銚子港)은 일본 유수의 어획량을 자랑하고 있습니다. 그리고 도쿄의 아래쪽에 가나가와현(神奈川縣)이 위치하고 있는데 현청소재인 요코하마시(橫浜市)는 요코하마 중화거리나 야

▲ 군마현의 양배추 재배 　　▲ 가나가와현 요코하마시의 요코하마 중화거리

마시타(山下) 공원으로 유명합니다.

　도쿄도에는 동쪽의 도시부에 23개의 구가 있으며, 이에 추가로 26개의 시가 포함되어 있습니다. 도쿄도는 일본의 수도로서 문화와 오락의 중심지로, 주변에는 가와사키(川崎)·요코하마(橫浜)·사가미하라(相模原)·사이타마(さいたま)·지바(千葉) 등의 주요 도시가 감싸고 있습니다. 교토의 중심부에서 통근 2시간 권내에 있는 교외의 위성도시는 계속 확대되어 간토 지방의 대부분은 도시화되어 있습니다. 전체적으로 농업은 쇠퇴하고 있지만 동부나 북부에서는 아직 건재하며 이 지방의 경제에 기여하고 있습니다.

　간토 지방의 중심부인 도쿄-요코하마 지구는 일본의 상업과 공업의 핵심입니다. 게이힌(京浜) 공업지대와 게이요(京葉) 공업지역은 도쿄만 연안에 펼쳐져 있는데 일본에서 가장 큰 공업지대를 형성하고 있습니다. 게이힌 공업지대는 중화학공업이 중심인데 신문사나 출판사가 많기 때문에 인쇄업도 발달했으며, 게이요 공업지역은 화학공업이 특히 발달했습니다.

　도쿄도와 가나가와현의 경계에는 도쿄 국제공항(하네다 공항)이 있고,

▲ 도쿄도 신주쿠구에 소재한 도쿄도청 제1청사(오른쪽) 제2청사(왼쪽)

▲ 일본의 공업지대

지바현에는 나리타(成田) 국제공항이 있습니다. 도쿄 시내에는 여행객을 태운 관광버스가 도쿄타워, 긴자(銀座), 아사쿠사(浅草) 등의 명소를 방문합니다. 아사쿠사에는 가미나리문(雷門)으로 유명한 사찰 센소지(浅草寺)가 있으며 전통적인 행사나 축제가 많이 열려 서민적인 도쿄의 분위기를 접할 수 있습니다.

주부 지방

혼슈의 중앙에 위치한 주부(中部) 지방은 태평양과 동해(일본해) 양쪽에 면해 있습니다. 기후는 지역별로 크게 달라서 동해 쪽은 눈이 많이 내리지만, 태평양 쪽은 전반적으로 연중 온난합니다. 동해를 바라보는 가장 북쪽에 있는 현이 니가타현(新潟県)인데 '고시히카리'의 쌀농사로 유명합니다. 동해 쪽으로 튀어나온 반도는 이시카와현(石川県)의 노토(能登) 반도인데, 동해 쪽의 반도 중 일본에서 가장 큽니다. 내륙 쪽으로 오면 일본에서 가장 많은 8개의 현과 경계를 이루는 나가노현(長野県)이 있습니다. '일본의 지붕'이라 불리는 니혼알프스, 피서지인 가루이자와(軽井沢) 등이 유명합니다. 태평양에 면한 현으로 아이치현(愛知県)이 있는데 현청 소재지는 나고야시(名古屋市)로 나고야를 중심으로 나고야 대도시권이 형성되어 있습니다. 아이치현의 동쪽에 접한 현이 시즈오카현(静岡県)인데, 일본에서 제일 높은 후지산(富士山)이 있습니다.

이 지방에는 또 3개의 공업지대가 있습니다. 제조품 출하액이 일본 최대인 주쿄(中京) 공업지대는 도요타시(豊田市)를 중심으로 자동차관련 산업이 발달되어 있습니다. 야마하의 본사가 있는 도카이(東海) 공업지역은 교통의 편리함을 이용하여 하마마쓰(浜松)에서 첨단기술을 사용하는 산업이 활발합니다. 그리고 호쿠리쿠(北陸) 공업지역은 섬유업이 발달했는데, 현재는 풍부한 수력발전과 저렴한 땅값을 활용해 알루미늄 가공업이나 화학공업이 성장하고 있습니다.

주부 지방의 관광명소로는 역시 후지산입니다. 후지산은 일본의 최고

▼ 아이치현의 도요타시에 있는 토요타자동차 본사　　　　　　▼ 나가노현의 젠코지

제2장 _ 행정구역과 지방의 특징　41

봉(3,776m)으로 원추형의 산의 모습은 고래로부터 예술가들을 매료시켰으며 일본의 상징으로 세계적으로도 유명합니다. 그 외의 관광지로는 아름다운 해변이나 온천이 많은 시즈오카현(静岡県)의 이즈(伊豆) 반도와 나가노현(長野県)의 젠코지(善光寺)가 있습니다.

긴키 지방

혼슈 서부의 중앙부에 위치한 긴키(近畿) 지방은 동북쪽으로는 일본에서 가장 큰 호수, 시가현(滋賀県)의 비와호(琵琶湖)가 있고, 남쪽으로는 와카야마현(和歌山県)과 미에현(三重県)이 위치한 일본에서 가장 큰 반도, 기이 반도(紀伊半島)가 있습니다. 산업 면에서 볼 때 일본에서 두 번째로 중요한 지방으로 벼농사, 감귤류 재배, 제재업, 어업 또한 이 지방 경제의 중요 항목입니다.

유명한 도시로는 고도 교토(京都)·나라(奈良), 인구가 가장 많은 오사카시(大阪市), 일본 유수의 항구도시 고베시(神戸市) 등이 있으며, 서일본 상업의 중심지라고 할 수 있습니다.

▼ 교토시의 니조성(二条城), 에도 시대에는 도쿠가와 가문의 성으로 근대에는 천황의 이궁(離宮)으로 쓰임

▼ 오사카시의 번화가인 도톤보리

교토와 나라는 1868년까지 약 1,100년에 걸쳐 도읍이 있었던 일본의 중심지였습니다. 세계문화유산에 등록된 사찰과 신사나 전통가옥이 늘어선 지역이 많습니다. 전국의 국보나 중요문화재 등록 건수는 약 반을 차지하고 있어, 국내는 물론 전 세계로부터 매년 수백만 명의 관광객이 방문합니다.

오사카는 에도(江戶) 시대부터 상업도시로 발전하여 각지의 물자가 모여들었기에 '천하의 부엌', 그리고 그 물자를 운송하기 위한 수운이 발달하여 '물의 도읍'이라 불렸습니다. 서일본의 금융·공업의 중심지이며 도쿄와 규슈를 잇는 신칸센의 거점으로 교통의 요지이기도 합니다.

긴키 지방에는 일본 3대 공업지대의 하나인 한신(阪神) 공업지대가 있습니다. 오사카부, 효고현, 와카야마현에 걸쳐 있는 이곳은 전전에는 섬유공업이, 현재는 금속이나 기계공업이 발전하고 있습니다. 중소기업이 많이 있는 것도 특징으로 교토에는 전통공예품을 다루는 공장이 많고, 히가시오사카시(東大阪市)는 특수한 고난도의 기술을 가진 유수의 소규모 공장으로 유명합니다.

관광지로는 나라의 도다이지(東大寺), 교토의 긴카쿠지(金閣寺)·기요미즈데라(清水寺), 오사카의 오사카성(大阪城)·도톤보리(道頓堀), 효고현의 히메지성(姬路城)·고베항 등이 유명합니다.

일본 삼경(三景)의 하나인 아마노하시다테(天橋立)는 교토부 북쪽부의 바다로 뻗어나가는 좁고 긴 모래 퇴적으로 6천 그루가 넘는 소나무 숲의 아름다움으로 알려져 있습니다.

간사이(関西)라는 명칭은 넓은 의미로 오사카, 교토, 고베를 중심으로 하는 지역을 가리킵니다. '긴키'는 뚜렷한 경계를 가진 공식적인 지리적 구분입니다만, '간사이'는 문화나 역사의 문맥 속에서 또는 '간토'와 대비해서 사용되고 있습니다.

주고쿠 지방

혼슈 서쪽 지역에 해당하는 곳이 주고쿠(中国) 지방입니다. 세토나이카이(瀬戸内海)는 오래전부터 해운이 발달하여 규슈와 오사카를 연결하는 통로였습니다. 산지가 많고 작은 분지나 해안가의 평야가 많이 있습니다. 대규모 논이 동해 쪽 평야와 오카야마(岡山) 평야에 집중되고 있으며, 또한 세토나이카이의 온난하고 건조한 기후는 감귤류 생산에 적합합니다.

주요 도시로는 히로시마시(広島市), 구레시(呉市), 구라시키시(倉敷市) 등이 있습니다. 히로시마현의 현청 소재지인 히로시마시는 도호쿠 지방의 센다이시, 규슈 지방의 후쿠오카시와 같이 이 지방의 중추도시로 정치·경제의 중심지입니다. 세토나이카이 연안에는 주요 공업지역이 위치하고 있는데, 히로시마현의 구레시는 조선업이 발달한 곳으로 군함 야마

▼ 원폭돔. 전시 중에 히로시마현 산업장려관(전시장)으로 쓰이다가 1945년 8월 6일 피폭됨

▲ 이쓰쿠시마 신사(도리이 뒤로 신사의 건물이 보임)

토를 제조하는 등 군항(軍港)으로 번성했던 곳입니다.

한편 오카야마(岡山県)의 구라시키시는 공업 중에서도 특히 석유화학이 발달한 곳으로 석유화학 콤비나트가 많이 형성되어 있습니다.

관광지로는 이쓰쿠시마(厳島, 일명 미야지마(宮島)), 원폭돔, 이즈모 대사(出雲大社)가 손꼽힙니다. 일본 삼경(三景) 중의 하나인 이쓰쿠시마 신사는 히로시마현(広島県)에 속하는데 앞 바다에 세워진 도리이(鳥居)로 유명합니다. 주고쿠 지방의 히로시마와 규슈 지방의 나가사키(長崎)에는 제2차 세계 대전 중에 원자 폭탄 투하로 큰 피해를 입었습니다. 히로시마시의 평화기념공원 근처에는 원폭돔이 있는데 이쓰쿠시마 신사와 함께 세계유산에 등록되어 있습니다. 시마네현(島根県)의 이즈모 대사는 전국의 신들이 모이는 곳으로 알려져 있는 유서 깊은 신사로, '신화의 지방'이라고 불리는 시마네현의 상징입니다.

시코쿠 지방

시코쿠(四国)는 4개의 현으로 이루어져 있습니다. 가가와현(香川県)은 일본에서 가장 면적이 좁은 현이며, 혼슈의 오카야마현과 연결되는 세토(瀬戸)대교가 1988년 완성되었습니다. 세토우치 기후는 강수량이 적다는 특징이 있는데, 건조기후로 인해 염전이 발달하였고, 밀재배가 성행하여 사누키우동 등이 유명합니다. 에히메현(愛媛県)은 나쓰메 소세키(夏目漱石)의 『도련님』의 무대로 알려진 마쓰야마시(松山市)의 도고(道後) 온천으로 유명합니다. 현동부의 해안선에 위치한 시마나미 해도(海道)는 혼슈의 히로시마를 연결하는 다리이며, 현남부 지역의 해안지역에는 귤 재배가 성행하고 있습니다. 도쿠시마현(徳島県)하면 역시 아와오도리(阿波踊り)가 유명합니다. 양손을 올리고 다리를 교차시키며 흥겨운 2박자의 춤 행사는 매년 8월, 현 곳곳에서 열립니다. 또한 도쿠시마현과 세토나이카이 동쪽 끝에 있는 섬인 아와지시마(淡路島) 사이에 있는 나루토(鳴門) 해협은 큰 소용돌이가 보이는 곳으로도 유명합니다. 시코쿠에서 가장 넓은 면적인 고치현(高知県)은 태평양에 면하고 있는데, 난류인 구

▼ 시코쿠와 혼슈를 잇는 3개의 다리(왼쪽부터 시마나미 해도, 세토 대교, 오나루토교·아카시 해협대교)

▶ 에히메현 마쓰야마시에 소재한 도고 온천(일본에서 가장 오래된 3대 온천 중의 하나)

로시오(일본 해류) 탓에 겨울에도 비교적 따뜻해서 여름 야채를 겨울에도 출하되고 있습니다. 연안에서는 구로시오를 타고 온 다랑어와 참치가 많이 잡히는데 특히 다랑어는 가쓰오부시로 가공되어 전국적으로도 유명합니다. 시코쿠 전역에 걸쳐 소재하는 관음사찰은 '88개소 영장순례'로 세계적으로 널리 알려져 있습니다.

규슈 지방

본섬과 그 주위에 있는 1,400개 이상의 섬을 합쳐 규슈 지방이라고 하는데, 한국 및 중국과 가깝게 위치하여 예로부터 대륙과의 교류가 활발했던 곳입니다. 본섬의 내륙지역은 산지가 많으나 해발고도 2천 미터가 넘는 산은 없습니다. 기후는 아열대성으로, 태풍이 상륙하는 횟수는 8개의 지방에서 최대이며 화산 활동과 관련된 지역이 많습니다. 북부지역에서는 논농사가 활발하며 쌀을 수확한 후 보리를 재배하는 2모작이 많고, 남쪽지역은 축산업이 발달하여 육용의 소·돼지·닭의 개체수로 전국에서 손꼽히는 곳입니다. 근대 중공업의 발상지, 야하타(八幡) 제철소가 위

◀ 조선인 강제 징용으로 문제가 되고 있는
후쿠오카현의 야하타 제철소
(1901년 조업 개시)

치한 기타큐슈(北九州) 공업지대에는 중공업, 화학공업이 집중되어 있습니다.

규슈와 혼슈는 다리와 해저터널을 통해 도로나 철도로 연결되어 있습니다. 규슈 북부에 인구가 많은데 특히 후쿠오카현(福岡縣)은 가장 인구가 많으며, 이 지방의 정치·경제의 중심지입니다. 화산 활동과 관련된 관광지가 많은데, 오이타현(大分縣)의 벳푸(別府)는 온천으로, 구마모토현(熊本縣)의 아소산(阿蘇山)은 세계 최대급의 칼데라로, 가고시마현(鹿兒島縣)의 사쿠라지마(桜島)는 활화산으로 유명합니다.

오키나와현(沖繩縣)은 규슈에서 남쪽으로 멀리 연결된 60여 개의 섬들입니다. 오키나와는 예전에는 류큐(琉球) 왕국이라고 해서 중국과 일본과의 무역을 통해 17세기까지 독립 왕국으로 번성하였습니다. 민요·염색 기술·방언 등 본토와 다른 독특한 문화적 전통을 갖고 있습니다. 제2차 세계대전 때는 미군과의 지상전으로 큰 피해를 보았으며, 1972년까

▲ 오키나와현의 수리성(首里城)은 14세기로 추정되는 류큐 왕조의 왕성

지 미군의 통치하에 있었습니다. 오키나와현 전체 면적의 약 8%는 미군 전용기지로 사용되고 있으며, 특히 오키나와 '본섬'에 집중되어 있습니다. 일본 전국의 미군 전용시설 중 약 70%가 오키나와에 집중되어 있다는 점에서 큰 사회적·정치적 쟁점이 되고 있습니다. 관광이 주요 산업으로 해양스포츠뿐만이 아니라 이시가키지마(石垣島)나 미야코지마(宮古島) 등 아름다운 섬들과 산호초로 유명합니다.

 **확인 학습**

1. 일본의 행정구역인 '도도부현'의 구성으로 옳은 것은?
   ① 1도 1부 3현 42도 ② 1도 1도 2부 43현
   ③ 1도 1도 1부 45현 ④ 1도 1도 2부 42현

2. 다음 중 8개의 지방에 모두 포함되지 않는 현은 무엇인가요?
   ① 교토부 ② 오키나와현
   ③ 홋카이도 ④ 삿포로현

3. 홋카이도 지방에 대한 설명으로 옳은 것은?
   ① 일본 최남단에 위치해 따뜻한 아열대 기후를 가진다.
   ② 사계절이 뚜렷하고 벼농사가 활발하다.
   ③ 겨울이 매우 춥고 눈이 많이 오며 자연이 풍부하다.
   ④ 주로 사막지형이 나타나는 고지대이다.

4. 도호쿠 지방의 주요 산업으로 적절한 것은?
   ① 관광과 석유화학 ② 논농사와 과수농업
   ③ 자동차 제조와 철강 ④ 조선업과 항공산업

5. 다음 중 간토 지방의 중심 도시가 아닌 것은?
   ① 요코하마 ② 사이타마
   ③ 나고야 ④ 지바

6. 나가노현이 속하고 후지산, 주쿄 공업지대가 위치한 지역은 어디인가요?
   ① 긴키 지방 ② 주부 지방
   ③ 시코쿠 지방 ④ 규슈 지방

7. 긴키 지방에 속하며 '천하의 부엌'으로 불리는 상업도시는?
    ① 오사카　　　　　② 히로시마
    ③ 후쿠오카　　　　④ 센다이

8. 히로시마현에 있으며 앞바다에 떠 있는 도리이로 유명한 신사는?
    ① 이즈모 대사　　　② 긴카쿠지
    ③ 이쓰쿠시마 신사　④ 도다이지

9. 시코쿠 지방의 특징으로 적절한 설명은?
    ① 벼농사가 중심이며 고원지대가 많다.
    ② 세토나이카이를 건너는 다리들이 있고 도고 온천과 사누키우동으로 유명하다.
    ③ 사막 기후로 대부분이 건조하고 낙농업이 발달했다.
    ④ 활화산과 사막이 중심인 지역이다.

10. 규슈 지방에 속하지 않는 현은 다음 중 무엇인가요?
    ① 가고시마현　　　② 오키나와현
    ③ 구마모토현　　　④ 야마구치현

정 답

1	2	3	4	5	6	7	8	9	10
②	④	③	②	③	②	①	③	②	④

─── 제3장 ───

역사의 흐름
고대에서 오늘까지의 발자취

핵심 포인트

- 일본사의 주요 시대구분과 각 시대의 정치·사회·문화적 특징을 이해할 수 있다.
- 율령제·막번체제·메이지 유신 등의 통치 체제의 성립 배경과 특징을 이해할 수 있다.
- 중국·한반도·서양과의 교류가 일본 사회에 미친 영향을 분석할 수 있다.
- 고분문화, 국풍문화, 무로마치 문화 등 시대별 문화를 구분하고 이해할 수 있다.
- 전후 일본의 민주화와 경제 성장, 현대 일본의 정치·외교적 변화의 맥락을 이해할 수 있다.

    일본의 역사는 원시 시대의 자연환경 변화 속에서 시작되어, 야요이의 농경 사회, 율령국가의 성립, 봉건제의 정착, 근대국가의 형성과 제국주의적 팽창, 전후 민주화와 고도성장을 거쳐 현대에 이르기까지 파란만장한 변화를 겪어왔습니다. 이러한 시대적 전환은 정치체제, 사회구조, 문화양식 등의 복합적인 요인에 따라 이루어졌으며, 동아시아 및 세계사의 흐름과도 밀접하게 연결되어 있습니다. 이 장에서는 이러한 일본사의 주요 국면을 시대별로 정리하고, 역사적 전개의 의미를 종합적으로 소개합니다.

1. 원시·고대

구석기 시대

아시아 대륙과 육지로 연결되어 있던 일본이 현재와 같은 열도의 형태를 갖추게 된 것은 약 1~2만 년 전, 홍적세(빙하기) 말엽의 일입니다. 그 이전에는 일본의 남북 일부가 아시아 대륙과 땅으로 이어져 있었고, 북쪽으로는 맘모스, 남쪽으로는 나우만코끼리가 건너올 수 있었습니다.

고고학적인 발견들에 따르면, 일본 열도에는 약 3만 년 전부터 약 1만 3천 년 전까지 타제석기를 사용하며 수렵 생활을 하던 사람들이 거주하고 있었던 것으로 보입니다. 이 시기를 구석기 시대라고 합니다.

조몬 시대와 야요이 시대

그 후 약 1만 3천 년 전부터 기원전 4세기경까지는 마제석기, 활과 화살, 조몬(縄文) 토기를 사용하는 조몬 시대가 전개되었습니다. 이어 한반도로부터 벼농사를 중심으로 한 농업 기술과 금속기가 전해지며, 야요이(弥生) 토기를 사용하는 야요이 시대(기원전 4~3세기경)로 이행하게 되었

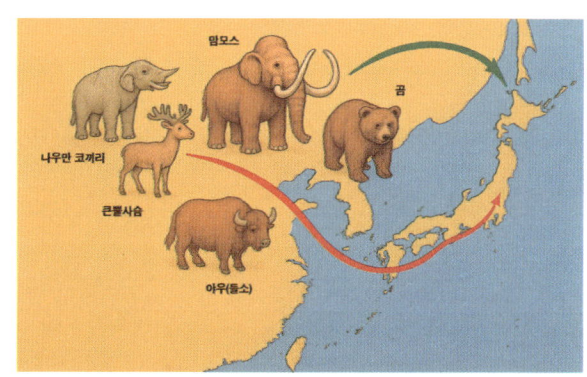

▶ 일본열도가 대륙과 연결된 홍적세

▲ 요시노가리 유적

습니다. 이때 지역마다 소국가가 형성되어 지배계급과 피지배계급의 간격이 커져 갔는데 그 상징물로서 사가(佐賀)현의 요시노가리(吉野ヶ里) 유적을 꼽을 수 있습니다.

고분 시대와 야마토 정권

고분 시대(古墳時代, 3~6세기)에는 긴키(近畿) 지방을 중심으로 야마토(大和) 정권이 부상하였습니다. 야마토 정권은 각지의 호족들과 협력 및 복속 관계를 구축하며 전방후원분(前方後円墳)을 축조하여 권위를 과시하고, 한반도 및 중국과의 외교관계를 통해 국제적인 정통성을 강화해 나갔습니다.

문화적으로는 고분과 하니와(埴

▲ 전방후원분의 다이센릉(大仙陵)

輪)로 대표되는 고분문화가 전개되었습니다. 야마토 정권은 한반도에서 건너간 도항인을 통해 선진 기술과 지식을 받아들였고, 특히 6세기에 백제 등에서 전해진 불교는 이후 일본 사회에 큰 영향을 주었습니다.

한편 야마토 정권은 씨성제도(氏姓制度)라고 불리는 정치조직을 확립해 나갔습니다.

아스카 시대와 율령국가로의 길

한반도로부터 전래된 불교문화가 중심이었던 아스카 시대(飛鳥時代)는 고분 시대의 말기와 겹치며, 야마토 정권이 통일된 중앙집권 체제이자 천황제를 기반으로 한 율령국가로의 도약을 모색하는 시기였습니다.

▲ 아스카 시대에 창건된 호류지의 금당과 오중탑

593년 쇼토쿠(聖德) 태자가 일본 최초의 여성 천황인 스이코(推古)의 섭정으로 등장하여 관위십이계(冠位十二階)와 십칠조헌법(十七条憲法) 등 관료 제도 개혁을 통해 중앙집권국가를 지향했습니다.

672년 진신의 난(壬申の乱)을 계기로 덴무(天武)·지토(持統) 천황은 천황 중심의 중앙집권국가 체제를 적극적으로 추진하였고, 701년에는 형법(律)과 국가운영규범(令)을 모두 갖춘 최초의 법전인 다이호율령(大宝律令) 제정으로 본격적인 율령국가가 성립하였습니다.

문화적으로는 불교 건축과 불상 조각으로 대표되는 아스카문화(6세기 중엽~7세기 중엽)와 사실성과 국제성이 강화된 하쿠호문화(白鳳文化, 7세기 중엽~8세기 초)가 꽃을 피웠습니다.

나라 시대와 율령국가의 번영

율령국가 체제가 본격적으로 운영된 것은 나라 시대(奈良時代, 710~794)이며, 헤이조쿄(平城京)에서는 호적과 반전수수제(班田収授制)를 바탕으로 한 백성 통제와 조용조(租庸調) 제도에 따른 과세 체제가 시행되었습니다.

국가 불교 정책도 추진되어 국분사(国分寺) 건립의 조칙이나 대불 조성 등을 통해 종교가 국가 통치의 기둥으로 자리 잡았습니다.

문화적으로는 당(唐)나라의 영향을 짙게 받은 덴표 문화(天平文化)가 번성하였고, 불교 미술과 정창원(正倉院)의 보물에서 볼 수 있는 국제성 풍부한 양식이 전개되었습니다. 또한 『고사기(古事記)』(712)와 『일본서기(日本書紀)』(720)라는 일본 최고의 역사서 편찬과 가장 오래된 시가집인 『만엽집(万葉集)』도 이 시기에 완성되었습니다.

헤이안 시대와 율령국가의 변질

그러나 율령 제도의 기반이었던 반전수수제는 지급할 땅이 부족해지고 인구가 증가함에 따라, 예컨대 개발지의 사유가 합법화된 743년의 '개간지 영구 사유재산법(墾田永年私財法)'과 같은 사례에서 볼 수 있듯이 8세기에 접어들면서 제도는 변질되고 있었습니다. 그 대신 중앙의 지배가 미치지 않는 유력 귀족과 사찰, 신사 등 종교 집단의 장원이 확대되었습니다.

이러한 제도 변질 속에서 맞이한 헤이안 시대(平安時代, 794~1185) 중기의 후지와라씨(藤原氏)에 의한 섭관정치(摂関政治)는 천황의 권위를 약화시키고 귀족에 의한 지배를 강화하였습니다.

문화적으로는 894년 견당사(遣唐使) 폐지 이후 일본 고유의 미의식이 형성되었고, 『고킨와카슈(古今和歌集)』와 『겐지 이야기(源氏物語)』 등으로 대표되는 국풍문화(国風文化)가 전개되었습니다.

헤이안 시대 중기 이후, 지방 호족과 유력 농민들은 자신의 토지를 지키고 세력을 확대하기 위해 무장하여 무사단을 형성하였고, 그 중심에는 임지에 정착한 중하급 귀족 출신자들이 있었습니다. 이들 가운데 간무헤이시(桓武平氏)와 세이와겐지(清和源氏)가 유력 무가로 성장하였습니다. 세이와겐지는 11세기 중반 관동(関東) 지역의 무사들과 주종 관계를 맺으며 무가의 중심 세력으로 부상하였으며, 간무헤이시는 이세(伊勢) 지역을 기반으로 세력을 확대해 나갔습니다.

2. 중세

가마쿠라 시대

헤이안 시대 말기, 무사 세력이 정치에 본격적으로 개입하기 시작하였고, 1159년 헤이지의 난(平治の乱)에서 승리한 다이라노 기요모리(平清盛)가 정권을 장악하여 헤이시 정권을 수립하였습니다. 그러나 그의 전횡에 대한 반발이 커지면서, 고시라카와(後白河) 상황은 미나모토노 요리토모(源頼朝)를 중심으로 한 겐지 세력을 지원하여 헤이시 타도를 꾀하였습니다.

그 결과 1180년부터 겐페이 전쟁(源平合戦)이 시작되어 1185년 단노우라(壇の浦) 해전에서 겐지 측이 승리하였고, 헤이시 정권은 붕괴되었습니다. 승리한 요리토모는 1192년 정이대장군으로 임명되어 가마쿠라 막부(鎌倉幕府, 1185~1333)를 본격적으로 열었으며, 일본 최초의 무사

▲ 단노우라에서 멸망한 헤이시의 망령을 그린 그림

정권을 확립하였습니다.

막부의 정치 기반은 쇼군(将軍)과 고케닌(御家人) 사이의 주종 관계에 있었습니다. 요리토모는 고케닌에게 토지를 나누어 주고, 고케닌은 그 대가로 전투 참가나 경호 등의 의무를 수행했습니다. 이러한 토지 지급을 매개로 한 상호 의무 관계를 봉건제도라고 하며, 가마쿠라막부는 일본 역사상 봉건제를 국가 제도로 정착시킨 최초의 정권이라 할 수 있습니다.

그러나 겐지 정권은 요리토모 사후 곧바로 동요하기 시작했고, 1203년에는 그의 외척인 호조(北条) 가문이 실질적인 권력을 장악하게 되었습니다. 이로써 초대 싯켄(執権)인 호조 도키마사(北条時政)를 중심으로 한 싯켄 정치가 시작되었고, 이후 이 체제는 가마쿠라막부의 핵심적인 통치 구조로 자리 잡게 되었습니다.

이후 1274년과 1281년에 몽골(당시 원나라)이 두 차례 침입합니다. 막부는 고케닌들을 동원하여 이를 격퇴하였지만, 방어전이었기 때문에 새로운 토지를 나눠 줄 수 없어 고케닌들의 경제적 곤궁이 심화되었습니다.

이러한 상황 속에서 고다이고(後醍醐) 천황은 막부에 대항하였고, 1333년 닛타 요시사다(新田義貞) 등이 교토 방면에서 거병하여 가마쿠라를 공격하였습니다. 그 결과 가마쿠라 막부는 멸망하고 고다이고 천황은 일시적으로 왕정복고를 이루게 됩니다.

가마쿠라 시대의 문화는 정치적으로 귀족과 무사의 긴장이 지속되던 시대상을 반영하여, 섬세하고 우아한 귀족 문화와 간결하고 힘 있는 무사 문화가 나란히 공존한 것이 특징입니다.

또한 이 시대는 신흥 불교가 대중적으로 확산된 시기로, 호넨(法然)의 정토종(浄土宗), 신란(親鸞)의 정토진종(浄土真宗), 니치렌(日蓮)의 일련종(日蓮宗) 등 민중 중심의 교단이 번성하였습니다. 이들은 기존의 귀족 중심 불교와는 달리 무사와 서민층까지 포함하는 포괄적인 대중 종교로 자리 잡게 되었습니다.

무로마치 시대

가마쿠라막부가 1333년에 멸망한 뒤, 고다이고 천황은 천황 중심의 정치를 지향하는 겐무신정(建武新政, 1333~1336)을 추진하였으나, 급격한 개혁은 무사들의 반발을 불러일으켰습니다. 이에 아시카가 다카우지(足利尊氏)가 교토(京都)의 무로마치(室町)에 막부를 세우고 무사 정권을 수립하면서 무로마치 시대(1336~1573)가 시작되었습니다.

이후 일본은 고다이고 천황의 정통을 잇는 요시노(吉野)의 '남조(南朝)'와 아시카가 정권이 옹립한 교토의 '북조(北朝)'로 나뉘어 약 60년간 대립하였으며, 이를 남북조 시대(南北朝時代)라 부릅니다.

제3대 쇼군 아시카가 요시미쓰(足利義満)는 막부의 권위를 강화하고

1392년에 남북조를 통일하였으며, 중국 명(明)나라와의 무역을 통해 동아시아와의 외교 및 교역도 활발히 전개하였습니다.

그러나 15세기에 접어들며 지방의 슈고(守護)들이 세력을 확대하면서 막부의 통제력이 약화되었고, 1467년에는 쇼군 후계자 문제와 유력 슈고 간의 갈등으로 오닌의 난(応仁の乱)이 발발하였습니다. 11년에 걸친 전란으로 교토는 폐허가 되었고 막부의 위신도 크게 흔들렸습니다. 이후 각지의 센고쿠 다이묘(戦国大名)들이 독립적으로 영지를 장악하면서 일본은 전국 시대(戦国時代)로 접어들게 되었습니다.

무로마치 시대의 문화는 크게 14세기 후반의 기타야마 문화(北山文化)와 15세기 후반의 히가시야마 문화(東山文化)로 나뉘어 발전하였습니다.

기타야마 문화는 3대 쇼군 아시카가 요시미쓰(足利義満)가 긴카쿠지(金閣寺)를 중심으로 화려한 문화 양식을 발전시킨 것으로, 귀족문화와 무사문화, 그리고 선종(禅宗)의 융합이 특징입니다.

이에 반해 히가시야마 문화는 8대 쇼군 아시카가 요시마사(足利義政)

▼ 기타야마 문화의 긴카쿠지(金閣寺)

▲ 히가시야마 문화의 긴카쿠지(銀閣寺)

가 긴카쿠지(銀閣寺)를 세우고, 선종의 정신과 풍류를 바탕으로 간결하면서도 정취 있는 미적 감각을 발전시킨 문화로, 무사적 미의식이 강조된 시대였습니다. 이 무렵에는 다도(茶道), 꽃꽂이(華道), 노가쿠(能樂) 등 일본 전통 예술의 기초가 확립되었으며, 귀족문화와 무사문화의 융합 속에서 독자적인 무로마치 문화가 성숙하게 되었습니다.

아즈치·모모야마 시대

센고쿠 시대를 종식시킨 인물은 오다 노부나가(織田信長)와 도요토미 히데요시(豊臣秀吉)입니다. 1573년, 노부나가는 무로마치 막부의 마지막 쇼군을 쫓아내며 새로운 시대를 열었습니다.

노부나가가 거주하였던 성이 아즈치성(安土城), 히데요시가 말년에 머물렀던 곳이 후에 모모야마(桃山)로 불린 데서, 이 시대를 아즈치·모모야마 시대(安土桃山時代, 1573~1603)라고 부르게 되었습니다.

노부나가는 적대적인 종교 세력을 무력으로 진압하고, 상업 자유화를 위한 라쿠이치·라쿠자(樂市·樂座)를 시행하여 경제 발전을 장려하였습니다. 또한 포르투갈인의 내항 이후 철포 보급, 기독교 전래 등 서양 문화가 일본에 퍼졌습니다.

노부나가 사후, 권력을 잡은 히데요시는 1590년 관동의 호조 씨를 굴복시키고 전국 통일을 완수하였습니다. 히데요시는 전국에 걸쳐 태합검지(太閤検地)를 실시하여 토지와 농민을 정확히 파악하고 지배를 강화하였습니다. 또한 도검몰수령(刀狩令)을 통해 농민으로부터 무기를 거두어 들여 무사와 농민의 신분을 구분하는 병농분리(兵農分離)를 추진하였습니다.

만년에는 임진왜란과 정유재란을 통해 조선을 침공했지만 큰 성과를 얻지 못한 채 국력만 소모하였습니다.

1598년 히데요시의 사망 이후 정권은 불안정해지고, 1600년 '세키가하라 전투(関ヶ原の戦い)'에서 승리한 도쿠가와 이에야스(徳川家康)가 정권을 장악하게 됩니다.

아즈치·모모야마 시대의 문화는 신흥 무사 계층과 도시 상인의 부와 활력을 반영하여, 생동감 넘치고 화려한 성격을 띠었습니다.

▼ 세키가하라 전투 병풍도

금박 벽화와 대형 성곽, 다채로운 색채와 장식 양식은 이 시기의 예술적 특징을 잘 보여줍니다. 또한 유럽과의 교류를 통해 예수회 선교사들과 기독교, 유리 제품, 총기, 카스텔라 등의 새로운 문화가 일본에 유입되었고, 이를 일컬어 난반 문화(南蛮文化)라고 합니다. 이러한 외래문화는 일본 문화의 다양성과 역동성을 더욱 확대시켰으며, 기존 불교 중심 문화는 상대적으로 그 영향력이 약화되는 경향을 보이게 되었습니다.

3. 근세

에도 시대와 막번체제

1600년 세키가하라 전투에서 승리한 도쿠가와 이에야스는 1603년 정이대장군(征夷大将軍)으로 임명되어 에도(江戸)에 막부를 열었으며, 이는 에도 시대(江戸時代, 1603~1868)의 시작을 의미합니다.

쇼군을 정점으로 한 중앙 정권인 막부(幕府)와 다이묘(大名)를 중심으로 한 지방 정권인 번(藩)으로 이루어지는 에도 막부의 지배체제를 '막번체제(幕藩体制)'라 합니다. 지방 영주인 다이묘들은 참근교대(参勤交代) 제도에 따라 에도와 자신의 영지를 오가며 중앙 권력에 복속되었습니다.

막부는 기독교를 금지하고 외국과의 교류를 제한하는 쇄국정책을 시행하였으나, 나가사키(長崎)의 데지마(出島)에서는 네덜란드 및 중국과의 제한적 무역이 허용되었고, 조선통신사(朝鮮通信使) 등을 통해 조선과의 외교도 지속되었습니다. 이 외에 사쓰마번(薩摩藩)을 통해 류큐(琉球) 왕국과의 교역, 마쓰마에번(松前藩)을 통해 아이누와의 교역도 이루어지고 있었습니다.

이러한 가운데 막부의 중앙집권 체제는 점차 정비되었고, 사회는 무사(武士)·농민(農民)·장인(職人)·상인(商人)으로 구성된 사농공상(士農工商) 신분제를 기반으로 유지되었습니다.

에도(江戸), 오사카(大坂), 교토(京都) 등의 도시가 발달하면서 도시민 중심의 문화도 성장하였고, 특히 겐로쿠 시대(元禄時代, 1688~1704)에는 닌교조루리(人形浄瑠璃), 가부키(歌舞伎), 우키요에(浮世絵) 등의 예능이 유행하며 활기찬 조닌(町人) 문화가 형성되었습니다. 이하라 사이카쿠(井原西鶴), 마쓰오 바쇼(松尾芭蕉) 등 문학가들도 활약한 이 시기의 문화를 '겐로쿠 문화'라고 부릅니다.

막번체제의 동요

18세기에 접어들면서 상인의 경제력이 증대된 반면, 고정된 급여에 의존하던 무사들은 생활이 어려워졌고, 농민은 과중한 연공과 자연재해로 인해 빈곤에 시달리며 봉기(잇키, 一揆)가 빈발하게 되었습니다.

이에 도쿠가와 요시무네(徳川吉宗)는 1716년부터 교호의 개혁(享保の改革)을 실시하여 검약 장려, 연공 증대, 민의 수렴을 위한 메야스바코(目安箱) 설치 등 제도 개선을 시도하였습니다.

이후에도 다누마 오키쓰구(田沼意次)의 경제 중심 개혁과 마쓰다이라 사다노부(松平定信)의 간세이 개혁(寛政の改革) 등이 이어졌으나 구조적인 문제를 해결하는 데는 한계가 있었습니다.

19세기 초에는 에도(江戸)를 중심으로 한 조닌 문화가 다시 번성하였으며, 이를 가세이 문화(化政文化)라고 부릅니다. 이 시기에는 짓펜샤 잇쿠(十返舎一九), 다키자와 바킨(滝沢馬琴), 가쓰시카 호쿠사이(葛飾北斎) 등 당대의 작가와 예술가들이 활약하였고, 서민 교육기관인 데라코야(寺

子屋)가 확산되면서 문해율도 상승하였습니다.

또한 난학(蘭学)을 통해 서양의 의학, 천문학, 지리학 등 실용 학문이 도입되며, 에도 시대 후반의 근대화 사상의 기반이 형성되었습니다.

4. 근대

개국과 막부의 멸망

일본의 근대는 19세기 중반, 외국과의 교류가 본격화되면서 시작되었습니다. 1853년, 미국의 매튜 페리(Matthew Perry) 제독이 이끄는 흑선(黑船)이 에도만 우라가(浦賀)에 입항하여 일본에 문호 개방을 요구하였습니다. 이듬해인 1854년, 일본은 미국과 미일화친조약을 체결하여 미국 선박에 대한 식량·연료 제공 및 기항지 개방을 약속하였습니다. 이는 통상권이 포함되지 않은 제한적 조약이었으나, 오랜 기간 유지되던 쇄국정책에 균열을 가져온 계기가 되었습니다. 이후 1858년 미일수호통상조약을 비롯한 불평등 조약이 체결되면서 본격적인 개항과 무역이 시작되었습니다.

이어 영국, 러시아, 네덜란드 등과도 잇따라 조약을 체결하였으나 치외법권, 협정관세, 최혜국대우를 포함한 불평등한 내용이었습니다. 그 결과에도 막부의 권위는 약화되었고, 외세를 배척하고 천황 중심의 정통성을 강조하는 존왕양이(尊王攘夷) 사상이 유력해지며 개국을 주도한 막부에 대한 비판 여론이 고조되었습니다.

1867년, 마지막 쇼군 도쿠가와 요시노부(德川慶喜)는 정권을 천황에게 반환하는 대정봉환(大政奉還)을 단행하였고, 이듬해에는 구막부 세력과 신정부군 간의 내전인 보신 전쟁(戊辰戦争)이 발발하였습니다. 이 전쟁의 결과로 260여 년에 걸친 에도 막부 체제는 붕괴되었고, 천황을 중심으로 한 중앙집권적 신정부가 수립되었습니다.

메이지 유신과 근대 국가의 기초 형성

신정부는 근대국가 건설을 목표로 대대적인 정치·사회·경제 개혁을 추진하였으며, 이를 통칭하여 '메이지 유신'(明治維新)이라 부릅니다. 1869년에는 판적봉환(版籍奉還)을 통해 다이묘들이 보유하던 토지와 백성을 국가에 반환하게 하였고, 1871년에는 폐번치현(廃藩置県)을 단행하여 전국을 중앙정부 직할의 현(県) 체제로 재편하였습니다.

또한 사민평등(四民平等)의 원칙 아래, 무사·농민·장인·상인 등으로 나뉘었던 신분제를 공식적으로 폐지하고 법 앞의 평등을 선언하였습니다. 그러나 실제로는 옛 무사 계층의 특권 유지나 피차별부락(被差別部落) 출신에 대한 사회적 차별이 지속되어, 평등은 형식적·제도적 수준에 머무른 측면이 컸습니다.

1872년에는 학제(学制)가 개편되어 전국적으로 근대적 교육 체제가 도입되었습니다. 나아가 1873년에는 징병령이 공포되어 원칙적으로 만 20세 이상의 남성에게 병역 의무가 부과되고, 지조개정(地租改正)을 통해 토지 소유자에게 화폐로 세금을 부과하는 제도가 정비되어 근대적 재정 기반이 마련되었습니다.

이러한 제도 개혁은 일본이 근대국가로 이행하는 기틀을 형성하는 데 결정적인 역할을 하였으며, 1889년에는 대일본제국헌법이 공포되고, 이 듬해인 1890년에는 제국의회가 개설되어 입헌군주제의 형식을 갖추게 되었습니다. 그러나 이 헌법은 실질적으로는 천황 주권을 전제로 한 체제였으며, 군부와 관료 중심의 통치 구조가 유지되었습니다.

제국주의 확장과 열강의 일원으로

메이지 정부는 국력을 강화하고 적극적인 대외 팽창 정책을 추진하였습니다. 1894년 일본은 청나라와 청일전쟁을 벌여 승리하였고, 1895년 시모노세키 조약(下関条約)을 통해 대만(台湾)과 펑후 제도(澎湖諸島)를 할양받아 일본의 식민지로 삼았습니다.

1904년에는 러시아와는 러일전쟁을 벌여 이듬해 포츠머스 조약을 체결하였습니다. 여기서 남사할린(南樺太)과 남만주 철도 이권을 획득하였습니다. 이 두 전쟁에서의 승리는 일본이 아시아 최초의 제국주의 열강으로 자리매김하는 계기가 되었습니다.

1910년에는 한국을 강제 병합하였습니다. 일본은 병합 과정에서 무력시위, 정치적 압박, 친일 세력의 동원 등 다양한 강압적 수단을 동원하였습니다.

다이쇼 민주주의와 제1차 세계대전

1914년 제1차 세계대전이 발발하자, 일본은 영국과의 동맹 조약을 근거로 연합국 측에 가담하였습니다. 일본은 독일의 중국 산둥 반도 조차지 및 태평양 지역 식민지를 점령하였고, 전후 베르사유 조약을 통해 승전국으로 인정받아 1920년 창설된 국제연맹의 상임이사국이 되어 국제적 위상을 크게 높였습니다.

전쟁 기간 동안 유럽 열강이 본국 전쟁에 집중한 틈을 타 일본의 공업 제품은 아시아 시장에서 급속히 확산되었고, 이에 따라 국내 경제는 대전경기(大戦景気)라 불리는 호황을 누리게 되었습니다. 그러나 전쟁 종료 후 수출이 급감하면서 경기 침체가 심화되었고, 1918년에는 물가 상승에 항의하는 대규모 쌀소동이 전국에서 발생하였습니다.

이 사건을 계기로 하라 다카시(原敬)가 귀족이 아닌 민간 정당 출신으로는 최초로 총리에 임명되어 정당 내각이 출범하였습니다. 1925년 남성 보통선거법을 제정하여 기존의 납세 요건을 폐지하였고, 만 25세 이상의 모든 남성에게 선거권을 부여하였습니다. 다른 한편, 같은 해 치안유지법을 제정하여 공산주의나 사회주의 사상을 탄압하는 도구로 활용하며 정치적 자유를 억압하였습니다.

이 시기에는 간토 대지진(関東大震災, 1923), 금융공황(1927) 등 대규모 재난과 경제 불안이 연이어 발생하며 사회적 동요가 더욱 심화되었습니다.

군부의 대두와 태평양 전쟁

1929년 미국에서 시작된 세계대공황은 일본에도 직접적인 충격을 주었습니다. 농촌은 쌀과 생사의 가격 폭락으로 극심한 빈곤에 시달렸고, 도시에서는 실업과 임금 삭감이 이어졌습니다. 이에 따라 정당정치에 대한 국민의 불신이 커졌고, 군부는 국난 극복의 주체를 자처하며 정치적 영향력을 점차 확대하였습니다. 이러한 정치적 경향은 '군부의 대두'라 불립니다.

1931년, 일본 관동군은 만주에서 류조호(柳条湖) 철도 폭파 사건을 조작하고 이를 구실로 군사행동을 개시하였습니다. 이른바 만주사변으로 인해 1932년에는 일본 주도의 괴뢰 정권인 만주국이 수립되었습니다. 그러나 국제연맹은 이를 승인하지 않았으며 일본은 이에 반발하여 1933년 국제연맹에서 탈퇴하였습니다.

1937년에는 베이징 근교의 노구교(盧溝橋)에서 발생한 충돌을 계기로 중일전쟁이 본격화되었으며, 일본은 중국 전역을 대상으로 장기 침략전을 펼쳤습니다. 1940년에는 독일·이탈리아와 삼국동맹을 체결하여 군사 협력을 강화하였고, 1941년 12월 8일에는 하와이 진주만(眞珠湾)을 기습 공격함으로써 미국, 영국 등과의 전면전이 시작되었습니다. 이로써 태평양 전쟁이 발발하였습니다.

전쟁 초기, 일본은 필리핀·말레이반도·인도네시아 등 동남아시아 지역을 빠르게 점령하였으나, 1942년 미드웨이 해전에서의 패배를 계기로 전세는 반전되었습니다. 이후 일본은 과도한 전선 확장과 자원 부족으로 점차 패퇴하였습니다. 1945년 3월에는 도쿄 대공습이, 8월에는 히로시마와 나가사키에 원자폭탄 투하가 이루어졌고, 8월 15일 일본 천황은 라디오 방송을 통해 국민에게 무조건 항복을 선언하였습니다. 이로써 아시아·태평양전쟁은 일본의 패전으로 막을 내렸습니다.

5. 현대

점령과 전후 개혁기

아시아·태평양전쟁에서 패한 일본은 1945년부터 연합국 최고사령부(GHQ)의 점령 아래 놓였으며, 전후 개혁을 통해 비군사화와 민주화를 추진하는 대대적인 정책이 실시되었습니다.

1947년에 시행된 일본국 헌법은 국민 주권, 기본적 인권 존중, 전쟁 포기를 핵심 이념으로 삼아, 절대 천황 중심의 국가 체제에서 벗어나 입헌 민주주의 국가로의 전환을 꾀하였습니다.

농지 개혁을 통해 대지주 중심의 농촌 구조가 해체되었으며, 구재벌(財閥)에 대한 기업 분리와 지주 분산 정책이 병행되어 경제의 독점 구조가 일정 부분 완화되었습니다. 또한 교육제도는 6·3제 학제를 바탕으로 개편되어, 9년의 의무교육 제도가 확립되었습니다.

1951년 9월, 일본은 샌프란시스코 평화조약과 미일안전보장조약을 체결하였고, 이들 조약이 1952년 4월 28일 발효됨에 따라 일본은 국제사회에서의 주권을 공식적으로 회복하였습니다.

주권 회복과 고도 경제성장기

1952년 주권을 회복한 일본은 당시 진행 중이던 한국전쟁(1950~1953)으로 인한 미국의 군수물자 수요, 이른바 '전쟁 특수'를 계기로 산업 생산이 급속히 회복되었으며, 이는 이후 본격적인 경제 성장의 기반이 되었습니다.

1955년에는 자민당(自由民主党)이 결성되었고, 자민당이 정권을 안정적으로 장악하는 가운데 일본사회당, 일본공산당 등 야당이 이에 대립하는 정치 구도, 즉 '55년 체제'가 형성되었습니다. 이 체제는 보수정당 중심의 장기 집권과 야당 분열이라는 구조적 특징을 지녔습니다.

이케다 하야토(池田勇人) 내각(1960~1964)은 '소득 배증 계획'을 내걸며 10년 내 국민소득을 두 배로 늘리겠다는 목표 아래 대규모 공공투자와 산업정책을 펼쳤습니다. 이 정책은 일본의 고도경제성장을 견인하였고, 1964년 도쿄 올림픽은 전후 재건을 이룬 일본이 국제사회로 복귀했음을 상징하는 역사적 사건이 되었습니다.

이 시기 일본 사회에서는 텔레비전, 세탁기, 냉장고라는 소위 '삼종의 가전'이 널리 보급되어 생활수준이 눈에 띄게 향상되었으나, 1973년의 제1차 오일 쇼크를 계기로 물가가 급등하며 고도 성장기는 종언을 맞이하였습니다.

경제 전환과 국제화

1973년 이후 일본 경제는 안정 성장기로 전환되었으며, 중화학공업 중심에서 기술 중심 산업구조로의 전환이 가속화되었습니다. 에너지 절약형 산업의 육성과 기술 혁신이 국가 차원에서 장려되었고, 환경 문제에 대한 대응도 강화되었습니다.

1978년에는 중국과 중일 평화우호조약이 체결되어, 냉전하에서 일본의 아시아 외교는 새로운 방향을 모색하게 되었습니다.

1980년대 중반에는 미국과의 무역 마찰이 심화되었고, 1985년 플라자 합의 이후 급격한 엔고(円高) 현상이 발생하여 일본의 수출 경쟁력은 약화되었습니다. 이 시기 일본 정부는 금융자유화와 규제완화를 추진하였고, 일본은행의 저금리 정책과 금융기관의 과도한 대출이 맞물리면서 부동산과 주식 가격이 급등하였고, 이로 인해 거품경제(버블 경제)가 형성되었습니다.

나카소네 야스히로(中曽根康弘) 내각(1982~1987)은 국철(현 JR), 전전공사(電電公社, 현 NTT) 등 대형 국영 기업의 민영화를 단행하며, 행정 개혁 및 국가 체질 개선을 적극적으로 시도하였습니다. 1989년에는 쇼와(昭和) 천황의 사망과 함께 헤이세이(平成) 시대가 개막되었습니다.

버블 붕괴와 사회 혼미기

1980년대 후반 정점을 찍은 거품경제는 1990년대에 접어들어 붕괴되기 시작하였으며, 주가와 부동산 가격의 급락으로 인해 금융기관은 막대한 부실채권을 떠안게 되었습니다.

특히 1997년에는 야마이치(山一)증권, 홋카이도척식은행 등 대형 금융기관이 도산하며 금융 시스템의 위기가 현실화되었고, 이는 '잃어버린 30년'으로 불리는 장기 불황의 결정적 계기가 되었습니다. 고용 불안, 사회보장 불안 등이 현실화되면서 일본 사회는 심각한 구조적 위기에 직면하였습니다.

▲ 1980년대 버블기 활황을 보이는 도쿄증권거래소

정치적으로는 1993년 자민당이 정권에서 이탈하고, 호소카와 모리히로(細川護熙)를 총리로 하는 비자민·비공산 연립정권이 출범하면서, 1955년 체제의 균열이 본격화되었습니다. 그러나 이 연립정권은 내부 이념 차이와 정치적 갈등으로 단명하였으며, 1994년 자민당은 일본사회당 및 신당사키가케(新党さきがけ)와 연립하여 정권에 복귀하였습니다.

1996년 출범한 하시모토 류타로(橋本龍太郎) 내각은 재정 건전화를 내세워 소비세를 3%에서 5%로 인상했지만, 이는 소비 심리 위축과 경기침체를 초래하였습니다.

또한 1995년에는 한신·아와지 대지진(阪神·淡路大震災)과 옴진리교(オウム真理教)에 의한 지하철 사린 테러가 발생하여 일본 사회의 '안전 신화'가 흔들리는 계기가 되었습니다.

구조 개혁과 재해의 시대

2001년 출범한 고이즈미 준이치로(小泉純一郎) 내각은 '성역 없는 구조개혁'을 기치로 내걸고, 우정삼사업(우편·우편보험·우편저금)의 민영화를 단행하는 등 신자유주의적 개혁을 추진하였습니다.

그러나 2008년 세계 금융위기(리먼 쇼크)의 충격은 수출 중심의 일본 경제에 큰 타격을 주었으며, 실물경제 위축과 고용 악화로 이어졌습니다.

2009년 총선에서는 민주당이 대승을 거두어 자민당의 장기 집권이 종식되었고, 하토야마 유키오(鳩山由紀夫), 간 나오토(菅直人), 노다 요시히코(野田佳彦)로 이어지는 민주당 내각이 출범하였으나, 미군기지 이전, 소비세 증세, 원전 정책 등 주요 현안에서 정책 혼선과 지도력 부재로 비판을 받았습니다.

2011년 3월 11일 발생한 동일본대지진(東日本大震災)과 후쿠시마 제1원자력발전소 사고는 일본 사회 전반에 깊은 충격을 주었으며, 위기 대응 체계의 한계가 드러났습니다.

▼ 동일본대지진·원자력재해 전승관

아베노믹스와 레이와 시대의 개막

2012년 제2차 아베 신조(安倍晋三) 내각이 출범하며 추진된 '아베노믹스'는 디플레이션 탈피를 내세우며, 대담한 금융완화, 확장적 재정지출, 규제완화의 세 가지 축을 통해 경기 회복을 꾀한 경제 정책입니다. 일본은행의 양적완화와 엔저 유도는 수출기업에 유리한 환경을 조성했지만, 실질임금 정체와 양극화 심화라는 부작용도 초래하였습니다.

외교적으로는 미일 안보동맹을 한층 강화하는 한편, 역사 문제와 관련하여 일본군 '위안부' 문제에 대한 책임 회피, 야스쿠니 신사 참배 강행, 독도영유권 주장 등으로 인해 한국 및 중국과의 외교관계는 심각하게 경색되었습니다.

2015년 아베 내각은 '안보법제(安保關連法)'를 국회에서 강행 통과시켜, 일본 헌법 제9조의 해석을 변경하고 자위대의 집단적 자위권 행사를 일부 가능하게 하는 전환점을 마련하였습니다. 이는 일본 국내에서조차

▼ 올림픽 개회식 때 열린 국립경기장의 불꽃놀이

헌법 위반 논란과 평화주의 훼손에 대한 거센 반발을 불러일으켰으며, 한국 사회 또한 이를 '재무장'과 '군사대국화'의 신호로 간주하고 강한 우려를 표명하였습니다. 이러한 조치는 전후 일본 외교·안보 노선의 근본적 변화를 상징하는 사건으로 평가됩니다.

  2020년에는 코로나19 팬데믹의 장기화와 도쿄 올림픽의 1년 연기 결정, 지병인 궤양성 대장염 악화로 인한 아베 신조 총리의 사임이 있었습니다. 그 뒤를 이은 스가 요시히데(菅義偉) 내각은 디지털청 설치와 백신 접종 확대 등을 주요 과제로 추진하였습니다. 연기된 도쿄 올림픽은 이듬해인 2021년에 개최되었으며, 감염병 대응과 경제 회복이 내각의 핵심 과제로 부상하였습니다.

확인 학습

1. 다음 중 일본의 야요이 시대와 관련된 설명으로 옳은 것은?
   ① 타제석기를 사용하며 주로 수렵 생활을 하였다.
   ② 벼농사와 금속기의 도입으로 농경 사회가 본격화되었다.
   ③ 전방후원분이 축조되며 천황제가 시작되었다.
   ④ 불교가 처음으로 전파되어 신앙된 시기였다.

2. 다음 중 아스카 시대에 쇼토쿠 태자가 시행한 개혁으로 옳은 것은?
   ① 대일본제국헌법의 공포
   ② 관위십이계와 십칠조헌법 제정
   ③ 사농공상 신분제도의 확립
   ④ 전국을 '현(県)'으로 통일하는 폐번치현

3. 다음 중 헤이안 시대의 문화로 옳은 것은?
   ① 선종 사상에 바탕을 둔 무사적 미의식
   ② 국풍문화와 『겐지 이야기』의 등장
   ③ 덴표 문화와 당풍의 불교미술
   ④ 난만 문화와 서양식 조각·음악의 융성

4. 다음 중 가마쿠라 막부의 특징으로 가장 적절한 것은?
   ① 태정관을 중심으로 한 율령국가 체제
   ② 쇼군과 고케닌의 봉건적 주종관계
   ③ 도쿠가와 이에야스에 의한 참근교대 제도
   ④ 기독교 포교와 쇄국정책의 병행

5. 무로마치 시대에 성립된 문화로 옳지 않은 것은?
   ① 기타야마에 금각사가 조영되었다.
   ② 다도·꽃꽂이·노가쿠 등의 전통예술이 발달하였다.
   ③ 은각사를 중심으로 히가시야마 문화가 형성되었다.
   ④ 고킨와카슈가 편찬되고, 가나 문학이 발달하였다.

6. 다음 중 아즈치·모모야마 시대의 특징으로 가장 적절한 것은?
   ① 병농분리 정책과 태합검지의 실시
   ② 막번체제와 사농공상 신분제의 확립

③ 페리 내항과 불평등조약 체결
④ 일본국 헌법의 제정과 시행

7. 다음 중 에도 시대의 참근교대 제도에 대한 설명으로 옳은 것은?
   ① 다이묘의 독립적 세력 강화를 장려하는 제도였다.
   ② 다이묘의 가족을 에도에 인질처럼 두어 충성을 유도하였다.
   ③ 서민의 이동과 상업 활동을 장려하는 조치였다.
   ④ 각 번의 무사들을 막부의 군대에 통합하는 목적이었다.

8. 다음 중 메이지 유신기의 개혁이 아닌 것은?
   ① 폐번치현과 중앙집권화   ② 병역의무화와 학제 도입
   ③ 제국의회 설치와 헌법 공포   ④ 신분제 강화와 사농공상의 부활

9. 다음 중 제2차 세계대전 이후 연합군 점령기에 시행된 개혁은?
   ① 조선 침략과 만주국 설립
   ② 재벌 해체와 농지 개혁
   ③ 제국헌법의 개정과 보통선거법 폐지
   ④ 진주만 기습과 중일전쟁 개시

10. 다음 중 21세기 일본 정치·경제 변화에 대한 설명으로 틀린 것은?
    ① 아베 내각은 아베노믹스를 추진하며 디플레이션 극복을 시도하였다.
    ② 2011년 동일본대지진은 후쿠시마 원전 사고를 동반하였다.
    ③ 고이즈미 내각은 구조 개혁과 우정 민영화를 추진하였다.
    ④ 헤이세이 시대는 2020년 도쿄 올림픽 개최를 계기로 시작되었다.

정답									
1	2	3	4	5	6	7	8	9	10
②	②	②	②	④	①	②	④	②	④

―――― 제4장 ――――

언어와 문학

문자와 이야기 속에 담긴 일본

> **핵심 포인트**
> - 일본어에는 한자, 히라가나, 가타카나라는 문자가 있다는 것을 알고, 이들의 쓰임을 간단히 구별할 수 있다.
> - 한자는 훈독과 음독으로 읽는 방법이 다르다는 것을 이해하고, 쉬운 예시(예: 水 = みず, すい)를 말할 수 있다.
> - 일본어와 한국어가 서로 영향을 주고받은 단어 몇 가지를 예로 들고, 그 뜻을 말할 수 있다.
> - 일본 고전 문학 중 대표적인 작품 이름과 간단한 내용을 이야기할 수 있다.
> - 근현대 일본 문학의 대표 작가 이름을 알고, 그들의 작품에서 다루는 주제를 간단히 설명할 수 있다.

1. 문자

일본어 문자는 크게 한자, 히라가나, 가타카나로 구분할 수 있습니다.

한자

한자는 일본어 어휘의 기본을 이룹니다. 일본어 한자를 읽는 방법은 훈독(訓讀)과 음독(音讀)의 두 가지가 있는데 훈독은 일본 고유어에 대응되는 뜻으로 읽는 방식이고 음독은 중국 한자 발음을 일본식으로 받아들인 독음입니다. 예를 들어, '水'라는 한자로 설명하자면, '미즈(みず)'라고 읽는 경우는 일본어의 고유의 뜻으로 읽은 훈독이고 '스이(すい)'라고 읽는 경우는 한자의 원래의 음으로 읽은 음독이라고 할 수 있습니다. 주로 단독으로 사용되면 훈독으로, 다른 글자와 결합 되면 음독으로 사용되는데, 그 외에도 음독+음독, 음독+훈독, 훈독+음독, 훈독+훈독 등 다양하게 읽힙니다. 예를 들어, '센세이(先生)'는 음독+음독이고, '혼야(本屋)'는 음독+훈독이며, '야친(家賃)'은 훈독+음독이며 '데구치(出口)'는 훈독+훈독이라고 말할 수 있습니다. 이렇게 다양하게 읽을 수 있기 때문에 외국인 학습자가 일본어 한자 공부를 할 때 많이 어려워하기도 합니다.

일본에서는 한자의 수가 많아서 모두 쓸 수 없기에 한자의 자수를 제한하고자 했습니다. 1946년에 1,850자의 당용한자를 제정했었고 1981년에는 95자를 추가하여 1,945자의 상용한자를 제정했다가 2010년에 2,136자로 개정되어 현재까지 사용되고 있습니다. 이 상용한자표는 법령, 공용문, 신문, 방송 등의 일상생활에서 중요한 기준이 되고 있지만 생활하면서 상용한자표에 없는 한자를 사용하지 않는다는 것은 절대 아닙니다. 예를 들어, '하코다테(函館, はこだて)'라는 지명의 '館(だて)'과 같은 한자는 'だて'라고 읽는 방법이 상용한자에 없지만 일상적으로 사용하는 한자입니다. 한편 이 상용한자 2,136자에 포함되지 않는 한자는 음이 같고 뜻이 비슷한 상용한자로 바꾸어 쓰고 있습니다. 예를 들어, 시체(屍體→死體), 연합(聯合→連合) 등입니다. 그리고 1949년부터 획수가

많고 복잡한 한자는 약자의 형태로 사용하도록 하고 있습니다. 예를 들어, 학(學 → 学), 의(醫 → 医), 체(體 → 体), 실(實 → 実), 회(會 → 会) 등입니다. 또한 중국에서 들어온 것이 아니라 일본에서 만들어진 한자도 있는데 이를 고쿠지(国字)라고 하며, 상용한자에 포함되어 있는 고쿠지는 込(들다), 峠(고개), 働(일하다), 畑(밭), 枠(테두리) 등이 있습니다.

히라가나

히라가나는 보통 외래어가 아닌 순수 일본어를 표기할 때 사용합니다. 9세기 말에서 10세기쯤에 남성들도 사용은 했지만 주로 여성들이 중국에서 받아들인 한자를 초서체로 쓰다가 이것을 더욱 간략화하여 사용하게 되면서 히라가나라는 문자가 만들어지게 됩니다. 주로 편지나 일본의 전통적인 정형시인 와카(和歌) 등의 사적인 문서를 쓰는 데 사용되었습니다. 히라가나가 만들어졌던 당시에는 한 글자, 예를 들어 'i' 음에 해당되는 문자가 현재 일본어에서는 'い'입니다만, 그 당시에는 하나가 아니라 여러 가지의 문자가 있었습니다. 현재와 같이 하나의 음에 하나의 문자가 정해진 것은 1900년에 발표된 소학교령 이후입니다. 이 이후에는 현재의 46개로 통일되어 일본어의 기본문자로 자리 잡았습니다.

ひらがな 히라가나					カタカナ 가타카나				
あ 아(a)	い 이(i)	う 우(u)	え 에(e)	お 오(o)	ア 아(a)	イ 이(i)	ウ 우(u)	エ 에(e)	オ 오(o)
か 카(ka)	き 키(ki)	く 쿠(ku)	け 케(ke)	こ 코(ko)	カ 카(ka)	キ 키(ki)	ク 쿠(ku)	ケ 케(ke)	コ 코(ko)
さ 사(sa)	し 시(si)	す 스(su)	せ 세(se)	そ 소(so)	サ 사(sa)	シ 시(si)	ス 스(su)	セ 세(se)	ソ 소(so)
た 타(ta)	ち 치(chi)	つ 츠(tsu)	て 테(te)	と 토(to)	タ 타(ta)	チ 치(chi)	ツ 츠(tsu)	テ 테(te)	ト 토(to)
な 나(na)	に 니(ni)	ぬ 누(nu)	ね 네(ne)	の 노(no)	ナ 나(na)	ニ 니(ni)	ヌ 누(nu)	ネ 네(ne)	ノ 노(no)
は 하(ha)	ひ 히(hi)	ふ 후(hu)	へ 헤(he)	ほ 호(ho)	ハ 하(ha)	ヒ 히(hi)	フ 후(hu)	ヘ 헤(he)	ホ 호(ho)
ま 마(ma)	み 미(mi)	む 무(mu)	め 메(me)	も 모(mo)	マ 마(ma)	ミ 미(mi)	ム 무(mu)	メ 메(me)	モ 모(mo)
や 야(ya)		ゆ 유(yu)		よ 요(yo)	ヤ 야(ya)		ユ 유(yu)		ヨ 요(yo)
ら 라(ra)	り 리(ri)	る 루(ru)	れ 레(re)	ろ 로(ro)	ラ 라(ra)	リ 리(ri)	ル 루(ru)	レ 레(re)	ロ 로(ro)
わ 와(wa)				を 오(wo)	ワ 와(wa)				ヲ 오(wo)
ん 응(n)					ン 응(n)				

가타카나

　가타카나는 10세기쯤에 만들어진 것으로 추정되며 외국에서 들어온 한자로 된 서적, 특히 불교 경전을 읽을 때 한자의 음을 표시하기 위해 한자의 일부를 따서 만든 보조 문자에서 시작되었다고 합니다. 이것은 한자의 일부를 모방 또는 일부를 생략하여 만들어진 것입니다. 예를 들어 伊(이)의 일부인 亻에서 イ라는 가타카나가 만들어진 것입니다. 이 가타카나는 현대일본어에서 주로 외래어 표기에 사용되며 그 밖에 의성어, 의태어, 강조할 때 등에도 쓰입니다. 여기에서 재미있는 점은 같은 영어에서 온 말이라도 한국어의 음과 일본어의 음에 차이가 많은 예도 있다는 점입니다. 쉬운 예로는 한국어의 '맥도날드'가 일본어에서는 '마쿠도나루도(マクドナルド)'라고 발음하는 것이며, 좀 어려운 예로는 미국의 유명한 군인이었던 맥아더(MacArthur) 장군의 이름은 한국어에서는 '맥아더'입니다만 일본어에서는 일본어의 음절구조에 따라서 '막카-사-(マッカーサー)'라고 발음합니다. 따라서 가타카나로 표기하는 일본어 외래어는 한국인 일본어 학습자가 어려워하는 부분이며 어느 정도는 암기가 필요한 부분이기도 합니다. 한편, 가타카나도 히라가나와 마찬가지로 처음 만들어졌을 때는 한 가지 음에 여러 가지의 문자가 있었지만 1900년의 소학교령 이후에 한 가지 음에 하나의 문자가 정해져서 통일되어 사용하게 되었습니다.

2. 어휘

　일본어 어휘에 대하여 일본어 속에 사용되는 한국어와 한국어 속에 사용되는 일본어로 구분하여 살펴보겠습니다.

일본어 속의 한국어

チョンガー(총가-) | 이 말은 일본어에서 결혼하지 않은 성인 남성을 뜻하는 말인데, 한국어의 "총각"에서 유래된 말로 추정됩니다. 발음이 유사한 것을 알 수 있습니다.

メンタイ(멘타이) | '멘타이(メンタイ)'는 명태(명란)의 일본식 표현으로, 한국어 '명태'에서 유래한 단어입니다. 주로 '멘타이코(明太子, 명란젓)'라는 형태로 사용됩니다. 원래 명태는 일본어로는 'スケトウダラ(스케토우다라)'라고 하는 고유어가 있지만 メンタイ라는 말도 많이 사용됩니다.

パッチ(팟치) | 이 말은 허리부터 발목까지를 덮는 남성용 하의를 의미하는데 한국어의 "바지"에서 유래했다는 설이 있습니다. 자주 쓰이는 말은 아니지만 한국어와 발음이 유사한 것을 알 수 있습니다.

한국어 속의 일본어

다마네기(玉ねぎ) | 이 말은 한국어의 '양파'라는 뜻으로 한국에서는 주로 노년층이 자주 사용하는 말입니다.

간지(感じ) | 이 말은 젊은이들이 속어의 개념으로 사용하는 말로써 원래 일본어에서는 '느낌'이라는 뜻이지만, 한국어에서는 의미가 약간 변화하여 '멋지다, 느낌 있다'와 같은 의미로 사용되고 있습니다. 옷, 디자인, 스타일 등에서 '간지난다'라는 표현으로 자주 사용됩니다.

와쿠(枠) ｜ 이 말은 원래 일본어에서는 '틀(프레임)', '박스', '한계' 등의 뜻이지만, 한국어에서는 의미가 변화하여 주로 속어로 '낯짝(상판대기)'과 같은 의미로 사용되고 있습니다.

요지(楊枝) ｜ 이 말은 한국어의 '이쑤시개'라는 뜻으로 일본어가 그대로 한국어에서 사용되는 예입니다.

3. 고전 문학

고전 문학은 나라, 헤이안 시대에 성립된 고대문학, 가마쿠라·무로마치 시대에 성립된 중세문학, 에도 시대에 성립된 근세문학 등 크게 3시기로 나눌 수 있습니다.

고대 문학

고사기 ｜ 『고사기(古事記)』는 712년, 덴무(天武) 천황의 유지를 계승한 겐메이(元明) 천황의 명을 받아 오노 야스마로(太安万侶)가 편찬한 일본에서 가장 오래된 역사서입니다. 서문은 당대의 지식인 사회와 한문 학풍을 반영해 정통 한문체로 쓰였으며, 본문은 한자의 음독과 훈독을 뒤섞은 독특한 변칙 한문체로 기술되었습니다. 구성은 상(神代), 중, 하의 세 권으로, 일본 신화에서 시작해 33대 스이코 천황까지 이어집니다. 『고사기』는 단순한 역사 기록을 넘어, 일본 왕권의 정통성을 천손강림 신화에 연결하여 천황가의 신성성과 정치적 정당성을 뒷받침하는 이데올로기적 역할을 수행했습니다. 아래의 인용문은 태양신 아마테라스가 동굴에 숨어 세

▲ 고바야시 에이타쿠의 작(1880년대)
일본 국토를 만드는
이자나기와 이자나미 신

상이 암흑에 빠진 사건을 묘사한 장면입니다. 아마테라스는 동생 스사노오노미코토(須佐之男命)의 난폭한 행동에 분노하여 스스로 바위 동굴에 틀어박혔습니다. 그 결과 하늘과 땅이 모두 어둠에 잠기고, 신과 인간 세계가 큰 혼란에 빠졌습니다. 이 장면은 신들의 협력과 지혜를 통해 태양을 다시 세상으로 불러내는 과정을 보여줍니다. 일본인들은 이를 통해 "세상의 빛은 곧 태양이며, 태양의 부재는 곧 죽음 같은 암흑"이라는 인식을 신화적 이야기로 형상화했습니다.

그때 아마테라스 오미카미(天照大御神, 태양 여신)께서 두려움과 분노를 이기지 못하시고, 곧 아마노이와도(天石屋戶, 하늘 바위 동굴) 속으로 숨어 들어가셨다. 그러자 하늘나라 다카마노하라(高天原)는 온통 어둠에 잠기고, 인간 세상 아시하라나카쓰쿠니(葦原中国) 또한 완전히 암흑에 휩싸였다. 세상에 빛이 사라지자, 수많은 신들(八百萬の神)이 아마노야스카와라(天安河原, 하늘 강가)에 모여, 앞으로 어떻게 할 것인지 신성한 회의를 열었다. (중략) 그리고 아메노우즈메노미코토(天鈿女命)에게 명하여, 아마노이와도 앞에 서서 신들린 듯한 춤을 추게 하였다.

겐지 이야기 | 겐지 이야기(源氏物語)는 서정적이며 상상력이 풍부하

▲ 도사 미쓰오키의 작(17세기)
  기르던 참새 새끼를 놓쳐 버린
  무라사키노우에와 울타리 틈새로
  엿보는 히카루 겐지

고, 인간에 대한 깊은 통찰이 담긴 일본의 대표적인 고전 소설입니다. '모노가타리'는 저자의 체험이나 상상을 바탕으로 인물과 사건을 전개하는 산문 형식의 문학을 말합니다. 이 작품은 약 60~70년에 걸친 이야기를 담고 있으며, 11세기 초 무라사키 시키부(紫式部)가 집필하였습니다. 총 54권으로 구성되며, 주인공은 아름답고 재능 있는 귀족 히카루 겐지(光源氏)입니다. 이야기는 크게 세 부분으로 나뉘어 있습니다. 1부는 겐지의 사랑과 시련, 권력과 영화의 절정기를 그리고 있으며, 2부는 정실부인 무라사키노우에(紫の上)의 고뇌와 죽음을 통해 겐지의 내면 변화가 드러납니다. 3부는 겐지 사후, 자손들의 사랑 이야기를 다룹니다. 자연과 인간, 섬세한 심리 묘사를 통해 헤이안 시대 문학의 정수를 보여주는 작품으로, 일본 문학과 문화에 큰 영향을 미친 고전으로 평가받고 있습니다. 이하의 인용문은 「유가오(夕顔)」장의 일부로, 『겐지 이야기』가 지닌 가장 중요한 미학인 모노노아와레(物の哀れ, 사물에 깃든 덧없음과 그로 인한 감흥)를 잘 보여줍니다. 자연의 이미지(하늘, 단풍, 새 등)와 인간의 내면(사랑의 그리움과 인생의 허무)이 긴밀히 맞물리며, 사랑과 삶의 덧없음을 시적·심리적으로 형상화하고 있는 구절입니다.

조용한 저녁 무렵, 하늘의 정취도 참으로 가슴에 스며든다. 앞뜰 초목은 시들시들하고 벌레 소리도 목이 쉰 듯하다. 단풍이 점차 물들어

제4장 _ 언어와 문학

가는 무렵이라 그림에 그린 듯 볼 만하다. (중략) 겐지 님께서는 대나무 숲 속에서 집비둘기라는 새가 꾹꾹거리며 우는 소리를 들으시고, 지난번 그 폐원에서 이 새가 울던 것을 아주 무서워하던 모습이 환영처럼 사랑스럽게 떠오르신다.

금석이야기집 | 『금석이야기집(今昔物語集)』은 12세기 초, 헤이안 시대 말기에 편찬된 일본 최대의 설화집으로, 정확한 편찬자는 전해지지 않습니다. 이 책에는 무려 1,100편이 넘는 이야기가 실려 있으며, 인도(天竺)·중국(震旦)·일본(本朝) 세 부분으로 구성됩니다. 인도·중국편은 불교 전래와 교리의 전승, 고승들의 일화를 다루며, 일본 불교가 받아들인 사상적 배경을 보여줍니다. 일본편은 불교 설화와 세속 설화로 다시 나뉘는데, 특히 불교 관련 이야기가 전체의 3분의 2를 차지하여, 당시 불교 신앙이 민중 생활 속에 깊숙이 스며들어 있었음을 알 수 있습니다. 세속 설화에는 귀족·무사·서민들의 생활담, 기이한 이야기, 인간적인 욕망과 어리석음을 풍자하는 이야기도 많아, 고대 일본인의 삶과 정신세계를 생생히 엿볼 수 있습니다. 『금석이야기집』은 단순한 불교 교리집이 아니라, 다양한 지역·계층의 이야기와 인간 군상을 집대성한 종합 설화집이라는 점에서 일본 문학사와 문화사 연구에 귀중한 자료로 평가받습니다.

이하의 인용문은 권28 제20화 「이케노오의 젠치 내공의 코 이야기」로 외모 콤플렉스와 집착을 해학적으로 다룬 설화로, 아쿠타가와 류노스케는 이 설화를 바탕으로, 외모에 집착하는 승려의 심리를 사실적이고 세밀하게 묘사했습니다. 원전에서는 단순히 '코를 줄이려 했으나 실패했다'는 해학적인 이야기지만, 아쿠타가와는 여기에 인간의 허영, 체면, 타인의 시선에 대한 의식 같은 근대적 자아의 문제를 덧붙여, 일본 근대 문학의 대표적 단편으로 재탄생시켰습니다.

> 이제는 옛이야기이지만, 이케노오(池尾)라는 곳에 젠치(禪智) 내공(內供)이라는 승려가 살고 있었다. 도심이 깊고 진언 등을 잘 익히고 열심히 행법(行法)을 닦았다. (중략) 그런데 이 내공은 어찌나 코가 길던지 15~18센티나 되어 턱 끝보다 더 내려가 있는 것처럼 보였다. 색깔은 자줏빛으로 큰 귤껍질처럼 도톨도톨하게 부풀어 있었다. 그것이 이루 말할 수 없이 가려우니, 주전자에 뜨거운 물을 끓이고, 쟁반에 그 코가 들어갈 만큼의 구멍을 뚫어, 더운 열기에 얼굴이 화상을 입지 않도록 그 쟁반 구멍에 코를 집어넣고, 주전자에 코를 담가 찜질을 했다.

중세 문학

헤이케 이야기 | 『헤이케 이야기(平家物語)』는 13세기 초에 성립하여, 일본 중세 무사 문학의 대표작으로 꼽히는 군기모노가타리(軍記物語)입니다. 본래 비와법사(琵琶法師)라 불린 맹인 음유시인들에 의해 비파 반주와 함께 낭송되면서 전승되었습니다. 따라서 문체에는 운율과 리듬감이 살아 있으며, 청중에게 즉각적으로 감동을 주는 구어적 특징을 지닙

◀ 다이라 가문, TV 애니메이션 <헤이케 이야기>의 한 장면

니다.

이야기의 중심은 다이라(平) 가문의 흥망성쇠입니다. 다이라노 기요모리(平清盛)가 권력을 장악하여 전성기를 구가하던 시절부터 시작해, 결국 미나모토(源) 가문에게 패하여 몰락하는 과정을 그립니다. 전쟁의 영웅담, 정치적 음모, 여성들의 비극, 불교적 인과응보의 서사가 서로 얽혀 방대한 스펙트럼을 이룹니다. 특히 "모든 것은 무상하다"는 불교적 세계관이 작품 전반을 관통하며, 이 사상은 이하의 작품 서두의 명문구를 통해 극적으로 드러납니다.

> 기원정사(祇園精舍)의 종소리는 모든 것은 무상하다는 이치를 일깨워주고, 석존의 입적을 지켜보던 사라(沙羅)나무 꽃들은 성한 자 반드시 쇠퇴한다는 섭리를 드러내 보여준다. 교만한 자도 오래가지 못하니, 이는 봄밤의 꿈처럼 덧없도다. 용맹한 자도 끝내 멸망하니, 이는 바람 앞의 티끌과 같도다.

방장기 | 『방장기(方丈記)』는 1212년, 가모노 조메이(鴨長明)가 은거 생활 중에 집필한 수필 문학입니다. '방장'이란 한 변이 약 3미터 남짓한 작은 초가를 뜻하며, 저자는 실제로 그러한 집에서 단출한 삶을 살았습니다. 그는 사회적 좌절과 자연재해, 인간의 유한한 운명 속에서 세속을 떠나 산속에 은둔했으며, 『방장기』는 그 삶을 기록한 자전적 성격의 문학입니다. 작품의 내용은 크게 두 부분으로 나뉩니다. 첫 부분에서는 대지진, 대화재, 기근, 역병, 폭풍 등 당시 수도 교토를 덮친 각종 재난을 구체적이고 사실적으로 묘사합니다. 이러한 기록은 역사 자료적 가치도 높습니다. 두 번째 부분에서는 저자가 작은 집에 은거하며 느낀 삶의 고요함

과 자유, 그러나 동시에 무상한 인생에 대한 성찰이 담겨있습니다. 이하의 인용문은 모두 부분으로 자연의 변화와 인간사의 덧없음을 대비시키며, 은자문학 특유의 무상관과 자기 성찰적 시선을 보여줍니다.

> 흐르는 강물은 끊기는 일이 없고, 그 물은 원래의 물과 같은 것이 아니다. 여울에 뜬 거품은 생겼다가 사라지기를 반복하며, 오래 머무는 법이 없다. 세상에 사는 사람과 그 거처 또한 이와 같다.

근세 문학

마쓰오 바쇼 | 하이카이(俳諧)는 본래 렌가(連歌)의 일종으로, 여러 사람이 돌아가며 시를 이어가는 놀이 같은 문학이었습니다. 초기에는 해학적이고 가벼운 주제를 다루며, 귀족 문학보다는 서민적 성격이 강했습니다. 무로마치 시대 말기에는 하이카이를 독립적인 문학 장르로 발전시키려는 노력이 있었고, 에도 시대에 들어서면서 마쓰나가 데이토쿠(松永貞德)가 하이카이를 서민 문학으로 확립하고 일본 전역에 보급했습니다.

그러나 하이카이를 진정한 예술로 승화시킨 인물은 마쓰오 바쇼(松尾芭蕉, 1644~1694)였습니다. 그는 단순한 해학에서 벗어나 자연과 인생의 깊이를 담아내며, 짧은 시 속에 무한한 사색과 정서를 담았습니다.

바쇼의 하이쿠는 단순한 '오락'의 차원을 넘어, 일본인 특유의 미의식인 '와비(侘び)'와 '사비(寂び)'를 문학적으로

▲ 우키요에의 바쇼의 초상

형상화했습니다. 그는 방랑 시인으로 각지의 풍경을 읊었고, 그 시들은 지금도 일본 문학의 정수로 존경받고 있습니다.

이하의 두 하이쿠는 정적과 순간적 생명감을 극적으로 대비시켜 보여주며, 바쇼 하이쿠의 미학적 정수를 담고 있습니다. 첫 구절은 고요 속에서 터져 나오는 생명의 순간을, 두 번째 구절은 고요를 더욱 깊게 새기는 자연의 소리를 형상화합니다.

古池や蛙飛びこむ水の音　오래된 못이여 개구리 뛰어드네 물소리 퐁당
閑さや岩にしみ入る蝉の声　고요하도다 바위마저 적시는 매미 울음소리

이하라 사이카쿠 | 이하라 사이카쿠(井原西鶴, 1642~1693)는 에도 시대 전기의 오사카를 중심으로 활동한 우키요조시(浮世草子) 작가로, 일본 근세 문학에서 대중소설의 개척자로 평가됩니다. 그는 원래 하이카이(俳諧) 시인으로 이름을 알렸으나, 1682년에 발표한 『호색일대남(好色一代男)』으로 일약 명성을 얻었습니다. 그 후에도 그는 『호색오인녀(好色五人女)』, 『일본영대장(日本永代蔵)』 등을 잇달아 집필하여, 사랑과 욕망, 금전 문제, 사회 풍속 등 폭넓은 주제를 다루었습니다. 특히 『일본영대장』에서는 상인의 상업 활동과 돈에 대한 감각을 유머러스하면서도 현실적으로 그려, 당시 경제생활을 문학적 소재로 끌어들인 점에서 큰 의의가 있습니다. 이처럼 사이

▲ 번역본 『호색일대남』의 표지

카쿠는 무사와 귀족 중심이던 일본 문학을 상인(町人, 조닌) 계급의 현실로 끌어내려, 대중문학으로서의 소설 발전에 새로운 길을 열었습니다.

이하는 『호색일대남』의 한 부분으로, 이 작품은 주인공 요노스케(世之介)의 방탕한 여성 편력을 그리면서 당시 사회와 유곽 문화를 생생하게 묘사한 것으로, 사이카쿠의 필치는 경쾌하면서도 사실적이어서 큰 반향을 일으켰습니다.

> 서른 넷 되던 해에 어머니로부터 재산을 물려받은 후, 밤낮으로 방탕한 생활을 한 지 올해로 27년째. 실로 일본 땅에 있는 유곽을 구석구석 빠진 곳 하나 없이 뒤지고 다녔다. 이제 몸은 어느새 사랑에 야위었고, 더 이상 욕망에 대한 미련도 없었다. 부모도 없고 자식도 없으니 정처도 없다. 여색, 남색에 온 정기를 빼앗겨 다리는 뽕나무 지팡이가 없으면 서 있지도 못할 지경이었고 귀는 멀어 들리지 않았다.

4. 근현대 문학

1868년 메이지 시대 이후의 문학을 근현대문학이라고 합니다.

쓰보우치 쇼요 | 쓰보우치 쇼요(坪内逍遥, 1859~1935)는 1885년부터 이듬해에 걸쳐 일본 최초의 근대 소설 이론서인 『소설신수(小説神髓)』를 발표했습니다. 그는 이 책에서 종래의 권선징악 사상이나 공리적인 문학관을 강하게 부정하며 문학의 독자성을 주장하고, 있는 그대로의 인간 심리를 분석하는 데에 주안하는 사실주의(寫實主義)를 주창하였습니다. 그리고 이 생각을 바탕으로 『당대서생기질(当世書生気質)』이라는 소

설을 썼는데, 사상적인 깊이가 부족하다는 지적도 있었지만 새로운 시대 문학의 출발점이 되었다는 점에서 의미가 컸습니다.

이하의 인용문은 『소설신수』의 일부분으로 이 책을 통해 일본 근대문학이 도덕적 교화에서 벗어나 인간 욕망과 심리의 사실적 탐구를 지향하는 계기를 마련했습니다.

> 소설의 중심(主腦)은 인정(人情)이며, 세태(世態)와 풍속(風俗)은 그 다음이다. 인정이란 어떤 것을 말하는가. 말하자면, 인정이란 인간의 정욕(情欲), 곧 이른바 백팔번뇌(百八煩惱)이다. 이 인정을 깊이 파고들어, 현인이나 군자는 말할 것도 없고, 남녀노소(老若男女), 선악정사(善惡正邪) 할 것 없이 마음속의 내막을 빠짐없이 그려내어, 치밀하고 정밀하게 묘사하여, 인정을 뚜렷하게 드러내는 것이 우리 소설가의 임무이다. 설령 인정을 묘사한다 하더라도 그 겉모습만을 베낀 것이라면, 아직 그것을 진정한 소설이라고 할 수 없다. 그 골수(骨髓)까지 파고들 때에야 비로소 소설이 소설다움을 드러내게 되는 것이다.

모리 오가이 | 모리 오가이(森鷗外, 1862~1922)의 작품 활동은 메이지 20년대(1887년경부터 1896년경)의 낭만주의와 메이지 40년대(1907년경부터 1912년경)의 여유파 시기로 나눌 수 있습니다. 낭만주의 시기 그는 1889년 문예잡지 『시가라미조시(しがらみ草紙)』를 창간하고 『무희(舞姬)』, 『덧없는 기록(うたかたの記)』을 발표해 이국적 정서와 근대적 자아의 고뇌를 그렸습니다. 메이지 40년대에는 탐미주의 잡지 『스바루(スバル)』를 창간하고 『청년(青年)』에서 본능을 극복한 이성의 강인함을 묘사했습니다. 이후 『산쇼다유(山椒大夫)』 등 주관적 역사소설을 발표하며 역사와 문

▲ 만화판 『무희』

명을 비판적으로 재해석하려는 태도를 보였습니다. 이하의 인용문은 『무희』의 일부분으로 이 장면은 주인공 도요타로가 사랑과 국가 사이에서 결국 무너지는 순간을 보여줍니다. 에리스를 지켜내고 싶었지만, 사회적 지위와 국가의 요구 앞에서 그는 끝내 굴복하고 맙니다. "지조 없는 마음"이라 자책하며 쓰러지는 모습은 개인의 사랑이 국가적 의무에 짓눌려 사라지는 비극을 상징합니다. 이처럼 『무희』는 단순한 연애 이야기가 아니라, 근대 일본 지식인이 겪어야 했던 현실적 갈등과 내면의 고통을 그린 작품으로 평가됩니다.

> 그 모습에는 거절할 수 없는 분위기가 있었다. 그럼에도 진실을 말하려고 생각했지만 굳이 아이자와의 말을 거짓이라고 말하기도 어려웠고, 만약 이 기회를 놓친다면 고국도 잃고 명예를 다시 회복할 수도 없이 광활한 유럽 대도시의 인파 속에 내 몸이 파묻히고 말리라는 생각이 마음속에 일어났다. 아아! 이 무슨 지조 없는 마음이란 말인가! "알겠습니다" 하고 대답해 버렸으니.

나쓰메 소세키 | 나쓰메 소세키(夏目漱石, 1867~1916)는 영문학자였으며 런던 유학을 마치고 돌아온 뒤 하이쿠 잡지 『호토토기스(ホトトギス)』에 『나는 고양이로소이다(吾輩は猫である)』를 연재하며 큰 인기를 얻었습니다. 고양이의 시선으로 인간 사회를 풍자한 이 소설은 새롭고 세련된 문체로 많은 사람을 사로잡았습니다. 그는 『도련님(坊っちゃん)』, 『풀베개(草枕)』, 『산시로(三四郎)』, 『그 후(それから)』, 『문(門)』 같은 작품에서

인간 존재의 불안을 탐구했습니다. 그 후 1910년에 위궤양의 악화로 가사 상태에 빠지는 체험을 한 뒤에는 『추분이 지날 때까지(彼岸過迄)』, 『행인(行人)』, 『마음(こころ)』에서 인간 내면의 에고이즘과 어두운 마음을 깊이 파고들었습니다. 이하의 인용문은 『나는 고양이로소이다』의 일부분

▲ 「소세키 산방」 자택 서재(1914)

으로 객관적·비인간적 시선으로 인간을 풍자하는 새로운 문학적 기법을 통해, 근대 일본 사회 비판을 유머와 아이러니로 구현했습니다.

> 나는 고양이다. 이름은 아직 없다. 어디에서 태어났는지는 전혀 짐작할 수 없다. 다만 어두컴컴하고 축축한 곳에서 야옹 야옹 울고 있던 기억만이 남아 있다. 나는 그곳에서 처음으로 인간이라는 존재를 보았다. 나중에 들어 보니, 그 인간은 '서생(書生)'이라 불리는 자였는데, 사람들 가운데서도 가장 포악한 족속이라 한다. 이 서생이라는 자들은 가끔 우리를 붙잡아 삶아 먹는다고도 한다. 하지만 그때의 나는 아무 생각도 없었기 때문에, 특별히 무섭다고는 느끼지 않았다. 다만 그의 손바닥 위에 올려져 스윽 들어 올려졌을 때, 어딘가 붕 떠오르는 듯한 기분이 들었을 뿐이다.

다니자키 준이치로 | 탐미파에 속하는 다니자키 준이치로(谷崎潤一郎, 1886~1965)는 여성의 관능미와 일본적 전통미를 모두 탐구했던 작가였습니다. 그는 초기에는 에드거 앨런 포와 오스카 와일드의 영향을 받아 퇴폐적이고 강렬한 미의 세계를 창조했으나, 1923년 간토 대지진 이후에는 일본 고전의 정취와 여성상을 탐구하는 작품으로 전환했습니다. 『문

▲ 영화 「세설」의 포스터
(이치카와 곤 감독, 1983)

신(刺青)』, 『치인의 사랑(痴人の愛)』, 『춘금초(春琴抄)』, 『세설(細雪)』 등은 그의 대표작으로 꼽힙니다.

이하의 인용문은 『세설(細雪)』의 모두의 꽃놀이 장면으로 일본적 미의식을 상징적으로 드러냄과 동시에 벚꽃과 화려한 전통 의복을 통해 고전적 우아함을 그려냅니다. 그러나 동시에 만개한 꽃의 덧없음은 마키오카 가문의 쇠퇴를 은연중에 암시하며, 이 장면은 네 자매의 성격과 관계를 드러내어 이후 서사의 전개를 준비하는 중요한 장치로 작용합니다.

> 사치코는 지는 꽃을 애석해하는 만큼 동생들의 처녀 시절을 애석해하는 마음도 더해졌으므로, 입밖에 내지는 않았지만 매년 적어도 유키코와 함께 꽃구경을 가는 것은 올해가 마지막일지도 모른다는 생각을 늘 했다. 유키코도 다에코도 그런 마음이었는지 대체로 꽃에 대해서는 사치코만큼 관심을 갖지 않았지만 마음속으로는 늘 이 행사를 기다렸다. 그래서 아주 일찍, 그러니까 오미즈토리라는 불교의식이 끝나는 무렵부터 벌써 꽃이 피는 것을 기대하며 그때 입고 갈 하오리나 오비, 속옷 따위를 은근히 마음속으로 생각하고 있는 모습이 남의 눈에도 보일 정도였다.

아쿠타가와 류노스케 | 아쿠타가와 류노스케(芥川龍之介, 1892~1927)는 대학 시절 1915년 『라쇼몬(羅生門)』과 이듬해 『코(鼻)』를 발표하며 이름을 알렸고, 기발한 소재와 뛰어난 심리 묘사로 유명해졌습니다. 『지옥

변(地獄変)』, 『덤불 속(藪の中)』, 『희작삼매(戯作三昧)』, 『봉교인의 죽음(奉教人の死)』, 『무도회(舞踏会)』 등 다양한 시대와 주제를 다뤘습니다. 말년에는 『어떤 바보의 일생(或阿保の一生)』, 『갓파(河童)』, 『톱니바퀴(歯車)』에서 시대에 적응하지 못하는 고뇌와 종교적 갈망을 담았습니다. 이하의 인용문은 『라쇼몬』의 일부분으로, 『라쇼몬』은 절망적 상황 속 인간의 생존 본능을 드러내며, 도덕과 현실의 갈등을 탐구한 아쿠타가와 문학의 리얼리즘을 대표합니다.

▲ 『라쇼몬·코』의 책표지

> 어느 날 해질 무렵의 일이었다. 한 하인(下人)이 라쇼몬(羅生門) 아래에서 비가 그치기를 기다리고 있었다. 넓은 문 밑에는 이 남자 말고는 아무도 없었다. 다만, 곳곳에 붉은 칠이 벗겨진 커다란 원기둥에 귀뚜라미가 한 마리 붙어 있을 뿐이었다. 라쇼몬이 스자쿠대로에 있는 이상, 비를 피하러 온 삿갓을 쓴 여자나 모자를 쓴 사내가 두세 명쯤은 있어도 이상하지 않았을 것이다. 그러나 이 남자 말고는 아무도 없었다.
>
> 왜냐 하면, 지난 이삼 년 동안 교토에는 지진이나 회오리바람, 화재, 기근 같은 재앙이 잇달아 일어났기 때문이다.

가와바타 야스나리 | 신감각파는 기존의 사실적이고 현실을 그대로 그리는 자연주의 문학을 거부하고, 유럽의 다다이즘, 미래파, 표현주의의

영향을 받아 새로운 문체를 만들려 한 문학 운동입니다. 대표 작가는 가와바타 야스나리(川端康成, 1899~1972)로, 그의 소설은 허무하고 쓸쓸한 느낌을 담은 시적 표현이 특징입니다. 『이즈의 무희(伊豆の踊子)』는 청춘의 순수함과 첫사랑의 감정을 섬세하게 그렸고, 『설국(雪国)』에서는 온천 마을의 게이샤 고마코와 시마무라의 관계를 통해, 덧없고도 아름다운 인간 감정을 시적으로 묘사했습니다. 가와바타는 『설국』과 여러 작품으로 1968년 노벨문학상을 받았습니다. 이하의 인용문은 『설국』의 모두 부분으로 터널을 빠져나와 눈의 세계로 들어가는 순간이 현실과 비현실, 일상과 꿈의 경계가 바뀌는 전환점으로 그려집니다. 창유리에 겹쳐 비친 여인의 얼굴은 자연과 인간이 융합된 시적 이미지로, 작품 전체를 관통하는 허무와 아름다움, 덧없음의 정조를 상징합니다.

▲ 『설국』이 집필된 니가타현 유자와마치(湯沢町)소재의 여관

국경의 터널을 빠져나오자 눈의 나라였다. 밤의 끝자락은 이미 희뿌옇게 밝아 왔다. (중략) 맞은편 좌석의 여자 얼굴이 비쳤기 때문이었다. 밖은 어둠이 내려 있었고, 기차 안에는 불이 켜져 있었다. 그래서 유리창이 거울이 되었다. (중략) 거울 뒤쪽으로 저녁 풍경이 흐르고 있어서, 이를테면 비치는 것과 비추어 내는 거울이 영화자막의 이중 영상처럼 움직였다. 등장인물과 배경은 아무런 관계도 없다. 더구나 인물은 투명한 허상으로, 풍경은 어둠의 여릿한 흐름으로, 이 두 가지가 융합하여 이 세상이 아닌 상징의 세계를 그리고 있었다.

오에 겐자부로 | 오에 겐자부로(大江健三郎, 1935~2023)는 깊은 사회적 문제의식과 인간의 존엄, 고뇌를 주제로 한 작품을 많이 남겼습니다. 그는 『사육(飼育)』으로 아쿠타가와상(芥川賞)을 받으며 주목을 받았고, 특히 『개인적인 체험(個人的な体験)』은 뇌 장애를 가진 아들을 소재로, 부조리한 현실 속에서도 인간의 존엄을 지켜내려는 아버지의 고뇌를 깊이 있게 탐구한 작품입니다. 또한 『히로시마 노트(ヒロシマ・ノート)』, 『오키나와 노트(沖縄ノート)』를 통해 전쟁과 평화, 인권 문제를 고발하기도 했습니다. 그는 1994년 노벨문학상을 수상하며 세계적으로 인정받았습니다.

▲ 핵폐기를 주장하는 오에
(히로시마에서의 강연, 2010)

이하의 인용문은 『개인적인 체험』의 일부분으로 책의 주제를 상징적으로 드러냅니다. 주인공 버드가 아들의 삶을 받아들일지 거부할지를 놓고 갈등하는 순간, 델체프는 인간의 존엄과 부모로서의 책임을 직설적으로 제기합니다. "아기를 맞아 주는 것"이 부모의 최소한의 도리라는 발언은, 작품 전체에서 반복되는 질문 — 인간은 절망적인 상황에서도 어떻게 존엄을 지킬 수 있는가 — 을 압축적으로 보여주며, 버드의 변화를 이끄는 중요한 계기가 됩니다.

"── 버드, 자네 아기는 태어났나?" 하고 델체프 씨가 물었다.

"── 태어났습니다. 하지만 기형아라서, 저는 지금 아기가 쇠약사하기를 기다리고 있는 중입니다." 하고 버드는 이유도 없이 고백하고 싶은 충동에 사로잡혀 말했다. "머리가 둘로 보일 만큼 심각한 뇌 탈장

증세입니다."

"── 왜 수술을 하지 않고 쇠약사하기만을 기다리는가?" 하고 델체프 씨는 미소를 거두고, 남성적이고 결연한 표정으로 물었다.

"── 제 아기가 수술을 받아 정상적으로 자랄 가능성은 백 분의 일도 되지 않습니다." 하고 버드는 주저하며 대답했다.

"── 카프카가 아버지에게 보낸 편지에 쓴 말인데, 부모가 자식에게 해줄 수 있는 일은 다가오는 아기를 맞아 주는 것뿐이네. 그런데 자네는 아기를 맞아 주기는커녕, 거부하고 있지 않은가? 아버지라는 이유로 다른 생명을 거부하는 그런 에고이즘이 과연 허용될 수 있겠는가?"

무라카미 하루키 | 무라카미 하루키(村上春樹, 1949~)는 1979년 데뷔 이후 일본 현대 문학을 대표하는 작가로, 전 세계적으로 많은 독자에게 사랑받고 있습니다. 그의 소설은 세련되고 간결한 문체, 독특한 상상력, 그리고 현대인의 외로움과 상실, 삶의 공허함을 깊이 있게 다루는 점이 특징입니다. 무라카미 하루키는 1979년 『바람의 노래를 들어라(風の歌を聞け)』로 데뷔하여 문단의 주목을 받았고, 『노르웨이의 숲(ノルウェイの森)』은 큰 인기를 얻었습니다. 그 외에도 『해변의 카프카(海辺のカフカ)』, 『1Q84』 같은 작품이 세계적으로 번역 출간되며 현대 문학의 중요한 작가로 자리매김했습니다.

이하의 인용문은 『노르웨이의 숲』의 일부분으로 주인공 와타나베가 연인 나오코의 죽음을 겪은 뒤, 깊은 상실 속에서 깨달음을 독백하는 부분으로, 전체의 주제 ─ 사랑과 상실, 그리고 죽음을 어떻게 받아들일 것인가 ─ 를 응축하고 있습니다. 무라카미는 인간이 피할 수 없는 상실의

▲ 2024년도 판매 순위(상단의 왼쪽부터)

체험을 그저 견디고, 끝까지 슬퍼하며, 그 과정에서 아주 작은 배움을 얻을 수밖에 없음을 강조합니다. 하지만 그 배움조차 또 다른 상실 앞에서는 무력해진다는 점에서, 인간 존재의 근원적인 허무와 유한성을 드러냅니다.

> 어떠한 진리로도 사랑하는 사람을 잃어버린 슬픔을 치유할 수는 없다. 어떠한 진리도, 어떠한 성실함도, 어떠한 강인함도, 어떠한 다정함도, 그 슬픔을 치유할 수는 없다. 우리는 그 슬픔을 끝까지 슬퍼하고, 그 속에서 무언가를 배워낼 수밖에 없다. 그러나 그렇게 배운 것조차도 다음에 닥쳐올 예기치 못한 슬픔 앞에서는 아무 쓸모가 없는 것이다.

확인 학습

1. 일본어 문자를 구성하는 세 가지는 무엇인가요?
   ① 한자, 히라가나, 가타카나
   ② 한자, 가나, 로마자
   ③ 히라가나, 가타카나, 한글
   ④ 히라가나, 한글, 로마자

2. '水'를 훈독으로 읽으면 무엇인가요?
   ① すい (스이)
   ② みず (미즈)
   ③ せん (센)
   ④ みん (민)

3. 가타카나의 주된 쓰임새는 무엇인가요?
   ① 일본 고유어 표기
   ② 외래어, 의성어 표기
   ③ 전통 시 표기
   ④ 법령 작성

4. 일본어 속 한국어에서 온 말은 무엇인가요?
   ① メンタイ (멘타이)
   ② スケトウダラ (스케토우다라)
   ③ スイ (스이)
   ④ サムライ (사무라이)

5. 한국어 속 일본어에서 온 단어는 무엇인가요?
   ① 총각
   ② 마늘
   ③ 고구마
   ④ 간지

6. 『고사기(古事記)』와 『겐지 이야기(源氏物語)』를 비교한 설명으로 옳은 것은?
   ① 『고사기』는 불교 설화집, 『겐지 이야기』는 서정시집이다.
   ② 『고사기』는 일본 신화와 왕권 정당성을, 『겐지 이야기』는 귀족 사회의 사랑과 심리를 형상화한다.
   ③ 『고사기』와 『겐지 이야기』 모두 에도 시대에 집필되었다.
   ④ 두 작품 모두 오노 야스마로가 편찬하였다.

7. 『금석이야기집(今昔物語集)』과 『방장기(方丈記)』에 대한 설명으로 옳은 것은?
   ① 『금석이야기집』은 1,100편이 넘는 설화 모음집, 『방장기』는 재난과 은거 생활을 기록한 수필이다.
   ② 『금석이야기집』은 전편이 불교 교리서, 『방장기』는 귀족 연애소설이다.

③ 두 작품 모두 에도 시대에 집필되었다.
④ 『금석이야기집』은 무사의 전투 기록, 『방장기』는 상인의 경제 활동을 다룬다.

8. 쓰보우치 쇼요의 『소설신수(小説神髄)』와 나쓰메 소세키의 『나는 고양이로소이다(吾輩は猫である)』의 특징을 잘 나타낸 것은?
   ① 도덕 교화 중심의 권선징악 문학
   ② 중세 무사의 무용담
   ③ 인간 심리와 사회 비판에 대한 사실적·풍자적 탐구
   ④ 전통적 일본 미의식 와비·사비

9. 모리 오가이의 『무희(舞姫)』와 다니자키 준이치로의 『세설(細雪)』의 주제를 연결한 설명으로 옳은 것은?
   ① 『무희』는 국가와 사랑의 충돌, 『세설』은 가문의 쇠퇴와 전통적 미의식
   ② 『무희』는 귀족 연애 소설, 『세설』은 불교 설화집
   ③ 『무희』는 상인의 경제 활동, 『세설』은 서민 하이쿠 모음집
   ④ 두 작품 모두 노벨문학상을 받은 작가의 작품

10. 아쿠타가와 류노스케의 『라쇼몬(羅生門)』과 오에 겐자부로의 『개인적인 체험(個人的な体験)』의 공통점을 가장 잘 설명한 것은?
    ① 모두 중세 설화를 단순히 재현한 작품이다.
    ② 서정적 연애와 자연의 아름다움을 노래한다.
    ③ 절망적인 상황 속 인간의 생존·존엄 문제를 탐구한다.
    ④ 전부 탐미주의적 미의식만을 추구한다.

정답

1	2	3	4	5	6	7	8	9	10
①	②	②	①	④	②	①	③	①	③

─── 제5장 ───

전통문화

신도 · 마쓰리 · 스모가 전해 주는 전통의 맛

> **핵심 포인트**
>
> - 일본 전통문화가 현대사회와 생활 속에서 어떻게 계승되고 있는지 이해할 수 있다.
> - 신도(神道)와 신사(神社)의 구조 및 역할을 설명할 수 있다.
> - 마쓰리(祭り)의 의미와 진행 방식을 설명할 수 있다.
> - 스모(相撲)의 의식적·종교적 의미를 설명할 수 있다.
> - 일본 전통문화와 지역 공동체와의 관계를 분석할 수 있다.

　일본의 전통문화는 현대에도 곳곳에서 발견할 수 있습니다. 일상생활 속의 아름다움을 찾는 것에서 예술의 경지로 발전한 다도, 꽃꽂이 등은 세계적으로도 널리 알려져 있습니다. 전통예능으로는 노가쿠(能楽), 조루리(浄瑠璃), 가부키(歌舞伎), 라쿠고(落語) 등이 있습니다. 이렇게 다양한 전통문화 중에서도 이 장에서는 일본인들의 생활에 깊이 침투해 있는 '신'과 관련된 전통문화를 다루고자 합니다. 신을 모셔놓은 건축물인 신사(神社), 일상생활 속에서 벗어나 신과 만나는 특별한 장인 마쓰리(祭り)도 현대인들이 즐기는 대표적인 전통문화입니다. 스모(相撲)는 대중에게 친숙한 일본의 전통 스포츠이지만, 그 기원과 의식은 신과 깊은 관련이 있습니다. 이처럼 일본의 전통문화는 오랜 세월을 거쳐 현대 일본인들의 생활 속에서 살아 숨 쉬고 있다는 것을 이번 장을 통해서 살펴보고자 합니다.

1. 신도와 신사

신도

신도(神道)란 모든 삼라만상에는 신(가미(神))이 있다는 일종의 애니미즘적 종교입니다. 『고사기(古事記)』, 『일본서기(日本書紀)』 등 일본 신화에 등장하는 신, 황실과 씨족의 조상신, 지역마다 토지를 수호하는 신들을 모시고, 나아가 역사상의 위인, 자연과 자연현상 등을 신으로 모십니다. 즉 일본의 민족 신앙으로, 자연신앙과 조령신앙(祖靈信仰)을 바탕으로 하고 있습니다. 이처럼 다양하고 많은 신들이 존재하여 '팔백만 신(八百万の神様)'이 있다는 표현을 사용하기도 합니다. 신도를 기독교나 불교와 비교했을 때, 종교를 창시한 교조나 교리를 정리한 성전(聖典)이 없다는 것이 특징입니다.

현대 일본인들은 자신이 특정 종교에 대한 신앙을 가지고 있다는 의식은 별로 없으나 생활 속에 신도는 깊이 침투해 있습니다. 예를 들어 새해가 되면 일본인들은 집 근처의 신사나 유명 신사를 참배하여 소원을 빕니다. 또한 7살, 5살, 3살 어린이들의 성장을 비는 연중행사인 시치고산(七五三) 때도 신사를 찾아가 아이의 성장을 보고하고 건강을 빕니다. 이와 같이 신도는 일상생활 속에서 일본인들의 건강과 복을 기원하는 의식과 밀접한 관련을 맺고 있습니다.

신사

신사는 신도의 신들을 모셔놓은 시설로, 신과 인간을 연결하고 제사를 지내는 곳입니다. 일본 문부과학성(文部科学省)의 조사에 따르면 전국에 약 8만 5천여 개의 신사가 있다고 합니다.

신사의 구조물은 신을 모셔놓은 신전〔본전(本殿)〕과 배전(拜殿)을 중심으로 한 부속물들로 구성되어 있습니다. 배전은 일반인들이 참배하기 위한 곳입니다. 신사의 입구에는 좌우 2개로 세운 기둥 위에 옆으로 놓는 가사기(笠木)로 두 기둥을 연결한 도리이(鳥居)라는 것이 있습니다. 이것은 참배도 입구에 세우는 것으로 성역이라는 것을 표시하는 표식입니다. 신사의 주변에는 그곳을 감싸는 형태로 삼림이 조성되어 있는 경우가 많습니다. 도리이에서 배전으로 들어가는 중간에는 몸을 정화하기 위한 데미즈야(手水舎)가 보입니다. 이곳은 신을 만나기 전에 몸과 마음을 깨끗하게 하는 곳으로, 히샤쿠(柄杓)라는 물을 뜨는 도구를 사용하여 양손을 씻고 입을 헹구는 것이 보통입니다. 입을 헹굴 때는 왼손으로 물을 받아 그것으로 헹구며 직접 히샤쿠에 입을 대고 물을 마시지 않습니다.

▼ 교토의 시모가모 신사(下鴨神社)

▼ 신사의 도리이

▶ 데미즈야

참배를 할 때도 일정한 예절이 있는데 배전 앞에는 현금을 넣는 사이센바코(賽錢箱)가 있고, 신사에 따라서는 방울이 달려있는 밧줄이 있습니다. 참배 순서는 다음과 같습니다. 우선 고개 숙여 인사한 후 사이센바코에 현금을 넣고 밧줄을 잡고 흔든 후 두 번 인사합니다. 두 번 손뼉을 치고 합장한 후 소원을 빕니다. 그리고 다시 두 번 인사합니다.

이러한 행위는 일본인들이 신사에 방문했을 때 자연스럽게 행하는 전통적인 의례로 자리 잡았으며, 오늘날에는 반드시 강한 종교적 신앙심에 기반한 행위라고 보기는 어렵습니다.

사호

사호(社号)란 신사의 칭호라고 할 수 있는데 일본 각지의 신사를 다녀보면 신사마다 사호가 다른 것을 알 수 있습니다. ○○신사, ○○신궁(神宮), ○○궁(宮), ○○대사(大社)가 있는데 신궁은 천황이나 황실과 깊은 관련이 있는 신사로, 신사 중 가장 랭크가 높습니다. 대표적인 것이 미에현(三重県)에 있는 이세신궁(伊勢神宮)으로, 천황의 시조신이라고 하는 태양신 아마테라스오미카미(天照大御神)를 모시고 있습니다. ○○궁은 신궁보다 랭크가 낮은 신사로 신분이 높은 사람이나 황족 등을 신으로 모십니다. 대표적인 것으로는 에도 시대(江戶時代, 1603~1868)를 연 도쿠가와 이에야스(德川家康)를 모셔놓은 도치기현(栃木縣) 닛코(日光)의 도쇼궁(東照宮)을 들 수 있습니다. ○○대사는 전국에 산재해 있는 같은 이름의 신사를 통합하는 신사로 역사적으로 오래된 신사에 붙인 사호입니다. 예를 들어 나라현(奈良縣)에 있는 가스가 대사(春日大社)는 전국에 약 1천여 개가 있는 가스가 신사(春日神社)의 대표격인 신사입니다.

대표적인 신사

이나리 신사 | 벼 등 오곡을 관장하는 신을 모시는 신사로, 전국에 3천 개 정도가 있다고 합니다. 이나리 신사(稻荷神社)의 입구에는 보통 주황색의 도리이와 여우상이 좌우로 놓여 있는 것을 볼 수 있는데 여우를 이나리신의 심부름꾼으로 여긴 것에서 유래합니다. 이들 이나리 신사를 통합하는 역할을 하는 신사가 교토에 있는 후시미이나리 대사(伏見稻荷大社)로, 수많은 주황색 도리이를 겹겹이 세워놓은 센본도리이(千本鳥居)가 매우 유명합니다.

▲ 후시미이나리 대사의 센본도리이

덴만궁 | 일본 각지에서는 스가와라노 미치자네(菅原道眞, 845~903)라는 역사적 인물을 모시는 덴만궁(天滿宮)이라는 신사를 볼 수 있습니다. 스가와라노 미치자네는 한학(漢學)에 대한 지식을 바탕으로 정치를 했던 인물로 사후에 신으로 모셔졌습니다. 스가와라노 미치자네의 신호(神号)는 '덴진(天神)'으로 천신이라는 의미인데, 그를 번개의 신으로 믿는 신앙에서 비롯된 것입니다. 후쿠오카현(福岡縣) 다자이후시(太宰府

市)에는 다자이후 덴만궁(大宰府天滿宮)이 있는데 이 신사가 전국의 덴만궁을 통합합니다. 미치자네는 학문의 신이기도 해서 입시철이 되면 전국에서 많은 인파가 몰려 합격을 기원하고 일종의 부적인 오마모리(お守り)를 구입하는 모습을 볼 수 있습니다.

2. 마쓰리

마쓰리

마쓰리(祭り)는 마쓰루(まつる)라는 동사를 명사화한 것입니다. 마쓰루는 한자로 '祭る', '祀る'로 표기하는데 '의식을 행하여 신을 위로하고 원하는 것을 기원한다'는 의미와 '신을 숭배하여 일정한 장소에 안치한다'는 의미가 있습니다. 마쓰리는 전자의 의미에서 온 것으로, 신의 혼을 달래며 풍작과 마을을 수호에 준 것에 대해 감사의 뜻을 전하거나, 나쁜 것과 역병 등의 퇴치를 기원하고 선조에 대해 공양하는 것 등을 목적으로 합니다. 마쓰리의 양식은 시대와 지역, 목적에 따라 다양합니다. 마쓰리를 할 때는 다양한 공양물과 예능(가무와 음악)을 신에게 바칩니다.

마쓰리를 주관하는 사람들은 일정 기간 동안 마쓰리를 준비하기 위해 시간을 할애하고 신을 즐겁게 하는 것을 최우선으로 생각합니다. 마쓰리에 참여하는 사람들은 공동의 작업을 통해서 동질성을 느끼며 지역사회에 대한 소속감을 확인합니다.

마쓰리의 개최 시기는 지역에 따라 다르며 전국에서 사계절 내내 진행된다고 볼 수 있습니다. 또 매해 열리는 경우도 있고, 7년에 1번 열리는 경우도 있는 등 그 개최 시기도 다양합니다.

마쓰리와 종교

일본에서는 예로부터 삼라만상에 존재하는 신들을 섬기는 신도가 발달했습니다. 신들을 중심으로 한 마쓰리는 주최자나 그 무대가 신사나 사원(寺院)인 경우가 많습니다. 이 경우에 마쓰리는 종교적인 의례라는 의미가 커서 신에게 감사하는 마음을 담아 엄숙하게 의식을 진행한 후, 흥겨운 축제가 시작됩니다. 또한 일본에는 씨족을 중심으로 형성된 마을의 조상이 신이 되어 자손을 지켜본다는 '조령신앙'이 발달했습니다. 이들은 주로 '산의 신'으로 여겨졌고 이후 이 신들을 그 지역의 토지를 수호하는 우지가미(氏神)로 모시게 되었습니다. 이러한 신앙은 마쓰리의 성립에 중요한 역할을 하여 수호신을 산에서 마을로 맞이하는 마쓰리가 전국에서 거행되고 있습니다.

신사나 사원에서 주관하는 마쓰리와 마을에서 주관하는 마쓰리 사이에는 차이점이 있습니다. 신사나 사원에서 주관하는 마쓰리는 비교적 풍부한 재력을 바탕으로 화려하고 큰 규모로 진행됩니다. 이 경우 신사나 사원 측이 주관하고, 그곳을 중심으로 한 마을 사람들 중 일부가 마쓰리 준비에 참여하는데, 특히 유명 신사와 사원의 마쓰리에는 전국에서 대규모 인파가 몰려듭니다. 반면 마을 단위로 진행하는 마쓰리는 마을 사람들 전체가 관심을 가지고 준비 과정에 참여하여 각자의 역할을 담당하지만 그 규모는 비교적 작은 편입니다.

마쓰리의 진행 순서

마쓰리는 신과 교류하는 행사로 그 규모에 상관없이 '신 맞이하기(神迎え)', '신 모시기(神祭り)', '신 배웅하기(神送り)'의 3단계를 거칩니다. 이것은 우리가 손님을 맞이하는 행위와 비슷한데 손님을 맞이하기 위해서 미리 준비하는 것처럼 신을 맞이하기 위해서는 인간도 준비를 해야 합니다. 신과 특별한 교류를 하기 위해서는 먼저 일상생활의 부정[게가레(穢れ)]을 없애야 합니다. 그래서 심신을 정화하는데 이것을 모노이미(物忌み)라고 합니다. 모노이미는 정해진 기간 동안 음식이나 행동을 삼가고 부정한 것을 없애는 것으로, 각 지역에 따라 그 방식은 매우 다양한데 마쓰리 기간 동안은 이것을 지켜야 합니다. 신을 맞이한 후 신을 모시는 단계에서는 먼저 우리나라의 제사와 비슷한 의식을 행합니다. 정성껏 준비한 음식을 신에게 대접하고 술을 따르는 의식을 거행합니다. 신에게 바치는 음식을 신센(神饌)이라고 하는데 쌀, 술, 소금, 물을 기본으로 하고 야채, 과일, 어패류, 떡 등을 추가합니다. 이 의식이 끝난 후에는 마쓰리에 참가한 사람들끼리 신센을 나누어 먹는 나오라이(直会)가 진행됩니다. 나오라이가 끝나면 본격적으로 인간들의 향연인 가미니기와이(神賑)가 시작됩니다.

우리가 흔히 일본의 마쓰리 하면 떠올리는 미코시(御輿)를 들고 마을을 행진하는 것은 인간들의 향연인 가미니기와이에 속합니다. 이처럼 마쓰리에는 종교적인 측면과 일상에서 벗어나 '난장', '광란'이라는 용어가 어울릴 정도로 즐기는 오락적인 측면이 있습니다.

가미니기와이가 끝나면 신을 배웅하는 의식을 치르는데 예를 들어 신사가 주관하는 마쓰리의 경우, 미코시로 신을 옮겨 마을을 돈 후 신사로 돌아온 신에게 감사를 표하고 신을 다시 본전으로 모십니다.

이와 같이 일본의 전통 마쓰리는 각 지역에 따라 다양한 방식이 존재하지만 그 구조는 매우 유사합니다. 또한 진행 방식, 담당자, 역할, 세부적인 절차가 정해져 있어서 마쓰리를 순서대로 진행하는 것을 매우 중요하게 여깁니다. 그래야만 신을 즐겁게 할 수 있다고 믿기 때문입니다.

교토의 기온마쓰리

일본의 대표적인 마쓰리로 교토(京都)의 기온마쓰리(祇園祭)가 있습니다. 기온마쓰리는 교토의 기온에 있는 야사카 신사(八坂神社)에서 7월 1일부터 31일까지 한 달 동안 거행하는 제례입니다. 9세기 중엽 당시 수도였던 교토에서 전염병이 돌았을 때 천황의 명으로 66개의 창(호코(鉾))을 세우고 야사카 신사에서 궁 안에 있는 신센엔(神泉苑)이라는 연못으로 미코시를 보내 재액이 사라지기를 빈 것에서 유래합니다.

▲ 마쓰리의 미코시

기온마쓰리는 현재 야사카 신사의 신이 미코시로 시조(四条)에 있는 신의 임시 거처인 오타비쇼(お旅所)를 방문하는 사키마쓰리(前祭, 17일)와 야사카신사로 다시 돌아오는 아토마쓰리(後祭, 24일)가 중심으로, 그 전의 각각 3일간(14~16일, 21~23일)을 요이야마(宵山)라고 합니다. 이것은 전야제라고 할 수 있습니다.

사키마쓰리와 아토마쓰리에서 30여 개의 야마보코(山鉾)가 순례하는 '야마보코 순행(山鉾巡行)'은 마쓰리의 하이라이트라고 할 수 있습니다. 야마보코란 마쓰리에서 미코시와 함께 흔히 볼 수 있는 다시(山車)의 일종으로, 수레와 같이 바퀴가 달린 구조물에 화려한 장식을 달고 사람이 끄는 것이 일반적입니다. 다시는 하늘에서 내려온 신을 모시기 위한 것으로, 신이 알기 쉽도록 표식을 달아놓는

▲ 기온마쓰리의 야마보코

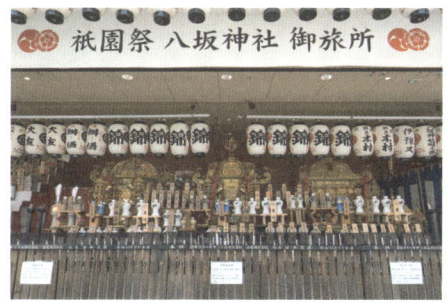
▲ 오타비쇼의 미코시

▲ 요이야마의 야마보코

경우가 있습니다. 야마보코의 경우, 산 모양의 구조물 위에 호코나 나기나타(薙刀)를 세워놓습니다. 호코란 창이고, 나기나타는 호코의 변형된 형태의 무기입니다. 건물 5, 6층 높이의 야마보코는 섬세한 수를 놓거나 외국에서 들여온 천, 공예품으로 장식하여 '움직이는 미술관'이라 불리며 유네스코 무형문화유산으로 등록되었습니다. 야마보코는 네 개의 바퀴를 달고 100여 명의 장정이 밧줄로 걸어 끄는 형태로, 징, 큰북, 피리로 만들어내는 '곤 지키 진(コン·チキ·チン)'이라는 가락에 맞춰 순례하여 흥을 돋웁니다. 특히 순례 중에 교차점에서 거대한 야마보코를 빠르게 회전시키는 쓰지마와시(辻廻し)는 관객들의 볼거리로 유명합니다.

기온마쓰리의 두 번째 하이라이트는 미코시토교(神輿渡御)입니다. 사키마쓰리의 야마보코 순행이 마무리되면 야사카 신사의 신을 3개의 미코시로 옮기고 마을을 순례하는데 이것을 미코시토교라고 합니다. 그 후 오타비쇼로 이동하여 그곳에 미코시를 모셔놓는데 24일까지 매일 밤 야간 참배를 해서 소원을 빌면 모든 소원이 이루어진다고 합니다.

아토마쓰리 역시 야마보코 순행이 마무리되면 저녁 무렵에 오타비쇼에 모셔놓은 미코시를 다시 야사카 신사로 메고가 신을 본전으로 모십니다.

　세 번째 하이라이트는 요이야마의 밤에 야마보코에서 켜지는 등불입니다. 각각의 야마보코를 보존하고 운영하는 마을에서는 요이야마 때 야마보코에 일제히 등불을 켜 여름밤을 아름답게 수놓습니다. 이와 함께 '곤 지키 진'이라는 가락이 흘러나와 환상적인 분위기를 자아냅니다.

　천 년 이상 이어진 기온마쓰리는 일본을 대표하는 마쓰리로, 특히 교토의 유구한 역사를 잘 드러내는 마쓰리라고 할 수 있습니다.

3. 스모

스모

　스모(相撲)는 천 년 이상의 역사가 있는 일본의 대표적인 전통 스포츠입니다. 두 명의 리키시(力士)가 중앙을 흙으로 쌓고 그 주위를 새끼줄로 만든 섬(쌀가마니 등)으로 구분해 놓은 도효(土俵)라고 하는 곳에서 승부를 겨루는 경기입니다. 스모의 승부는 도효의 밖으로 몸이 나가 지면에 닿는 것으로 결정됩니다. 즉 몸의 일부가 도효의 밖으로 나가도 몸이 지면에 닿지 않으면 승부는 정해지지 않습니다. 따라서 지면에 몸이 닿지 않도록 버티는 것이 스모의 볼거리입니다. 단 몸이 지면에 닿지 않아도 더 이상 움직일 수 없는 경우는 '죽은 몸(死に体)'이라고 해서 지는 경우도 있습니다. 또한 도효 안에서도 발바닥 이외의 몸이 지면에 닿으면 진 것으로 간주합니다. 따라서 리키시들은 평소에 지면에 몸이 닿지 않도록 연습합니다.

도효

원래 스모에는 도효(土俵)가 없었고 상대방을 넘어뜨리면 이기는 것을 원칙으로 했으나 관객들이 보기 쉽게 하기 위해 흙을 쌓고 섬으로 경계선을 만든 것이 도효의 시작입니다. 도효에는 신이 있다고 여겨서 스모가 시작되기 전날에는 '도효마쓰리(土俵祭り)'가 진행됩니다. 이때 도효의 한가운데

▲ 스모의 도효

에 구멍을 뚫어 신에게 바치는 소금, 다시마, 오징어, 쌀을 묻어두고 마지막에 소금과 술을 뿌립니다. 도효를 정화하고 리키시들이 다치지 않기를 기원하는 의식입니다.

스모가 끝나는 날에는 앞서 살펴본 마쓰리의 경우와 마찬가지로 '신을 배웅하는 의식(神送り儀式)'이 거행됩니다. 이제 막 데뷔한 리키시들이 도효 위에서 승부를 판정하는 역할을 하는 교지(行司)를 들어 올립니다. 이것은 경기가 무사히 끝난 것에 감사하고 도효로 내려온 신을 하늘로 돌려보내기 위한 것입니다.

또한 도효 위에서 리키시가 다리를 벌린 자세로 손을 무릎 위에 놓고 힘을 주며 좌우로 다리를 높게 들어 올렸다 내리는 동작이 있는데, 이것을 일본어로는 '시코오 후무(四股を踏む)'라고 표현합니다. 이 동작은 일종의 준비운동이기도 하지만, 여기에는 부정 탄 것을 없앤다는 의미도 포함되어 있습니다. 그리고 스모에는 풍작을 기원하는 의미가 담겨 있어, 신과 깊은 관련이 있음을 알 수 있습니다.

리키시

원래 '리키시(力士)'란 스모를 직업으로 하는 프로를 가리키는 말로 남성들로만 구성됩니다. 학교 등에서 동아리 활동으로 스모를 하는 사람들은 '선수'라고 부르고, 이 중에는 여성들도 포함됩니다. 스모에는 반즈케(番付)라는 것이 있는데 이것은 리키시를 실력이 좋은 순서대로 나열한 것으로, 이것을 표로 만든 것을 반즈케표(番付表)라고 합니다. 가장 위부터 나열해 보면 요코즈나(横綱), 오제키(大関), 세키와케(関脇), 고무스비(小結), 마에가시라(前頭), 주료(十両)입니다. 이 주료를 포함한 위 계급의 리키시를 통칭 세키토리(関取)라고 부릅니다. 스모를 보면 이름 뒤에 '~제키(関)'라는 것을 붙여서 부르는 경우가 많은데 이것은 세키토리를 의미합니다. 이보다 낮은 계급의 리키시에게는 이름 뒤에 경칭인 '상(さん)'을 붙여서 부르는데 이들은 아직 정식 리키시가 아니고 '리키시양성원(力士養成員)'이기 때문입니다.

리키시가 되면 그에 맞는 이름을 붙이게 되는데 이것을 '시코나(四股名)'라고 합니다. 이 시코나에는 자신의 고향에 있는 산과 강의 이름을 넣는

▼ 최초의 외국인 요코즈나 아케보노(曙)

▼ 반즈케표

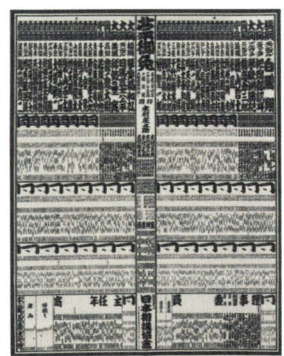

경우가 많은데 자신이 자란 고향과 응원해 준 고향 사람들에 대한 감사의 마음을 담은 것입니다. 또한 최근에는 학교와 선생님의 이름을 붙이는 경우도 늘고 있는데 이 역시 자신을 길러준 곳과 도와준 선생님에 대한 감사의 마음을 표현하기 위한 것입니다. 이 외에도 옛날부터 전해지는 실력이 좋은 리키시의 이름을 계승하는 경우도 있습니다. 이것은 그 이름에 걸맞은 리키시가 되기 위한 각오를 나타낸 것이기도 합니다.

리키시는 기본적으로 존마게(ちょんまげ) 스타일로 머리를 묶고 옷을 입지 않은 상태에서 마와시(まわし)라고 하는 긴 끈을 몸에 묶습니다. 마와시는 단순히 신체의 중요한 부분을 가리는 의복 역할을 하는 것이 아니라 마와시를 이용하여 상대방을 이길 수 있는 기술을 사용할 수 있습니다.

경기 시기와 장소

스모는 일본스모협회에서 정기적으로 개최하는 '혼바쇼(本場所)'가 가장 주된 행사입니다. 1년에 6회 도쿄(東京, 도쿄만 3회), 오사카(大阪), 나고야(名古屋), 후쿠오카(福岡)에서 열립니다. 이 외에 '지방순회(地方巡業)'라는 것을 통해서도 스모를 관람할 수 있는데 이것은 주료(十両) 이상의 실력 있는 리키시가 모두 참가하여 지방을 돌며 스모를 하는 것으로, 리키시가 스모의 반칙에 대해 가르쳐 주거나 춤을 추거나 하면서 관객들과 매우 친근해질 수 있는 행사입니다.

혼바쇼는 매년 정해진 시기와 장소에서 볼 수 있는데 1월, 5월, 9월에는 도쿄에서, 3월에는 오사카, 7월에는 나고야, 11월에는 후쿠오카에서 진행됩니다. 도쿄에서는 스미다구(隅田区) 료고쿠(両国)에 있는 '료고쿠 국기관(両国国技館)'이라는 장소에서 개최됩니다. 3월에는 오사카 난바(な

◀ 료고쿠국기관 내부

◀ 외부에서 본 료고쿠국기관

んば)에 있는 '오사카부립체육관(大阪府立体育館)'에서, 7월에는 나고야성(名古屋城) 근처에 있는 '아이치현체육관(愛知県体育館)'에서, 11월에는 후쿠오카에 있는 '후쿠오카국제센터(福岡国際センター)'에서 개최됩니다. 이 중 료고쿠에 있는 '료고쿠국기관'은 만 명 이상의 관객을 수용할 수 있고 스모를 위해 만든 건물이어서 가장 뒷좌석에서도 제대로 관람할 수 있습니다.

2개월에 1회 개최되는 혼바쇼의 성적에 따라 리키시의 반즈케(순위)가 조정됩니다. 반즈케표는 스모에서만 사용하는 글씨체로 적혀 있는데 지위가 높으면 굵고 큰 글씨로, 지위가 낮으면 글씨가 점점 가늘어져서 리키시들은 이 반즈케표에 자신의 이름이 굵고 크게 보이도록 노력합니다. 이 반즈케표를 작성하는 사람은 도효에서 심판 등을 보는 교지로, 이 글씨체를 쓰기 위해 특별한 연습을 합니다.

요코즈나

요코즈나(橫綱)는 스모의 리키시들 가운데 가장 높은 지위에 있는 인물입니다. 가장 강한 리키시가 요코즈나가 될 것 같지만 그것만으로 결정되는 것은 아닙니다. 오제키가 혼바쇼에서 2바쇼(場所) 연속 우승하거나 그에 맞먹는 승리를 거뒀을 때 그 오제키가 요코즈나가 되도 좋을지 여부를 결정합니다. 잘 싸우는 것만 아니라 다른 리키시의 모범이 될 수 있는 품격을 가지고 있는지가 중요합니다. 요코즈나가 되면 지더라도 오제키 밑으로 순위가 떨어지는 경우는 없습니다. 그러나 요코즈나는 대결에서 강한 것이 당연한 자리이기 때문에 팬들의 기대에 부응하기 위해서는 계속 노력해야 합니다. 스모가 본격적으로 시작된 지 300년 이상이 되었지만 요코즈나는 70여 명에 불과합니다. 그만큼 요코즈나가 되는 것은 어려운 일인 것입니다.

확인 학습

1. 다음 중 신도(神道)에 대한 설명으로 옳은 것은?
   ① 일본 신도는 불교처럼 창시자와 성전이 분명하다.
   ② 일본 신도는 삼라만상에 신이 있다고 믿는 애니미즘적 성격을 지닌다.
   ③ 신도는 현대 일본인들의 생활과는 거의 무관한 종교이다.
   ④ 신도는 오직 조상신만을 모시는 종교이다.

2. 신사(神社)에 대한 설명으로 틀린 것은?
   ① 신사는 신을 모시고 제사를 지내는 시설이다.
   ② 신사의 입구에는 도리이(鳥居)가 있어 성역임을 표시한다.
   ③ 참배 전 데미즈야(手水舍)에서 몸과 마음을 정화하는 것이 일반적이다.
   ④ 신사 참배 시에는 헌금을 넣고 합장만 한 번 하면 된다.

3. 다음 중 신사의 사호(社号)와 관련된 설명으로 옳은 것은?
   ① 신궁(神宮)은 주로 황실과 관련 없는 일반 신사를 의미한다.
   ② ○○궁(宮)은 신궁보다 높은 랭크의 신사이다.
   ③ ○○대사(大社)는 전국에 있는 같은 이름의 신사를 통합하는 역사 깊은 신사이다.
   ④ 미에현(三重県)의 이세 신궁(伊勢神宮)은 덴만궁(天満宮)의 대표 신사이다.

4. 이나리 신사(稲荷神社)에 대한 설명으로 옳은 것은?
   ① 벼와 오곡을 관장하는 신을 모시며 입구에 여우상이 있는 경우가 많다.
   ② 황실의 조상신을 모시는 가장 높은 랭크의 신사이다.
   ③ 스가와라노 미치자네(菅原道真)를 신으로 모신다.
   ④ 덴만궁과 동일한 신을 모신다.

5. 다음 중 마쓰리(祭リ)에 대한 설명으로 옳지 않은 것은?
   ① 마쓰리는 신에게 감사하거나 재해 퇴치를 기원하는 의식이다.
   ② 신사나 사원이 주관하는 마쓰리는 비교적 규모가 크고 화려하다.
   ③ 마쓰리는 지역사회 소속감을 강화하는 역할도 한다.
   ④ 마쓰리는 반드시 매년 같은 날 전국에서 동시에 열린다.

6. 교토 기온마쓰리(祇園祭)에 대한 설명으로 옳은 것은?
   ① 7월 1일부터 31일까지 한 달 동안 진행되며, 야사카 신사(八坂神社)에서 유래한다.

② 미코시토교(神輿渡御)만이 중심 행사이며 다른 의식은 없다.
③ 야마보코(山鉾)는 기온마쓰리와 무관하다.
④ 요이야마(宵山)는 마쓰리 종료 후 신을 배웅하는 의식을 뜻한다.

7. 다음 중 마쓰리(祭り)의 진행 순서에 해당하지 않는 것은?
   ① 신 맞이하기(神迎え) ② 신 모시기(神祭り)
   ③ 신의 영구 봉안(奉安) ④ 신 배웅하기(神送り)

8. 리키시(力士)와 반즈케(番付)에 대한 설명으로 옳은 것은?
   ① 리키시는 남녀 모두 포함되는 프로 스모(相撲) 선수이다.
   ② 반즈케는 리키시의 계급을 나타낸 표이며 글씨 크기로 지위를 표현한다.
   ③ 세키토리(関取)는 주료(十両) 이하 계급의 리키시를 통칭한다.
   ④ 시코나(四股名)는 모두 스승의 이름에서 따온다.

9. 요코즈나(横綱)에 대한 설명으로 옳지 않은 것은?
   ① 요코즈나는 스모에서 가장 높은 지위이다.
   ② 오제키(大関)가 연속 우승하거나 이에 준하는 성적을 거두면 요코즈나로 승격될 수 있다.
   ③ 요코즈나는 품격과 강함 모두를 갖춰야 한다.
   ④ 요코즈나는 경기에서 질 경우 자동으로 오제키 이하로 강등된다.

10. 다음 중 스모 경기 관람에 대한 설명으로 옳은 것은?
    ① 혼바쇼(本場所)는 1년에 6회 도쿄, 오사카, 나고야, 후쿠오카에서 열린다.
    ② 지방순회(地方巡業)는 주료 이하 리키시만 참여하는 지역 행사이다.
    ③ 료고쿠국기관(両国国技館)은 후쿠오카에 있는 경기장이다.
    ④ 혼바쇼는 매월 개최되며 반즈케 순위와는 무관하다.

정답

1	2	3	4	5	6	7	8	9	10
②	④	③	①	④	①	③	②	④	①

─── 제6장 ───

대중문화

만화·애니·영화·게임으로 즐기는 일본

핵심 포인트

- 일본 대중문화의 형성과 발전 과정을 이해할 수 있다.
- 만화, 애니메이션, 영화, 게임 등 일본 대중문화의 주요 분야별 특징을 설명할 수 있다.
- 대중문화가 사회와 세계에 미치는 영향과 의의를 분석할 수 있다.
- 대중문화에서 나타나는 미디어 믹스 전략과 상품화 과정을 설명할 수 있다.
- 대중문화의 다양한 장르와 매체가 어떻게 융합되고 확장되는지 설명할 수 있다.

   일본의 대중문화는 전통 예술의 깊이와 현대적 감각이 조화를 이루는 독특한 미학을 바탕으로, 현대 사회 전반에 널리 확산되어 있습니다. 만화, 애니메이션, 영화, 게임 등 다양한 서브컬처가 일본 대중문화의 핵심을 이루며, 독창적인 서사 구조와 개성적인 캐릭터 창조가 주요 특징입니다. 이러한 대중문화는 일상생활 속에 깊이 자리 잡아, 다양한 콘텐츠와 상품이 풍부하게 제공되고, 소비자들의 적극적인 참여와 애정으로 이어지고 있습니다. 이 장에서는 만화, 애니메이션, 영화, 게임을 중심으로, 장르와 매체를 넘나드는 일본 대중문화의 미디어 믹스 전략을 살펴봅니다.

1. 만화

만화의 역사

일본에서 출판되는 만화는 일본어로 만가(漫画, まんが) 또는 코믹스(コミックス)라고 부릅니다. 일본의 만화는 데즈카 오사무(手塚治虫)라는 삽화가의 등장과 함께, 이른바 스토리 만화 또는 코믹한 내용의 삽화가 독특한 방식으로 발전하기 시작했습니다. 동시에, 이러한 출판물의 주요 독자층은 1946년에서 1949년 사이의 베이비붐 세대에 태어난 이들이었고, 그들이 성장함에 따라 다양한 종류의 만화가 등장하게 되었습니다. 1960년대 이후에는 만화의 독자층이 젊은이에서 30대와 40대의 중장년층까지 꾸준히 확대되었습니다.

일부 스토리 만화는 글 읽기를 시작한 어린이를 위한 것이기도 하지만, 대부분은 소년(少年), 소녀(少女), 청년(青年), 여성(女性) 등 다양한 연령층의 일반 독자를 대상으로 만들어집니다. 이 중에는 농담이나 우스꽝스러운 상황을 묘사하는 개그만화(ギャグ漫画), 혁신적인 표현 방식을 도입한 실험만화(実験漫画), 실용지식이나 역사를 다루는 논픽션 만화(ノンフィクション漫画), 자연 다큐멘터리 만화 등 다양한 장르가 존재합니다. 현재 일본의 만화(코믹스)는 서적과 잡지를 포함한 전체 출판시장의 매출에서 큰 비중을 차지하고 있으며, 여러 대중예술과 문화에도 큰 영향을 미치고 있습니다. 2022년에는 41.5%, 2023년에는 43.5%, 2024년에는 약 44.8%를 차지할 정도로 만화의 출판시장 점유율이 꾸준히 증가하고 있습니다.

잡지와 독자층

일본에서 만화잡지(漫画雑誌)는 일본 만화 산업의 핵심적인 기반으로, 다양한 만화 작품이 연재되는 정기 간행물입니다. 또한, 신인 만화가가 데뷔하고 독자들의 반응을 시험할 수 있는 중요한 플랫폼으로서, 만화 산업의 성장과 문화적 확산에서 매우 중요한 역할을 해왔으며, 일본 만화 특유의 연재 시스템과 독자 참여 문화의 핵심 기반이 되었습니다. 1959년에 격주 만화잡지인 『소년 매거진(少年マガジン)』과 『소년 선데이(少年サンデー)』가 창간되어, 오늘날 우리가 보는 만화의 형태가 확립되었습니다. 1968년에 창간된 또 다른 만화잡지인 『소년 점프(少年ジャンプ)』는 1980년대에 수년간 주간 발행부수 600만 부를 기록하며 만화 문화의 중심에 있었고, 애니메이션(アニメ)과 비디오 게임 시장으로도 진출하였습니다.

1995년경 『소년 점프』지의 붐이 다소 누그러들자, 1997년 여름에는

▼ 일본의 3대 만화잡지 창간호 표지

『소년 매거진』이 발행과 판매에서 선두를 탈환하였습니다. 순정 만화(少女漫画) 장르 또한 인기를 더해가고 있습니다. 베이비붐 세대에 태어난 여성 만화가(女性漫画家)들은 1970년대에 이르러 그 자질을 발휘하기 시작하였으며, 점차 순정 만화 산업의 영역을 넓혀갔습니다. 기존의 소년 만화에서는 좀처럼 볼 수 없었던 섬세한 심리 묘사가 그 특징이라고 할 수 있습니다. 『소년 점프』 외에도 소년·청년층을 주요 독자층으로 하는 『소년 에이스(少年エース)』, 『전격 대왕(電撃大王)』, 『애프터눈(アフタヌーン)』 등 주간·월간 만화잡지들이 끊임없이 출간되고 있습니다. 6~7회 연재분을 모아 발행하는 단행본(単行本)은 판매 부수가 만화가의 주요 수입원이 되며, 유명 히트작의 경우 수억 엔에 이르기도 합니다.

장르의 다양성

만화의 소재 또한 매우 다양합니다. 사랑, 우정, 용기를 주제로 한 소년 만화를 비롯하여, 일상, 판타지, SF, 스포츠, 추리, 공포, 코미디, 학원, 하렘, 이세계, 로맨스, 성장, 치유, 요리, 음악, 범죄, 시대극, 도박, 정치, 비즈니스, 사채업자를 주인공으로 하는 성인 취향의 만화, 그리고 역사와 전쟁을 깊이 있게 다루는 극화 만화 등 다양한 분야를 아우르며, 각계각층의 독자층을 확보하고 있습니다. 일본 만화는 단순한 오락을 넘어 사회적, 문화적 이슈, 철학적 질문, 역사적 사건 등의 심도 있는 내용을 담기도 하며, 작가의 개성과 독특한 연출, 다양한 아트 스타일을 통해 독자들에게 새로운 시각적·감정적 경험을 제공합니다. 이러한 폭넓은 소재와 장르의 다양성은 일본 만화가 세계적으로 사랑받는 중요한 이유 중 하나로, 만화가 단순한 대중문화에서 예술과 사회적 담론의 장으로까지 확장되는 데 크게 기여하고 있습니다.

2. 애니메이션

애니메이션의 종류

일본에서는 영어 'animation'의 외래어 표기인 '아니메숀(アニメーション)'에서 앞의 세 글자를 따서 아니메(アニメ)라고 부릅니다. 애니메이션은 크게 '극장판 애니메이션', 'TV판 애니메이션', 그리고 'OVA'의 세 가지 형태로 구분할 수 있습니다.

극장판 애니메이션은 말 그대로 극장에서 상영하는 약 2시간 내외의 완결된 내용을 가진 작품을 의미하며, 일반 영화와 유사한 수익 구조를 보이고 있습니다. 관객이 극장에서 직접 지불한 금액이 곧바로 제작비 회수로 이어지기 때문에, TV판 애니메이션에 비해 자금 회전이 매우 빠릅니다. 하지만 실패할 경우 위험부담도 큽니다. 대표적으로 미야자키 하야오(宮崎駿) 감독의 스튜디오 지브리(スタジオジブリ) 작품인 〈이웃집 토토로(となりのトトロ)〉, 〈바람계곡의 나우시카(風の谷のナウシカ)〉, 〈붉은 돼지(紅の豚)〉 등이 있습니다.

▼ 스튜디오 지브라의 작품 〈이웃집 토토로〉, 〈바람계곡의 나우시카〉, 〈붉은 돼지〉

제작과 수익 구조

TV판 애니메이션은 공중파나 케이블 방송을 통해 방영되는 애니메이션을 가리킵니다. 보통 주 1회, 25분 내외로 방영되며, 일본의 방송 편성상 13화, 26화, 52화 등 13의 배수로 완결되는 경우가 많습니다. 일본 TV가 1년을 4분기(쿼터, クール)로 나누어 각 분기를 약 13주로 운영하기에 한 분기(쿨) 동안 매주 1회씩 방영하면 13화가 됩니다. 그런 점에서 13화는 한 시즌(쿨)의 표준 분량으로 정착했습니다. 최근에는 한 분기에 11화~13화가 방영되고 있습니다. TV판 애니메이션 자체만으로는 수익이 발생하지 않으므로, 제작사는 완구회사, 방송국, 출판사 등 주요 스폰서의 지원을 받습니다. 완구회사는 애니메이션에 등장하는 캐릭터, 로봇, 메카닉, 마법도구, 의상 등 상품화할 수 있는 모든 요소의 판권을 갖고, 방송국은 광고 수입을, 출판사는 만화책, 화보집 등 출판물의 판권을 보유합니다. 대표적인 완구회사로는 반다이(バンダイ)가 있으며, 이 회사의 영향력으로 인해 애니메이션 제작 단계에서부터 메카닉 디자인이 완구 제작에 적합하도록 변경되거나, 상품화가 용이한 캐릭터가 다수 등장하도록 내용이 조정되는 경우도 있습니다. 인기가 많으면 13화로 기획된 작품이 26화, 52화 이상 장기 방영되기도 하며, 〈미소녀전사 세일러문(美少女戦士セーラームーン)〉, 〈오쟈 마녀 도레미(おジャ魔女どれみ)〉 시리즈처럼 200화 가까이 방영되는 사례도 있습니다.

OVA(オリジナル·ビデオ·アニメーション)는 'Original Video Animation'의 약자로, TV 방송이나 영화관 상영 없이 비디오나 DVD 등으로만 제작·판매되는 애니메이션입니다. OVA는 판매 수익이 곧바로 제작비 회수로 이어지므로, TV판처럼 스폰서의 영향을 적게 받으며, 심도 있는 내용이나 깊이 있는 작품세계를 다루는 것이 가능합니다. 또한 방영 시간

의 제약이 없으므로 더 높은 퀄리티의 작화와 연출을 기대할 수 있습니다. 성인 취향의 내용이나 폭력, 성적 장면 등 TV에서는 방영하기 힘든 소재도 자유롭게 다룰 수 있습니다. 이 세 가지 형태는 절대적으로 분리된 영역이 아니며, TV판이 성공하면 OVA나 극장판으로 제작되거나, 그 반대의 경우도 많습니다.

세계적 인기

일본의 만화와 더불어 애니메이션은 일본문화를 대표하는 콘텐츠로, 이미 세계적으로 큰 영향력을 갖고 있습니다. 일본 애니메이션은 1963년 〈철완 아톰(鉄腕アトム)〉 방영을 시작으로 서양에 알려지기 시작했으며, 1982년 〈초시공요새 마크로스(超時空要塞マクロス)〉는 〈로보테크(Robotech)〉라는 이름으로 미국 전역에 방영되어 폭발적인 인기를 끌었습니다. 일본 애니메이션의 인기는 음란, 퇴폐, 폭력만이 아닌, 일상적이고 서민적인 주제, 그리고 삶에 힘을 주는 메시지 등 흥미를 끄는 다양한 요소를 담고 있습니다. 작품에 성과 폭력이 자주 등장하는 것은 현대 사회의 현실을 사실적으로 묘사하기 위한 의도로 설명할 수 있습니다. 일본 애니메이션은 초현실주의와 신비성을 담은 특수성과, 현대 사회의 환경, 폭력, 공동체의 파괴 등 보편적 문제의식을 다양하게 수용하면서도, 세심한 화면 처리와 치밀한 스토리 전개로 세계적 경쟁력을 확보하고 있습니다.

3. 영화

영화의 전성기와 국내외 평가

1950년대 일본 영화 산업은 세계적으로 큰 주목을 받으며 '황금기'로 불립니다. 당시 일본은 연간 영화 제작 편수에서 인도, 미국과 함께 세계 최상위권에 속했고, 오즈 야스지로(小津安二郎) 감독의 〈동경 이야기(東京物語)〉(1953), 구로사와 아키라(黒澤明) 감독의 〈7인의 사무라이(七人の侍)〉(1954) 등은 지금까지도 세계 영화사에서 걸작으로 평가받고 있습니다.

또한 일본 영화는 국제 영화제에서의 수상으로 세계적 위상을 확립했습니다. 예를 들어, 이마무라 쇼헤이(今村昌平) 감독의 〈나라야마 부시코(楢山節考)〉(1983), 〈우나기(うなぎ)〉(1997) 등은 두 번이나 칸 영화제에서 황금종려상을 수상하며 일본 영화의 작품성이 국제적으로 인정받는 계기가 되었습니다. 최근에도 고레에다 히로카즈(是枝裕和) 감독의 〈어느 가족(万引き家族)〉(2018, 칸 황금종려상) 등 일본 영화의 국제적 위상은 지속적으로 높아지고 있습니다.

▼ 세계 국제영화제에서 수상한 일본 영화들

부산국제영화제에서 큰 인기를 누렸던 이와이 슌지(岩井俊二) 감독 등도 한국에서 상당한 지명도를 가지고 있습니다. 그의 대표작인 〈러브레터(ラブレター)〉와 〈4월 이야기(四月物語)〉를 비롯하여, 오시마 나기사(大島渚) 감독의 〈감각의 제국(愛のコリーダ)〉, 나카타 히데오(中田秀夫) 감독의 〈링(リング)〉 등은 한국에서도 널리 알려져 상당한 주목을 받았습니다.

산업 구조의 변화

2024년 기준 일본 영화 산업의 시장 규모는 약 2,070억 엔이며, 국내 영화가 전체의 약 75%를 차지해 강세를 보이고 있습니다. 주요 영화사는 도에이(東映), 도호(東宝), 쇼치쿠(松竹) 등 메이저 3사가 산업을 주도하고 있습니다. 과거 일본 영화관 산업은 일본 영화 전용관(邦画系)과 해외 영화 전용관(洋画系)으로 나뉘었으며, 이는 배급과 상영, 시장 점유율을 지키기 위한 전략이었습니다. 그러나 최근에는 멀티플렉스(복합상영관) 중심으로 재편되면서, 일본 영화와 해외 영화를 엄격히 구분하는 전용관 체계는 크게 약화되었습니다. 2022년 기준 전국 영화관 수는 약 590개, 스크린 수는 3,687개로, 멀티플렉스와 미니 시어터가 공존하는 구조입니다. 일본 영화 전용관의 비율은 과거에 비해 감소했으나, 여전히 국내 영화 상영에 강점을 유지하고 있습니다.

메이저 영화사들은 영화의 제작부터 상영까지 전 과정을 일원적으로 장악하고 있으며, 배급 영역에서 자국 영화의 영역을 지키는 역할도 하고 있습니다. 그러나 최근에는 메이저 영화사가 직접 제작하는 작품 수가 점차 줄어 현재는 연간 100편에도 미치지 못합니다. 할리우드 영화의 영향력이 커지면서 일본 영화의 시장 점유율이 하락하는 현상도 나타나고 있습니다.

이러한 상황에서 메이저 영화사들은 활로를 찾기 위해 독립 프로덕션 작품에 자본을 투자하고, 그 작품들을 자사 소유 극장에 배급해 수익을 창출하는 방식으로 메이저와 언더의 연대를 실험하고 있습니다. 현재 일본에서 촉망받는 영화인들은 대부분 독립 프로덕션에서 영화를 제작하고, 메이저 영화사에 배급을 의뢰하는 형태로 활동하고 있습니다.

4. 게임

일본 게임 문화의 구조와 특성

한국에서는 '게임'이라 하면 대부분의 사람이 보통 컴퓨터 게임을 떠올리지만, 일본에서는 가정용 게임기와 콘솔 게임이 중심입니다. 이는 1990년대 인터넷과 PC 보급률이 낮았던 환경에서 비롯된 전통이지만, 2025년 현재도 콘솔과 모바일 게임의 비중이 매우 높으며 세계적으로도 큰 영향력을 과시하고 있습니다. 일본에서 PC 게임이라고 하면 주로 성인용(18禁) 게임이나 특정 장르에 한정되어 있고, 저연령층과 학생들은 주로 게임센터(ゲームセンター)나 가정용 콘솔을 통해 게임을 즐깁니다.

산업 구조와 일본식 게임의 특징

일본 게임 산업은 소니(ソニー), 닌텐도(任天堂), 세가(SEGA) 등 세계적으로 유명한 콘솔 제조사와 스퀘어 에닉스(スクウェア・エニックス), 캡콤(カプコン), 코나미(コナミ) 등 굵직한 소프트웨어 개발사들이 주도하고 있습니다. 특히 소니의 경우, 1995년에 '플레이스테이션(プレイステーション)'이라는 하드웨어(ゲーム機)로 20년 이상 시장을 분할해 온 기존

▲ 일본의 대표적 게임 제조사

업체들과의 경쟁에 뛰어들어, 현재 시장 점유율 1위를 고수하고 있을 뿐만 아니라, 소니의 게임기 산업 분야 매출액은 소니 그룹 전체 매출액의 절반을 넘는다고 알려져 있습니다.

그러나 하드웨어만으로는 시장 경쟁력이 부족하며, 스퀘어 에닉스, 남코, 캡콤, 코나미 등 유력 게임 제작사의 확보가 콘솔 성공의 핵심입니다. 아무리 게임기 성능이 뛰어나더라도 재미있는 소프트웨어가 출시되지 않으면 게임기 산업 자체가 성립되지 않으므로, 하드웨어 개발사에서는 게임 제작사의 확보가 매우 중요합니다. 소니와 닌텐도 모두 게임 제작사(서드파티)와의 협업과 효율적 유통망 관리로 글로벌 시장에서 경쟁력을 유지하고 있습니다.

컴퓨터가 먼저 만들어진 것도 서양이고, 게임이 먼저 만들어진 것도 서양이지만, 일본식 비디오 게임이 이처럼 두각을 나타내는 이유는 가장 일본적인 소프트웨어, 일본식 RPG(ロールプレイングゲーム, JRPG)에 있다고 할 수 있습니다. 대표적 게임 장르인 RPG는 플레이어가 가상 세계의 주인공이 되어 동료를 모으고 적과 전투를 하며, 상황에 대처하면서 이야기를 진행하는 게임입니다. 원래 서양의 RPG 게임은 보드게임과 같은 TRPG(Table Talk Role Playing Game)를 기반으로, 온라인으로 연결된

컴퓨터를 이용해 특별한 시작이나 끝이 없는 가상의 세계에서 역할을 수행하는 방식이었습니다.

그러나 70, 80년대 일본에서는 컴퓨터 보급이 활발하지 않았고, 온라인 회선 상황도 좋지 않았기에, 이러한 상황에서 RPG 게임은 일본의 환경에 맞게 재창조되었습니다. 소설과도 같은 일정한 줄거리를 가진 상황 안에서 주인공이 동료를 모으고 전투를 하며, 사건을 해결하여 소설의 결말에 해당하는 엔딩까지 이르는 형식이 되었습니다. 특히 맞벌이 부모가 일하러 나가고 방과 후에도 혼자 있는 아이들, 산지가 험하고 국토가 좁아 밀집된 주택가에서 밖에 나가 놀기 어려운 도시 아이들이 집에서 혼자 즐기기에 가장 적합한 형태였다고 할 수 있습니다. 스퀘어(スクウェア)의 〈파이널 판타지(ファイナルファンタジー)〉, 에닉스(エニックス)의 〈드래곤 퀘스트(ドラゴンクエスト)〉 시리즈는 2023년 두 기업의 합병 이후 발전하는 하드웨어에 맞춰 시리즈를 거듭하며 재창조되어, 일본식 RPG 게임의 계보를 잇는 대표작이 되었습니다. 또한, 투박하고 거친 일러스트의 서양 게임과 달리 만화와 애니메이션에서 비롯된 섬세한 묘사의 아름다운 캐릭터와 배경 역시 일본식 게임의 빼놓을 수 없는 특징입니다.

글로벌 시장에서의 경쟁 구도

일본의 가정용 게임기(家庭用ゲーム機) 중 1995년 12월 3일 발매된 소니의 '플레이스테이션'은 전 세계에서 이미 7,500만 대가 판매되었으며, 업그레이드된 성능과 기록 매체를 CD에서 DVD로 바꾼 '플레이스테이션 2'는 전 세계 누적 판매량이 거의 1억 대를 넘는 것으로 집계되고 있습니다. 한국에서는 2002년 2월 22일 자회사 SCEK(Sony Computer

Entertainment Korea, ソニー・コンピュータエンタテインメントコリア)를 통해 정식 발매를 시작하여, 2004년 10월 16일 기준으로 100만 대를 판매할 정도로 그 영향력이 큽니다. 텔레비전 앞에 앉아 플레이스테이션을 쥐고 게임에 몰두하는 모습은 일본뿐만 아니라 유럽, 미국, 한국 등에서도 쉽게 볼 수 있는 광경이 되었습니다.

원래 일본의 게임 산업을 대표하는 것은 닌텐도와 세가였습니다. 이들은 1980년대부터 게임 산업에 뛰어들어 경쟁자로서 10여 년간 세계 비디오 게임 시장을 양분하였습니다. 1990년대 중반에는 소니가 플레이스테이션으로 단번에 세계 게임시장을 석권하였습니다. 현재는 세가가 경쟁에서 밀려 비디오 게임 시장에서 물러난 상태입니다. 게다가 마이크로소프트(Microsoft, マイクロソフト)마저 게임 산업에 진출하여, 이제는 소니, 닌텐도, 마이크로소프트의 삼자 체제가 되었습니다. 물론 이 중에서 가장 선두에 있는 것은 소니로, 전자제품으로 쌓아 올린 브랜드 파워를 게임에도 활용하여, 게임 산업 진출 10년도 되지 않아 세계 최고의 비디오 게임 브랜드로 자리를 굳혔습니다.

5. 미디어 믹스와 관련 상품

미디어 믹스 전략과 콘텐츠의 확장

지금까지 언급한 일본의 대표적인 문화 상품인 만화, 애니메이션, 영화, 게임 등은 각각 매체적 특성이 다르지만, 실제로 이들 상품의 주요 소비자들이 한 가지 분야만을 선호하는 경우는 드뭅니다. 이는 일본 대중문화 산업에서 '미디어 믹스(メディアミックス)' 혹은 '원 소스 멀티 유스(ワ

◀ 미디어 믹스 사례 〈신세기 에반게리온〉

ンソース・マルチユース)' 전략이 널리 활용되기 때문입니다. 즉, 하나의 작품이 성공하면 그 성공이 다른 미디어 영역으로 자연스럽게 확장되는 것이 일반적입니다.

예를 들어, 〈우주전함 야마토〉(1974)와 〈기동전사 건담〉(1979)에 이어 3차 애니메이션 붐을 일으킨 것으로 평가받는 〈신세기 에반게리온〉(1995)의 경우, 처음에는 TV 애니메이션으로 방영되었으나, 폭발적인 인기를 바탕으로 세가 새턴, 플레이스테이션1·2, 닌텐도64 등 다양한 게임기로 게임이 제작되었습니다. 또한, 캐릭터 디자인을 담당한 사다모토 요시유키(貞本義行)가 그린 만화가 애니메이션 잡지 『뉴타입(NewType)』에 연재되고 단행본으로 출간되는 등, 다양한 미디어로 확장되었습니다.

제6장 _ 대중문화 135

상품화 전략과 소비문화의 결합

이렇듯 〈신세기 에반게리온〉의 제작사인 가이낙스(ガイナックス)에 수익을 안겨준 것은 단순히 게임이나 만화책 판매 수입만이 아니었습니다. TV 애니메이션은 방영 자체로는 광고 수익 외에 별도의 수익이 크지 않기 때문에, 방영 이후 다양한 관련 상품을 판매하여 제작비를 충당하는 방식이 일반적입니다.

미디어 믹스를 통한 다른 분야로의 확장은 집에서 소장하며 감상하려는 팬들을 위해 DVD도 제작됩니다. 애니메이션은 13화, 26화, 길게는 100화가 넘는 장편물이 많아, 보통 7~20장을 세트로 묶은 'DVD 박스' 형태로 고가에 판매되기도 합니다. 주요 장면을 그림으로 편집한 화보집, 필름북 등은 기본이며, 작품의 로고와 캐릭터가 들어간 다양한 팬시상품도 제작·판매됩니다. 팬들의 열정이 높을수록 샤프, 볼펜, 노트, 편지지, 필통, 시계, 접시, 슬리퍼, 속옷, 베개, 수건, 쓰레기통 등 일상용품에 이르기까지 다양한 상품이 소비됩니다.

이처럼 콘텐츠가 일상의 영역까지 침투하여 발생하는 광범위한 상품 소비는 단순한 구매 행위를 넘어 능동적인 소비문화의 한 형태로 작동합니다. 미디어 믹스 전략으로 확장된 원천 콘텐츠가 상품화 전략을 통해 팬들의 소장 욕구와 정체성 표현을 충족시키고, 팬덤의 열기는 다시금 상품 판매와 판권 사업으로 이어지는 순환 구조를 만들어냅니다. 작품의 인기가 다양한 상품화와 판권 사업으로 이어지는 이러한 특징은 일본 대중문화가 전통과 현대, 예술과 상업, 다양한 장르와 매체를 유기적으로 결합하여 세계적으로 큰 영향력을 발휘하는 데에 핵심 동력이 되고 있습니다.

확인 학습

1. 일본 대중문화의 미학적 특징에 관한 설명으로 옳은 것은?
   ① 실용성과 기능미의 결합
   ② 전통 예술과 현대적 감각의 조화
   ③ 외래문화를 무비판적으로 수용
   ④ 서구의 영화 기법 모방 중심

2. 일본 만화잡지가 산업에서 수행하는 주요 역할은?
   ① 독자 참여와 신인 만화가 데뷔 플랫폼
   ② 영화의 촬영 장소를 제공
   ③ 해외 만화 수입의 활성화
   ④ 게임 유통이 중심

3. 일본 애니메이션 '아니메(アニメ)'의 3대 형태가 아닌 것은?
   ① 극장판   ② TV판
   ③ OVA   ④ 웹툰

4. TV 애니메이션 한 시즌(쿨)의 표준 화수는?
   ① 7화   ② 10화
   ③ 13화   ④ 20화

5. 일본 TV 애니메이션의 제작사와 가장 밀접하게 협업하는 산업은?
   ① 식품회사   ② 완구회사
   ③ 건설회사   ④ 의류회사

6. 오리지널 비디오 애니메이션(OVA)는 어떤 특징을 갖고 있는가?
   ① 오로지 TV방송용으로 만든다.
   ② 방영 시간의 제약이 없다.
   ③ 저연령 독자만 대상으로 만든다.
   ④ 실사영화로만 제작된다.

7. 2024년 기준 일본 영화 시장 구조에 대한 설명으로 옳은 것은?
   ① 국내 영화 점유율은 50% 미만이다.
   ② 도에이와 도호가 시장을 분할한다.
   ③ 국내 영화가 약 75%를 차지한다.
   ④ 영화관의 수는 꾸준히 유지하는 추세다.

8. 일본식 RPG(JRPG)의 두드러진 특징은?
   ① 시뮬레이션 게임이 중심
   ② 소설 같은 줄거리와 엔딩
   ③ 오픈월드 플레이만 지원
   ④ 트레이딩 카드 게임이 중심

9. 일본 대중문화에서 '미디어 믹스' 전략의 의미는?
   ① 한 작품의 다양한 미디어 확장
   ② 여러 국가의 합작 영화 제작
   ③ 일본과 한국의 공동 배급
   ④ 하나의 장르에 충실한 작품 제작

10. 일본 대중문화가 세계적으로 주목받는 가장 큰 이유는?
    ① 종교 의례 중심의 내용
    ② 다양한 장르와 미디어 믹스 전략
    ③ 수입 영화 위주의 시장
    ④ 국가 주도의 콘텐츠 제작

정 답									
1	2	3	4	5	6	7	8	9	10
②	①	④	③	②	②	③	②	①	②

─── 제7장 ───

일본 속의 K-culture 한국 속의 J-culture
서로 영향을 주고받는 한일 문화

> **핵심 포인트**
> - 한류(K-culture)의 발전과 일본 내 수용 과정을 설명할 수 있다.
> - K-pop, K-beauty, K-food 등 한국 대중문화가 일본에서 확산된 구체적인 양상을 파악할 수 있다.
> - 한국 내 일본 대중문화(J-culture)의 전개와 수용 양상을 사례를 통해 이해할 수 있다.
> - 한류와 일류가 양국 사회에 미친 문화적 영향을 비교·분석할 수 있다.

각 나라의 문화는 특유의 고유성을 가지고 발전하고 계승되어 그 나라의 정체성을 나타냅니다. 한편으로, 각각의 문화는 그 국가 및 인접국 혹은 먼 타국의 영향을 받아 융합하고 발전하는 복합성을 가집니다. 글로벌 시대에 접어들면서, 문화란 세계화와 더불어 각 나라의 고유한 특색이 타문화와 융합된 형태의 복합적인 측면을 띠게 되었습니다. 이 장에서는 세계적으로 영향력을 끼치고 있는 한류(韓流), 즉 K-culture가 일본 대중문화에서 어떻게 자리 잡고 있는지를 살펴보도록 하겠습니다. 반면에 우리가 자랑하는 K-culture와는 다른 형태로 일본의 대중문화가 우리나라에 자리 잡고 있는 모습들도 살펴보겠습니다. 이를 통해, 결국 문화란 일방향적, 우위적 개념이 아닌, 각자의 방식으로 서로 융합하고 발전하고 있음을 이야기하겠습니다.

1. 한류의 시작

한류(韓流)라는 말은 1990년대 후반에서 2000년대에 접어들면서 한국의 아이돌 그룹 및 한국 드라마가 중화권에서 인기를 얻으면서 생겨났습니다. 이는 이전에 일부 한국의 스타들이 해외에서 인기를 끌었던 사례가 있었던 것과는 달리, 본격적으로 한국의 대중문화 콘텐츠가 글로벌 문화 시장에서 주목을 받기 시작한 것이라고 볼 수 있습니다. 이렇게 시작된 한류는 이후 점점 퍼져나가게 가는데, 일본에서 본격적인 한류의 시작은 1차 한류라고 일컬어지는 한국산 멜로드라마 〈겨울연가〉의 유행이 사회현상으로 나타나는 시점이라고 볼 수 있습니다. 2003년 NHK에서 방영된 〈겨울연가(冬のソナタ)〉는 일본의 메이저 방송사를 통해 방영된 첫 한국 드라마이며, 이것이 엄청난 성공을 거두며 한류열풍을 주도하게

▼ 겨울연가(冬のソナタ)   ▼ 이산(イ・サン)

됩니다. 이 드라마의 성공은 그동안 일본의 대중매체가 외면했던 일본의 중년여성들을 새로운 소비층으로 불러들였습니다. 이와 같은 중년여성들의 적극적인 지지에 힘입어, 이후에 방영된 〈대장금(宮廷女官チャングムの誓い)〉, 〈이산(イ·サン)〉 등의 드라마가 연이어 흥행하고, 이들 드라마에 출연한 배우들은 일본에 알려지면서 한류스타가 되었습니다. 한편, 초기의 한류는 중년여성에게 인기가 집중되어 있어, 젊은 층에서는 크게 어필되지 못했다는 한계점도 가지고 있었습니다.

2. 한류에서 K-culture로

2차 한류

1차 한류가 한국의 드라마를 매개로 하여 일본의 중년여성들에게 인기를 끌었다면, 그 이후 한류의 유행은 젊은 세대로 확장되어 가게 되었습니다. 2차 한류는 한국의 아이돌 그룹이 일본에 진출하기 시작하고, 일본에 팬덤이 생기면서부터 유행하게 되었습니다. 먼저 2007년 동방신기의 일본 활동이 자리 잡기 시작하였고, 이후 BIGBANG, 소녀시대, 카라 등 등의 한국 아이돌 그룹이 젊은 층에서 점점 주목받기 시작했습니다. 그리고 이들은 세련된 외모, 뛰어난 가창력과 댄스 실력을 바탕으로 2차 한류열풍을 이끌어 가는 주역이 되었습니다.

당시 일본 아이돌 시장을 살펴보면, 일본 아이돌의 콘셉트는, 친숙하지만 약간은 미숙한 멤버들이 성장하는 것을 응원하고 지지해 주는 팬덤을 대상으로 활동하는 '성장형 아이돌'을 지향하고 있었습니다. 이러한 콘셉트의 아이돌은 각자의 캐릭터성이 강조되고, 팬들과의 소통 등으로 거리를 좁히는 방향으로 활동하며 인기를 얻습니다. 하지만, 이와 같은 활동 스타일에서는 팬들과의 소통이 높은 비중을 차지하기 때문에, 그들의 음악성(가창력, 댄스)에 대한 비중은 낮은 상태가 될 수밖에 없습니다. 또한, 이들은 오타쿠 등의 한정된 팬층에 의존하여 활동하기 때문에 새로운 팬층의 유입을 기대하기도 어렵습니다. 반면 한국 아이돌의 콘셉트는 소속사에서의 철저한 오디션, 스타일링, 보컬&댄스 트레이닝 등을 통해 잘 훈련된 '완성형 아이돌'을 내세우고 있기 때문에, 일본의 아이돌과는 활동 스타일이 전혀 다릅니다.

이와 같이 양국의 아이돌의 여러 차이점이 잘 드러나는 가운데, 한국의 아이돌이 일본의 방송가에 진출하면서 이들의 스타일, 음악성, 댄스 등의 퍼포먼스를 보여주는 다양한 히트곡, 일본의 버라이어티 방송 출연이 가능한 외국어 능력(영어 & 일본어) 등의 매력이 일본의 젊은이들(특히 여성)에게 어필하여, 2차 한류열풍이 시작되었습니다.

K-culture의 확산

이러한 한류의 유행은 단순히 아이돌에 대한 지지뿐 아니라, 한국의 화장품, 패션, 요리 등등으로 확장되는 계기가 되었습니다. 진하고 강렬한 갸루 스타일의 일본식 화장법을 선호하던 일본의 젊은 여성들 사이에서도 한국식 미백 화장법 등이 알려지기 시작한 것도 이 시기였습니다.

즉, 이 시기의 한류는 연예인을 중심으로 한 대중문화의 인기를 넘어, 음악, 패션, 군 복무 제도 등 다양한 분야의 한국 문화 전반에 대한 관심으로 확산되는 경향을 보였습니다.

하지만, 2011년 3월 11일 동일본대지진, 2012년 이명박 대통령의 독도 방문 등등으로 인해 한일 관계가 악화되었고, 이와 함께 한류도 타격을

▲ 소녀시대

AKB48 ▶

입게 되었습니다. 이때 일본 국내에서는 정치적 문제와 더불어 한류에 대한 피로감 등으로, 한국 드라마나 아이돌의 활동 등이 서서히 방송에서 사라지게 되었습니다. 일본에서의 한류는 침체기를 맞이했지만, 중국에서는 드라마〈별에서 온 그대〉등이 크게 히트하면서 한류의 중심이 중화권으로 넘어가게 되었습니다.

   이렇게 일본에서의 한류는 서서히 쇠퇴하는 듯하였으나, 2017년쯤부터 일본의 청소년, 젊은이들에게 방탄소년단(현 BTS)과 트와이스 등이 주목을 받고, 한국산 먹거리 등이 다시금 인기를 끌기 시작했습니다. 사실 한류는 일본 내에서만 주춤했을 뿐, 이미 세계적으로는 2012년에 싸이의 '강남스타일'이 빌보드를 강타했고, 중화권, 동남아권에서도 꾸준히 소비되는 글로벌 콘텐츠로 자리 잡고 있었습니다. 이러한 흐름이 한일 관계가 냉각 중이었던 시기에도, 일본 내 한류 콘텐츠의 꾸준한 소비로 이어졌습니다. 그리고 2020년 들어서는 전 세계적으로 코로나19라는 팬데믹 상황 속에서, 한국산 OTT 드라마들이 세계적 흥행과 일본 내 인기를 얻게 됩니다. 넷플릭스에서는〈사랑의 불시착(愛の不時着)〉,〈이태원 클라스(梨泰院クラス)〉등의 한국 드라마가 크게 히트를 치고, 영화로는 아카데미 수상작〈기생충(パラサイト 半地下の家族)〉등이 크게 주목을 받았습니다. 일본의 야후 뉴스에서는 이러한 문화 현상을 '4차 한류 붐(3차 한류는 2017년의 방탄소년단, 트와이스 시기)'이라고 칭했습니다. 또한, 2021년에는 넷플릭스의 〈오징어게임〉이 세계적인 흥행을 거두면서 일본에서도 주목을 받게 되었습니다. 〈오징어게임(イカゲーム)〉은 참가자들이 목숨을 걸고 게임에 참여하게 되는 구조를 가진 이야기로, 일본에서 먼저 등장한 유사한 장르의 작품들 — 예를 들어 〈신이 말하는 대로(神さまの言うとおり)〉, 〈도박묵시록 카이지(賭博黙示録カイジ)〉 등 — 과 비교되곤 합니다. 이들 일본 작품도 극한의 상황 속에서 인간의 본성과 심리를 다룬다는 점에서 비슷한 점이 있습니다. 그러나 〈오징어게임〉은 단순한 생존 경쟁을 넘어서, 현대 한국 사회가 안고 있는 빈부 격차, 부채 문제, 취업난 등 구체적인 현실 문제를 드라마 안에 반영하고 있다는 점에서 차별화됩니다.

또한, 앞서 언급한 방탄소년단, 트와이스 이후에도 르세라핌, 아이브 등의 4세대 한류 아이돌도 현재까지 활발하게 일본 활동을 이어가고 있습니다. 특히, 트와이스(사나, 모모, 미나)를 포함한 르세라핌(사쿠라, 카즈하)과, 아이브(레이)에는 일본인 멤버가 함께하고 있어, 다국적 걸그룹으로 자리매김하고 있습니다.

이 시기에 이르러서 한류는 일본에서만의 활동 및 흥행이 아닌, 전 세계를 대상으로 하는 콘텐츠가 되어 'K-OO'라고 불리는 것이 더 익숙하게 되었습니다. 즉 기존의 한류가 주로 아시아권에서 주목받는 한국의 대중문화 콘텐츠를 의미했다고 한다면, K-culture는 한국 대중문화의 세계적인 확산으로 생겨난 명칭이라고 할 수 있겠습니다. 그리고 K-culture는 대중문화 콘텐츠의 영역뿐 아니라, 일본에서 흔히 마주치는 생활의 영역으로 나타나게 됩니다.

3. 일본에서 마주치는 K-culture

K-뷰티와 디저트

한류의 확산은 대중문화, 스타에만 한정된 것이 아니고, 한국 문화의 전반적인 유행으로 이어지게 됩니다. 그 시작점에는 한국의 아이돌로부터 전해진 한국의 화장법 및 스타일인 K-beauty가 있습니다. 2017년부터 도쿄(東京)의 패션 중심지인 하라주쿠(原宿)에 한국 화장품을 취급하는 점포들이 생각나기 시작했으며, 2021년도에는 도쿄 신주쿠(新宿)의 쇼핑몰 루미네에스트(LUMINE EST)와 오사카의 루쿠아 오사카(LUCUA osaka)에 각각 한국브랜드매장이 오픈하여, 한국 화장품을 판매하기 시작했습니다. 이 외에도 일본의 종합 잡화점인 드럭스토어(ドラッグストア)의 화장품 코너에서도 한국 화장품을 취급하는 곳을 많이 볼 수 있습니다.

▲ 한국 화장품 코너

▲ 올리브영 신주쿠 루미네에스트점

K-푸드와 한국어

위에 언급한 한국 화장품을 비롯하여, 원래 한류 관련 상품 및 한국 음식은 주로 도쿄의 한인 타운인 신오쿠보(新大久保)에서 많이 접할 수 있

▲ 스위트 포레스트 리뉴얼 전   ▲ 스위트 포레스트 리뉴얼 후   ▲ 서울호떡

었습니다. 그런데 이제는 일본의 일부 지역에 한정되지 않고, 다양한 곳에서 한국 음식, 디저트 등등을 접할 수 있게 되었습니다. 일례로 도쿄 시부야(渋谷)에서 요코하마(横浜)로 가는 도큐토요코센(東急東横線)을 타고 몇 정거장 가면 있는 지유가오카(自由が丘)라는 곳의 변화에 대해 이야기 하겠습니다. 지유가오카는 고급주택가, 트렌디한 카페, 잡화, 디저트류 등으로 아기자기하게 꾸며진, 이른바 일본의 '멋쟁이 거리(オシャレな街)'로 유명한 곳입니다. 지유가오카에 있는 일본 최초의 디저트 테마파크인 스위트 포레스트(スイーツフォレスト)는, 원래 해외 유명 제과과정 및 콩쿠르 입상 경력이 있는 파티시에들이 만든 맛있는 유럽풍 스타일의 디저트를 맛볼 수 있는 곳으로 유명했습니다. 그런데, 이곳이 2021년에 문을 닫고, 2022년 7월에 한국풍 디저트 카페 콘셉트로 리뉴얼 오픈하게 됩니다. 아래의 사진은 리뉴얼 전의 사진과 리뉴얼 이후의 사진인데, 리뉴얼 후의 스위트 포레스트에서는 입구에 한글이 가득하고, 내부에서는 호떡, 빙수 등의 한국식 디저트를 즐길 수 있는 등의 놀라운 변화를 확인할 수 있습니다.

또한, 한국의 먹거리 등등도 이전보다 더 활발하게 유행하고 있습니다. 1~2차 한류 붐 당시에는 이미 김치, 김뿐 아니라 막걸리, 간장게장, 삼계

탕, 갈비, 삼겹살, 홍초 등 여러 가지 한국 음식이 인기를 끌었고, 3차 한류 붐 때 불닭볶음면, 치즈닭갈비, 치즈 핫도그, 떡볶이 등의 한국 음식이 SNS를 통해 전파되면서 많은 인기를 끌게 되었습니다. 거기에 더해 이제는 한국의 프랜차이즈 치킨이 일본에 본격적으로 상륙하게 되었습니다 (이전에는 신오오쿠보 등의 한국음식점에서 간혹 팔기도 했습니다). 도쿄권에서는 현재 3호점까지 확

▲ 이바라키현 쓰쿠바시의 한국 프랜차이즈 치킨점

장 운영되고 있는 프랜차이즈 치킨 전문점이 있으며, 도쿄권 이외에도 이바라키현(茨城県) 쓰쿠바시(つくば市), 도치기현(栃木県) 우쓰노미야시(宇都宮市) 등에서 영업하고 있는 한국 프랜차이즈도 있습니다. 따라서 K-food는 이제 도쿄 권에서만 맛볼 수 있는 것이 아니고 일본 전국에서 맛볼 수 있는 흔한 먹거리가 되어 가고 있다고 할 수 있겠습니다.

한류와 더불어 한국어를 배우고자 하는 일본인도 증가하고 있습니다. 특히 K-pop과 K-beauty에 관심이 많은 젊은 층과 10대들에게서 한국어 학습 수요가 크게 늘어나고 있음을 한국어 교육 실태를 파악하는 것으로 체감할 수 있습니다. 고등학교에서는 영어 이외의 외국어 과목으로 한국어를 가르치는 곳이 큰 폭으로 증가하여, 2018년에는 약 340여 개의 학교가 한국어 수업을 개설하고 있습니다. 또한, 한국어 학원에 해당하는 한국어 교실(韓国語教室)도 도쿄, 오사카, 나고야 등의 대도시뿐 아니라 시즈오카현(静岡県), 홋카이도(北海道), 우쓰노미야 등의 지역에서 운영되고 있습니다. 이제는 일본에서 한국어로 욕을 하면, 일본인들이 알아듣고 "본고장의 한국어 욕을 들었다(本物のOO(한국어욕)聞いたよ)"라며 감탄한다고 하니, 앞으로 한국인은 일본을 포함한 외국에 있을 때 언행

▲ 오사카 소재의 한국어 교실 안내 이미지

을 주의해야 한다는 우스갯소리도 있습니다.

  이와 같이 일본에서의 한류는 대중문화의 영역에서 K-culture가 되어 일본인의 생활 속에서 쉽게 마주칠 수 있는 것이 되었습니다. 일본에서의 한국 문화의 정착이 우리 문화에 대한 자부심을 준다는 점에서 자랑스럽게 여겨지는 반면, K-culture의 인기가 한일 간의 문화적 우위에 의한 것은 아니라는 것을 인식하기 위해서, 다음 장에서는 한국에서의 일류(일본 문화의 영향)에 대해서 살펴보겠습니다.

4. 한국에서의 일본 대중문화

일본 대중문화의 유입

  1998년 김대중 정부에 의해 일본 대중문화의 단계적 개방이 시작되기 전까지, 한국에서는 일본 대중문화를 '왜색'으로 간주하며 공개적으로 수용하거나 드러내기 어려운 분위기가 이어졌습니다. 그럼에도 불구하고,

〈메칸더 V(合身戦隊メカンダーロボ)〉, 〈독수리 5형제(科学忍者隊ガッチャマン)〉, 〈피구왕 통키(炎の闘球児ドッジ弾平)〉 등의 TV 애니메이션과, 〈드래곤볼(ドラゴンボール)〉, 〈슬램덩크(SLAM DUNK)〉, 〈북두의 권(北斗の拳)〉 등의 만화는 방송국과 출판사에서 각각 수입하여 방영, 판매되기도 하였습니다.

단 이런 콘텐츠가 유통되기 위해서는 엄격한 현지화 작업을 거쳐, 등장인물의 이름을 변경하거나, 일본이 연상되는 배경이나 복장 등은 수정해야 했습니다. 그렇게 일본 문화를 접한 그 당시 세대들에게는 일본 문화가 개방된 지금에도 〈슬램덩크〉의 주인공의 원래 이름인 '사쿠라기 하나미치(桜木花道)'보다 한국판 이름인 '강백호'가 익숙합니다.

한편, 가정용 콘솔게임 시장에서는 여과 없이 일본의 게임이 그대로 들어왔는데, 8비트 게임기인 패미콤(ファミコン), 겜보이(세가 마스터 시스템: セガ·マスターシステム)나, 16비트 게임기인 슈퍼패미콤(スーパーファミコン), 메가드라이브(メガドライブ) 등을 통해 다양한 소프트웨어의 일본 게임을 즐길 수 있었습니다. 그 당시 소프트웨어는 당연히 한글화 패치가 되어 있지 않았기 때문에, 게임을 즐기는 어린이, 청소년들은 그대로 게임 속의 왜색과 일본어에 노출되었습니다. 한편, 언어적 문제로 게

▼ 패미콤: 파이널 판타지3

▼ 메가드라이브: 슈퍼시노비

임을 즐기지 못하는 유저들을 위한 게임공략집이 있어서, 언어적인 장벽을 넘어 게임을 즐길 수 있었습니다.

대중가요의 영역에서는 트로트가 일본 엔카의 영향을 받았다는 비판이 있었으며, 일본 가수들은 내한 공연 시 영어, 및 한국어로 노래를 불러야 할 정도로 왜색에 대한 규제와 거부감이 있었습니다. 그리고 한국 대중가요의 전성기라고 불리는 90년대에는 주로 서구권의 힙합, 레게, R&B 등의 장르가 유행하고 있었습니다. 따라서 일본의 대중가요가 공중파 방송에 나오는 경우는 거의 없었지만, 의외로 다른 곳에서 일본 노래의 흔적을 찾을 수 있었습니다. 이미 한국의 대중가요 중에는 구와타 게이스케(桑田佳祐)의 'JUST A MAN IN LOVE(悲しい気持ち)'나 닌자(忍者)의 '오마쓰리 닌자(お祭り忍者)', 튜브(TUBE)의 '썸머 드림(SUMMER DREAM)' 등의 많은 일본 노래가 편곡 및 멜로디 라인이 유사하게 차용되어, 한국 노래로 히트하고 있었습니다. 일부 곡들은 일본 노래의 멜로디 라인의 차용 및 코드 진행의 유사성에 그치지 않고, 표절까지 한 것들도 있었습니다. 한편, 용산전자상가 등에서는 불법 복제된 매체를 통해 음성적인 경로로 일본의 애니메이션, 대중가요 등의 일본 문화를 접할 수도 있었습니다. 이때 일본의 전설적인 그룹 X Japan의 'Endless Rain'이 이러한 경로로 알려지면서 '길보드차트'(길거리 불법 유통 차트)에서 널리 알려진 명곡이 되기도 했습니다.

개방 이후의 변화

앞서 말한 바와 같이 1998년부터 2004년까지 4차에 걸친 일본 대중문화 수입 철폐 제한 정책으로 일본 문화가 개방된 이후, 우리나라에서도 일본의 영화, 극장용 애니메이션, 음반, 방송 등을 규제 없이 접할 수 있게 되었습니다. 구체적인 개방 내용은 다음과 같습니다.

> 1998년 1차 개방
> 세계 4대 영화제 수상작·일본어판 만화와 잡지
>
> 1999년 2차 개방
> 일본 국내 제작 영화의 해금과 확대, 2천 석 이하의 가요 공연(방송, 음반 및 비디오 판매 불가)
>
> 2000년 3차 개방
> 국제 영화제 수상한 극장용 애니메이션, 가요 공연의 좌석 제한 철폐, 비디오 콘솔 게임 이외의 PC용 게임물 소프트웨어 등
>
> 2004년 4차 개방
> 영화·음반·게임 분야 완전 개방(방송과 극장용 애니메이션은 보완 조치 마련해 개방 범위를 조율)

처음 개방 시에는 우리의 대중문화가 일본의 대중문화에 잠식될지도 모른다는 우려도 있었지만, 한국 내 주류 문화로 자리 잡지는 못하고, 애니메이션·J-POP·일본영화 등은 주로 마니아층 중심으로 소비되었습니다. 특히 실사 일본 드라마나 영화는 한류 콘텐츠나 할리우드 영화와 비교해 시장 점유율이 낮은 편입니다. 실사영화의 경우 대중문화 개방 직후 상영된 〈러브레터(Love Letter)〉가 총 관객 수 115만 명 수준으로 아직도 이를 넘어 흥행하는 일본 영화는 없습니다.

반면에 일본의 극장용 애니메이션은 미야자키 하야오(宮崎駿)의 〈센과 치히로의 행방불명(千と千尋の神隠し)〉, 〈하울의 움직이는 성(ハウルの動く城)〉, 신카이 마코토(新海誠)의 〈너의 이름은(君の名は)〉, 〈스즈메의 문단속(すずめの戸締まり)〉, 이노우에 다케히코(井上雄彦)의 〈더 퍼스트 슬램덩크(THE FIRST SLAM DUNK)〉 등이 크게 주목받으며 흥행하였습니다. 아울러 TV 애니메이션도 일본의 다양한 작품들이 현재도 방영되

▲ 스즈메의 문단속(관객 수 557만 6천 명)　　▲ 더 퍼스트 슬램덩크(관객 수 487만 8천 명)

고 있어, 만화 & 애니메이션 강국의 변함없는 파워를 느낄 수 있습니다.

5. 한국에서 마주치는 J-culture

　우리나라에는 앞서 말한 일본의 대중문화뿐 아니라, 일상생활에서 마주칠 수 있는 다양한 일본 문화의 모습들이 있습니다. 그 일례로 일본의 음식을 들 수 있겠습니다. 예전에는 주로 일식집의 초밥(스시)이나, 일부 체인점에서 파는 우동, 일본식 돈가스 등의 일본 음식을 맛볼 수 있었는데, 최근에는 회전초밥, 라멘, 텐동, 일본식 카레, 소바 등을 파는 일본 음식 전문점들을 많이 볼 수 있습니다. 최근에는 일본에서 스시, 라멘 등의 조리법을 배워서 귀국한 요리사들이 관련 음식점들을 차려서, 본 고장의 맛에 가까운 일본요리들을 맛볼 수 있는 곳이 많이 생겼습니다. 이뿐만

▲ 한국의 히쓰마부시 전문점의 요리　　　▲ 오마카세 음식

아니라, 나고야 지역의 전통 장어요리인 히쓰마부시(ひつまぶし)를 전문적으로 제공하는 식당이나, 요리사의 선택에 따라 코스를 구성하는 '오마카세(お任せ)' 스타일의 고급 요리점들도 한국에서 큰 인기를 끌고 있습니다. 이러한 고급 일식은 일본 현지에서도 비교적 가격대가 높은 편으로, 일상적인 식사보다는 특별한 날에 즐기는 경우가 많습니다.

먹거리 외에도 일본의 주류인 맥주, 하이볼이나 오코노미야키, 타코야키 등을 맛볼 수 있는 일본식 주점인 이자카야(居酒屋)도 번화가에서 일상적으로 마주칠 수 있습니다. 또한 편의점에서는 일본 맥주를 손쉽게 구입할 수 있습니다. 오히려 먹거리에 대해서는 일본에서의 한국 음식보다 한국에서의 일본 음식이 널리 퍼져 있는 것으로 보입니다.

한편, 요즘은 대중매체를 통한 방송보다도 오히려 유튜브(youtube) 등의 콘텐츠를 통해, 일본문화가 다양하게 소비되고 있습니다. 일본 여행을 다니면서 명소나 맛집 등을 투어 하는 채널이나, 일본인 가상의 캐릭터(부캐)가 등장하는 채널이 있어, 일본의 문화를 다양하게 연출하여 인기를 끌고 있습니다. 단순히 일본문화, 일본어 등을 일회적 소재로 삼는 것이 아닌, 일본의 서브컬처 문화 및 일본인을 깊이 관찰하고 만든 콘텐츠 등이 많아서, 한국뿐 아니라 일본에서도 재미를 주는 콘텐츠로 자리

▲ 유튜브 채널의 한 장면

▲ 유튜브 채널의 한 장면

매김하고 있습니다. 이같이 한국 속에서의 일본 문화는 대중매체뿐 아니라, 먹거리, 여행, 유튜브 등을 통해 생활 속에서 친숙하게 접할 수 있는 것이 되어 가고 있습니다.

각국의 문화는 고유한 특성을 지니며, 인접 국가의 문화적 특성과 상호작용 하면서 서로 다른 방식으로 전파되고 정착합니다. 오늘날 일본 사회에서는 한국 대중문화(K-culture)가 더 이상 낯선 존재가 아니며, 대중매체 및 일상생활을 통해 자주 접할 수 있는 글로벌 문화로 자리 잡고 있습니다. 한편, 한국 사회에서도 일본 문화(J-culture)는 과거의 '왜색'이라는 인식에서 벗어나, 생활 속에서 자연스럽게 접할 수 있는 문화 요소로 인식되고 있으며, 다양한 콘텐츠 생산에 영향을 주는 하나의 창의적 자원으로 기능하고 있습니다. 이와 같은 양국 간의 문화 교류는 지리적 근접성과 함께 관광 활성화 및 국제 교류 확대 등으로 이어지고 있으며, 상호 이해 증진에 기여하고 있습니다. 따라서 이러한 문화적 상호작용은 양국 관계의 지속적 발전을 위한 기반 중 하나로 평가될 수 있습니다.

 **확인 학습**

1. 일본에서 '1차 한류 붐'의 시작을 알린 대표적인 한국 드라마는 무엇인가?
   ① 대장금   ② 겨울연가
   ③ 별에서 온 그대   ④ 이태원 클라쓰

2. 일본의 '성장형 아이돌'과 한국의 '완성형 아이돌'을 비교할 때, 다음 중 한국 아이돌의 특징으로 옳은 것은?
   ① 팬덤의 응원에 의존하는 미숙한 이미지
   ② 일본어 사용을 지양하는 활동 방식
   ③ 철저한 트레이닝을 통한 음악성 중심의 활동
   ④ 소통 중심의 캐릭터 강조 전략

3. 2011년 이후 일본 내 한류의 일시적 쇠퇴 원인으로 적절한 것은?
   ① 중국과의 정치적 갈등
   ② 코로나19로 인한 문화 교류 중단
   ③ 동일본대지진과 정치·사회적 요인
   ④ OTT 서비스의 부재

4. 4차 한류 붐을 이끈 대표적인 드라마나 영화로 적절하지 않은 것은?
   ① 기생충   ② 사랑의 불시착
   ③ 오징어 게임   ④ 겨울연가

5. 일본 도쿄 신주쿠 루미네에스트 등에 입점한 한국 관련 매장과 관련된 분야는 무엇인가?
   ① K-drama   ② K-beauty
   ③ K-pop   ④ K-movie

6. 일본의 스위트 포레스트가 한국식 디저트 테마파크로 리뉴얼되면서 소개된 한국 디저트는?
   ① 붕어빵   ② 찹쌀떡
   ③ 호떡   ④ 인절미

7. 1998년 이후 한국 내 일본문화 개방 초기에 흥행한 일본 영화는?
   ① 러브레터
   ② 도라에몽
   ③ 센과 치히로의 행방불명
   ④ 요괴워치

8. 한국에서 일본 음식이 널리 퍼진 현상에 대한 설명으로 옳지 않은 것은?
   ① 일부 체인점에서만 제공되는 한정적 요리
   ② 다양한 전문점에서 일본의 본고장 요리를 즐길 수 있음
   ③ 히쓰마부시 같은 일본의 고급 요리도 인지도가 높아짐
   ④ 오마카세 같은 고급 음식 문화 확산

9. 다음 중 일본 대중문화 개방에 대한 설명으로 옳지 않은 것은?
   ① 김대중 정부에 의해 실시되었음
   ② 1998년 1차 개방이 이루어졌음
   ③ 총 3차에 걸쳐 영화·음반·게임 분야에 대해 완전 개방이 되었음
   ④ 초기에 일본 대중문화 개방에 대한 우려가 있었음

10. 한국에서 일본 문화를 접할 수 있는 새로운 매체나 채널의 예로 적절한 것은?
    ① 일본 정부 홍보물
    ② 유튜브 채널
    ③ 신문 광고
    ④ 공식 외교 사이트

정 답									
1	2	3	4	5	6	7	8	9	10
②	③	③	④	②	③	①	①	③	②

— 제8장 —

주거와 의복

집과 옷차림으로 보는 생활 풍경

핵심 포인트

- 일본 주거 형태의 종류와 시대에 따른 변화에 대해 이해할 수 있다.
- 일본 주택 구조를 나타내는 용어(R·D·K·L) 및 특징을 설명할 수 있다.
- 기모노의 특징과 성별에 따른 종류를 구분할 수 있다.
- 연중행사별 기모노의 종류와 특징을 설명할 수 있다.

　의식주는 인간의 기본적인 삶을 구성하는 가장 기초적인 요소로서, 한 사회의 자연환경은 물론 시대적 변화를 반영하는 중요한 지표입니다. 이에 이 장에서는 일본의 주거 형태와 의복 문화를 중심으로, 일본 사회의 구조와 생활문화 전반을 이해하는 데 필요한 기초적 틀을 제시하고자 합니다.

1. 주거의 형태

단독주택과 집합주택

일본의 주거 형태는 '잇코다테(一戸建て)'라 불리는 단독주택과 맨션·아파트 등의 집합주택, 크게 두 가지로 구분할 수 있으며 이 중 가장 많은 주거 형태는 단독주택입니다. 일본 총무성 통계국 '주택·토지 통계조사'(2013)에 의하면, 단독주택이 2,860만 호로 전체의 54.9%, 집합주택은 2,209만 호로 42.4%를 차지하고 있습니다만, 통계조사를 시작한 1948년 단독주택 대 집합주택의 비율이 65.1% : 24.7%였던 것을 생각하면 맨션과 같은 집합주택에 거주하는 거주자가 크게 늘어났음을 알 수 있습니다.

먼저 집합주택의 대표적인 형태인 '맨션(マンション, 일본어 발음으로는 만숀)'은 1950년대 후반부터 사용되기 시작한 표현으로, 당시의 공단주택과는 차별화된 고급 주택을 가리켰습니다. 일본에서의 아파트가 보통 2층짜리 목조 혹은 경량 철근으로 만들어진 건물을 지칭하는 것에 반해, 맨션은 철근 콘크리트로 만들어진 3층 이상의 건물이라는 점에서 대조됩니다. 하지만 맨션에 비해 아파트는 임대료가 상대적으로 저렴한 경우가 많아, 경제적 부담을 줄이려는 거주자에게 선호되는 경향이 있습니다.

일본에서는 간토 대지진(関東大震災, 1923.9.1. 발생)에 의해 화재가 발생하였고 이로 인한 목조건물의 소실과 함께 인명 피해가 더욱 커졌는데, 이를 계기로 서양식 콘크리트 건물이 세워지게 됩니다. 이후 제2차 세계대전이 끝나고 일본의 고도성장기(1955~1973)가 진행된 1950년대 중반 이후 고층 콘크리트 건물이 증가하게 되었고, 서양식 주거 형태가 보급되었습니다. 한국과 달리 일본의 맨션은 대형 단지로 이루어지는 경우

가 거의 없고, 20층 이상의 초고층 맨션 — 법적으로는, 지상에서 60미터 이상의 높이 — 은 '타워맨션(タワーマンション)'이라고 부릅니다.

도쿄도청(東京都庁)의 보도자료(생활문화국, 2018.1.29)에 따르면, 집을 구입하는 경우에는 단독주택이 39.1%로 가장 많고, 맨션과 같은 집합주택은 30.8%였습니다. 하지만 주택 구매뿐 아니라 월세까지 포함하면 실제로는 집합주택이 전체의 55.3%를 차지해, 단독주택(41.3%)보다 더 많았습니다. 이런 통계를 보면, 특히 대도시에서는 단독주택보다는 맨션 등 집합주택에 거주하는 인구가 더 많다는 것을 알 수 있습니다.

참고로 일본에서 주택이나 맨션을 임대하는 경우, 월세 1~2개월분에 해당하는 '레이킨(礼金)'과 '시키킨(敷金)'을 지불하게 됩니다. 레이킨은 집주인에게 지불하는 사례금으로 퇴거 시 돌려받을 수 없으나, 시키킨은 한국의 보증금에 해당되어 임대료 체불이나 건물 파손이 없는 한 퇴거 시 돌려받을 수 있습니다. 부동산중개업자를 통해 임대하는 경우는 임대료 한 달 분에 해당하는 금액을 지불하는데, 최근에는 다양한 부동산 애플리케이션을 사용해 직접 거래하는 사례가 늘고 있습니다. 또한 중개업자는 이전 거주자가 고독사 등으로 사망한 경우 거래 물건이 '사고물건(事故物件)'임을 미리 알려야 합니다.

빈집의 증가

1948년 이후 5년마다 실시되는 일본 총무성 통계국의 '주택·토지 통계조사'에 따르면, 2023년 10월 1일 기준 일본의 총 주택 수는 약 6,502만 호로, 2018년 조사 대비 약 4.2% 증가하여 꾸준한 증가세를 보이고 있습니다. 지역별로는 도쿄도(東京都)가 약 820만 호로 가장 많고, 그 다음은 오사카부(大阪府) 약 493만 호, 가나가와현(神奈川県) 약 477만 호 순입니다.

한편, 일본은 전체 인구 중 65세 이상 고령 인구 비율이 약 29%에 이르는 초고령 사회로, 특히 고령자 단독 가구의 증가가 두드러지고 있습니다. 이로 인해 고령자의 사망 후 주택이 방치되는 사례가 늘고 있으며, 동시에 젊은 층의 대도시 집중 현상으로 인해 지방 도시의 빈집 증가는 심각한 사회문제로 대두되고 있습니다.

2023년 조사에 따르면, 일본 전국의 총 빈집 수는 약 900만 호로 전체 주택의 13.8%를 차지하며 사상 최고치를 기록하였습니다. 이 중 임대용·매각용·별장용을 제외한 방치된 빈집 수는 약 385만 호, 즉 전체의 5.9%에 해당합니다. 빈집 비율은 해마다 상승하는 추세이며, 특히 도쿠시마현(德島県)과 와카야마현(和歌山県)은 21% 이상으로 전국 평균을 크게 상회하는 높은 수치를 보이고 있습니다.

이러한 빈집의 증가는 단순한 거주 문제를 넘어, 건물 붕괴 위험, 화재, 범죄 발생 가능성 등 지역 사회의 안전 및 관리 문제와 직결되기 때문에, 지방 행정단체와 국가 차원의 대응이 요구되고 있습니다. 한국의 일부 농산어촌 지역에서도 유사한 문제가 관찰되고 있어, 지방 소멸과 주거 공백이라는 공통 과제를 안고 있다고 볼 수 있습니다.

2. 주택의 내부구조

일본 주택의 내부 구조에 관해서 한국인들에게도 익숙한 애니메이션 〈짱구는 못 말려(クレヨンしんちゃん)〉와 〈아따맘마(あたしンち)〉의 주택 평면도를 중심으로 살펴보겠습니다. 참고로 〈짱구는 못 말려〉는 1990년

『만화액션(漫画アクション)』이라는 잡지에 연재되기 시작해 1992년 4월부터는 애니메이션으로 텔레비전에 방영되었고, 〈아따맘마〉는 1999년 6월부터『요미우리신문(読売新聞)』일요판에 연재되기 시작해 2002년에 텔레비전 애니메이션으로 제작되었습니다. 두 작품은 모두 부부와 자녀 2명의 4인 가족이며, 〈짱구는 못 말려〉는 도쿄 외곽의 베드타운인 사이타마현(埼玉県) 가스카베시(春日部市)의 단독주택에, 〈아따맘마〉는 수도인 도쿄도 니시도쿄시(西東京市)에 있는 5층짜리 맨션에 거주하는 일본 중산층을 상징하고 있습니다.

▲ 〈짱구는 못 말려〉(좌)와 〈아따맘마〉(우)의 평면도

마도리

일본에서는 주택의 평면도를 '마도리(間取り)'라고 부르는데, 앞의 왼쪽 마도리를 통해 〈짱구는 못 말려〉의 집이 2층짜리 4DK 형태로 이루어져 있음을 알 수 있습니다. 4DK의 4는 벽이나 미닫이문으로 구분된 공간(침실 혹은 거실)의 숫자를, D는 식사를 위한 다이닝룸(Dining Room)을, K는 부엌(Kitchen)을 의미합니다. 일반적으로 D와 K는 하나의 공간에 함께 구성되어 있는 경우가 많습니다. 이에 반해 〈아따맘마〉는 3LDK로 전형적인 일본의 맨션을 보여주고 있는데, L은 벽이나 미닫이문이 없는 개방된 공간의 거실(Living Room)을 의미합니다. 이 밖에 1R의 경우 R은 방(Room)을 의미하며, 부엌과 주거 공간이 분리되지 않은 원룸을 가리킵니다. 이와 같이 일본에서 부동산중개소나 애플리케이션을 통해 집을 매매 혹은 임대할 때는 1R, 2DK, 3LDK 등의 표기를 통해 주택의 내부구조를 파악할 수 있습니다.

〈짱구는 못 말려〉의 방 4개 중 2개는 2층의 침실로 사용하고 있고, 나머지 방 2개 중 하나는 1층의 거실로 사용하고 있습니다. 또 4개 중 2개의 방은 미닫이문에 바닥이 다다미로 된 전통 일본식의 '와시쓰(和室)'로 구성되어 있습니다. 원래 다다미 한 장의 크기는 지역에 따라 다소 차이가 있지만 평균적으로 가로×세로 90×180cm에 해당하므로, 앞의 평면도처럼 다다미 6장으로 이루어진 경우 360×270cm 크기임을 알 수 있습니다.

이에 반해 〈아따맘마〉는 현관에 들어서면 길고 좁은 복도를 지나 거실과 주방을 마주하게 됩니다. 평면도에서 볼 수 있듯이 복도 좌우로는 2개의 방과 화장실 및 욕실 등이 배치되어 있으며, 방 3개 중 하나인 부부의 침실은 미닫이문과 다다미의 와시쓰로 되어 있음을 알 수 있습니다. 이렇듯 과거 일본에서는 단독주택은 물론 맨션에도 1개 이상의 와시쓰를 보유하는 것이 일반적이었지만 최근에는 침대 및 입식 생활의 보편화로 다다미방을 선호하지 않는 일본인이 증가하고 있다고 합니다.

추가적으로, 일본에서 집의 크기는 제곱미터(m^2) 혹은 '쓰보(坪)'라는 단위를 사용하는데, 쓰보는 한국에서 집의 면적을 말할 때 사용하는 '평'에 해당합니다. 원래 평(=쓰보)이라는 표현은 일본에서 사용되던 넓이를 재는 단위로 일제강점기에 한국에서도 사용되기 시작했습니다. 1쓰보는 다다미 2장 넓이로 대략 3.3제곱미터에 해당하며, 일본인 기준으로 한 사람이 팔과 다리를 뻗고 누울 수 있을 정도의 면적을 의미한다고 합니다.

도코노마

주로 응접실로 사용되는 1층 와시쓰(和室) 한쪽 구석에는 '도코노마(床の間)'라고 불리는 공간이 있습니다. 정식 명칭은 '도코'이지만 일반적으로 도코노마로 불리며, 바닥은 다다미보다 조금 높게 평평한

▲ 도코노마 위의 꽃꽂이와 달마 그림

나무판을 설치해 그 위에 꽃이나 도자기와 같은 관상용 물건을 놓아두는 일종의 장식장 역할을 합니다. 도코노마의 벽에는 그림이나 글이 새겨진 긴 족자를 걸어두는 것이 일반적입니다. 원래 도코노마는 불교 사찰의 장식 공간(불단)에서 유래한 것으로 추정되며 불교와 관련된 그림이나 제사 도구를 두는 공간이었으나 근세 이후로는 격식을 갖춘 응접실의 특별한 공간으로 사용되어 왔습니다. 그러나 오늘날 대부분의 맨션에서는 공간 활용을 위해 도코노마를 없애고 수납공간으로 변경하거나 간소화

하고 있습니다. 평면도에서 도코노마 옆은 '오시이레(押し入れ)'라고 불리는 미닫이문의 수납공간으로, 보통 침구나 의류 등을 보관합니다.

욕실

한국 주택과의 큰 차이점 중 하나는 욕실과 화장실의 분리입니다. 앞의 두 개 평면도를 통해 볼 수 있듯이, 화장실과 욕실은 물론 세면대까지 3개의 공간으로 별도 분리되어 있어 목적에 따른 공간 활용이 가능합니다. 불교로부터 영향을 받은 치료 목적의 목욕문화, 화산에 의한 전국 각지의 온천과 함께 특히 여름에 습도가 상당히 높은 일본에서는 예로부터 목욕문화가 발달하였는데, 이로 인해 현재도 샤워가 아닌 욕조에 몸을 담그는 관습이 남아있습니다. 또 위생적인 면을 고려하여 욕실을 화장실과 분리하여 사용하여 왔으며 목욕과 관련된 문화 역시 발달하게 되었습니다. 예를 들어 입욕 시간이 길어지면 욕조의 물 온도가 떨어지기 마련인데 이때 물을 따뜻하게 다시 데워주는 '오이타키(追い焚き)' 기능이 욕조에 설치된 경우가 많습니다. 설치비용이 적지 않지만, 욕조에 한 번 담아둔 물을 장시간 활용할 수 있어 수도료가 절감되는 효과가 있다고 합니다.

일본에서는 가족이 함께 생활하는 경우 목욕물을 공유하기 때문에 입욕 전에 몸을 깨끗이 씻고 욕조에 들어갑니다. 이러한 습관은 대중목욕탕이나 온천지에서도 동일하게 적용되기 때문에 욕탕에 들어가기 전에 몸을 깨끗이 씻는 것이 에티켓입니다. 예전에는 아버지-어머니-아이와 같이 연장자순으로 욕조를 이용했지만, 현재는 생활방식의 변화로 그러한 기준을 반드시 따르지는 않습니다. 다만 손님이 자신의 집에 머무는 경우 손님에게 먼저 욕조 사용을 권유합니다.

냉난방

고온다습한 기후로 인해 일본 생활에서 에어컨은 필수입니다. 대부분 에어컨과 온풍기를 함께 사용할 수 있는 벽걸이형 냉난방 겸용 기구가 설치되어 있습니다만, 한국의 온돌과 같은 바닥재 난방시설은 대중적이지 않습니다. '유카단보(床暖房)'라고 해서 거실이나 주방에 한정해 바닥에 열선을 설치하는 사례가 증가하고 있으나 전기료나 가스비에 대한 부담으로 설치 후에도 이용이 쉽지 않다고 합니다.

일본에서는 한겨울의 추위를 견디기 위해 전통적인 난방 기구를 이용하고 있는데 이 중 하나가 '고타쓰(こたつ)'입니다. 고타쓰는 일반적으로 정사각형 테이블 아래에 전열기구가 붙어 있는 형태로, 고타쓰 전용 이불을 덮어 온기를 유지합니다. 좌식생활에 맞춰 만들어진 기구로 테이블은 상황에 맞춰 간이 책상이나 식탁으로 이용되기도 하는데, 〈짱구는 못말려〉에서는 주인공 신노스케의 가족이 고타쓰에 둘러 앉아 식사를 하거나 텔레비전을 시청하는 장면을 볼 수 있습니다. 최근에는 사용하는 인구가 많이 줄었지만 온풍기에 비해 전기료가 적게 들어 현재까지도 일본인들에게 사랑받는 난방기구 중 하나입니다.

주차

단독주택에는 자동차 1~2대를 주차할 수 있는 공간을 마련하는 것이 일반적이나, 최근 도쿄 및 오사카와 같은 도심에서는 주택 내에 주차장이 없어 근방의 사설 주차장을 이용하는 경우도 적지 않습니다. 특히 맨션의 경우 맨션 내 주차장을 이용할 때도 대도시 기준으로 매달 20만 원 내외의 주차비를 지불합니다. 참고로 일본에서는 무분별한 주차위반을 방지하기 위해 자동차 구매 시 '차고증명', 정식명칭으로는 '자동차 보관

장소 증명서(自動車保管場所証明書)'를 경찰서에 제출한 후 허가를 받아야만 합니다. 즉, 주차공간이 확보되지 않은 상태에서는 자동차 구입을 엄격히 제한하고 있다는 것을 의미합니다.

비상시의 대비

지진으로 인한 피해가 많은 일본에서는 주택 건축 시 내진 설계를 중요시하는데, 1981년 시행된 '신내진기준(新耐震基準)'에 의해 진도(震度) 6~7도에도 주택이 붕괴되지 않도록 건축에 대한 기준을 강화하였습니다. 참고로 1980년까지는 진도 5도까지가 내진 기준이었습니다. 또 고층 맨션의 경우 베란다 외부에 한국과 같이 창호를 설치하는 경우는 드물며, 비상시 이웃집 베란다를 통해서도 대피할 수 있도록 콘크리트 벽이 아닌 일종의 파티션과 같은 형태로 이웃 간의 경계가 구분되어 있습니다. 또 베란다에는 비상용 사다리가 설치되어 있어 비상시 아랫집으로 탈출할 수 있습니다. 최근에는 집 내부에도 지진에 대비한 다양한 설비가 생겨나고 있는데, 예를 들면 진도 5도 이상의 지진이 발생하는 경우 부엌 싱크대의 상부장이 자동으로 잠기는 장치입니다. 이는 지진으로 인해 무게가 나가는 그릇이 쏟아져 내려 인명 피해가 생기는 것을 방지하기 위한 대책으로 볼 수 있습니다.

3. 전통의상 '기모노'

일본은 근대 이후 서양식 복장을 받아들이면서 지금과 같이 셔츠와 팬츠(혹은 스커트)에 재킷을 걸쳐 입는 복식 형태가 일반화되었습니다. 그러나 이러한 서양식 의복인 '요후쿠(洋服)'와 대조되는 개념인 전통 의복 '와후쿠(和服)'는 각종 연중행사를 비롯해 결혼식, 장례식, 축제인 마쓰리(祭り)와 같은 특별한 행사에 현재까지 애용되고 있습니다. 와후쿠의 '와(和)'는 화합을 중시하는 일본 고유의 정신을 의미하며, 서양문물에 대조되는 전통적인 일본 고유 문물에 대해 사용되는 한자입니다. 예를 들어, 스시와 같은 전통식은 '와쇼쿠(和食)', 다다미가 깔린 방은 '와시쓰(和室)', 센베(煎餠)와 같은 옛날 과자는 '와가시(和菓子)'로 표현합니다. 와후쿠는 우리에게 '기모노(着物)'라는 명칭으로 더 알려져 있는데, 원래 기모노는 입는 것, 즉 의복이라는 의미를 가집니다. 그러면 기모노의 특징과 성별·계절별·행사별로 세분화되는 다양한 종류를 통해 현대 일본인의 전통 의상 활용에 대해 살펴보도록 하겠습니다.

기모노의 형태와 특징

기모노는 '입는 예술작품'이라 불릴 만큼 아름다운 옷이지만, 몸에 꼭 맞는 형태로 되어 있어 일상생활에서는 다소 불편하며, 입는 과정도 복잡하고 시간이 많이 걸리는 데다 다른 사람의 도움이 필요한 경우도 있어 착용이 쉽지 않은 의복입니다. 기모노는 상하의가 하나인 원피스 형태로 이루어져 있으며, 이렇게 원피스 형태로 정착된 것은 귀족문화가 융성했던 헤이안 시대(平安時代, 794~1185)입니다. 또 곡선이 아닌 직선으로 재단을 하는 것이 큰 특징인데, 이는 곡선으로 이루어진 의복에 비해 재단 시 옷감을 남김없이 사용할 수 있으며, 접어서 보관하기 편리하다는 장점이 있다고 합니다. 착용 시에는 허리의 곡선에 의해 기모노의 모양이 정돈되지 않는 것을 방지하기 위해, 허리에 수건을 둘러 전체적으로 몸을 평평하게 만들기도 합니다. 이 외에도 단추 등이 없이 오직 끈으

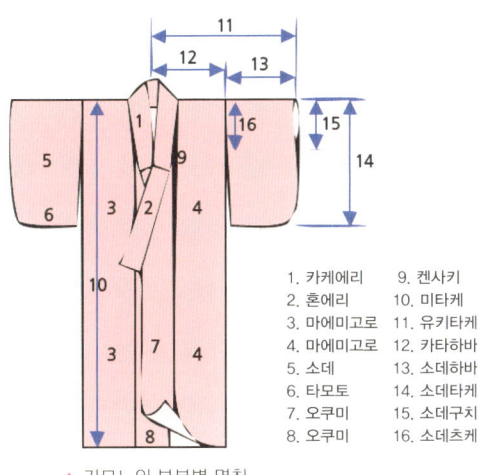

▲ 기모노의 부분별 명칭

로만 착용하며, 옷을 겹쳐 입는 레이어드 룩 스타일의 의복인 것이 특징입니다. 끈으로 의복을 고정한 후, 마지막에는 '오비(帶)'라고 불리는 폭이 넓은 장식 띠로 등 뒤에 모양을 만들어 마무리 해줍니다. 오비는 종류에 따라 차이가 있으나 여성의 전통의상인 도메소데(留袖)의 오비는 폭이 약 30cm, 길이는 약 4m 30cm 정도라고 합니다.

여성 기모노

후리소데 | 남성에 비해 여성의 기모노는 그 종류가 많고 현재도 다양한 행사에서 착용되는 경우가 많습니다. 먼저 연령과 착용 목적에 따라 구분할 수 있는데 그중 가장 화려하고 아름다운 기모노는 미혼여성이 착용하는 '후리소데(振袖)'입니다. 후리소데의 소데는 소매를 의미하며, 소매가 치렁치렁 흔들릴 정도로 폭이 넓고 길이가 긴 것이 특징입니다. 후리소데의 소매 길이는 짧게는 60cm에서 길게는 120cm 정도입니다. 소매가 길수록 격식 있는 예복에 해당하며, 성인의 날에 입는 후리소데의

▲ 후리소데　　　　　　　　　▲ 성인의 날에 후리소데를 입은 여성들

경우 일반적으로 100cm 전후라고 합니다. 어깨에서 소매, 스커트에 해당하는 기모노 하단에 이르기까지 화려한 문양으로 장식되어 있으며 색상 또한 밝고 화사합니다. 일반적으로 신년 첫 신사참배인 하쓰모데(初詣), 성인의 날, 친지 결혼식 피로연, 파티, 특별한 발표회 등에 착용합니다. 특히 성인의 날(1월 2번째 월요일)에는 만20세를 맞이한 여성들이 후리소데를 입고 성인의 날 기념식에 참석하는 모습을 볼 수 있습니다.

도메소데 | 미혼 여성에 비해 기혼 여성은 소매의 폭이나 길이 — 일반적으로 49~62cm — 가 길지 않은 '도메소데(留袖)'라는 기모노를 착용하며, 그중에서도 검은색의 '구로 도메소데(黑留袖)'는 기혼여성 최고의 정장으로 불립니다. 보통 결혼식과 결혼식 피로연에서 신랑 신부의 어머니가 착용하는 의복으로, 전체적으로 검은색에 기모노 하단에만 문양이 장식되어 있습니다. 가문을 상징하는 문양인 '가몬(家紋)'이 작게 흰색으로 총 5군데, 즉 등 한가운데와 양쪽 가슴, 양쪽 소매에 있어 최고의

격식을 차린 정장임을 나타냅니다. 하단에도 아무 장식이 없고 장식 띠인 오비조차 무지의 검은색인 경우 '구로몬쓰기(黑紋付き)'라고 하여 주로 장례식 상복으로 사용됩니다.

구로 도메소데와 동일한 형태이나 검은색 외 다양한 색상의 '이로 도메소데(色留袖)'는 미혼과 기혼 여성 모두 착용 가능합

▲ 구로 도메소데

니다. 주로 친척의 결혼식이나 결혼식 피로연에 참석할 때 입는데 격식의 정도에 따라 가문의 숫자가 1개, 3개, 5개 ─ 많을수록 격식을 갖춘 것에 해당 ─ 로 구분됩니다. 이 밖에도 기모노 하단과 왼쪽 어깨 부분에 문양이 들어간 준 정장의 '호몬기(訪問着)' 등이 있어 자녀의 성장의례 ─ 시치고산(七五三) 등 ─ 나 입학식에 착용하였으나 최근에는 양장으로 참석하는 경향이 강해지고 있습니다.

남성 기모노

하오리하카마 | 남성들의 기모노는 여성에 비해 종류가 많지 않고, 최근에도 여성들이 성인의 날이나 졸업식 등의 다양한 행사에 기모노를 입고 참석하는 것에 비해 남성들은 슈트를 착용하는 것이 일반적입니다. '하오리하카마(羽織袴)'는 에도 시대(江戶時代, 1603~1868)에 사무라이들이 착용하던 예복이었으나, 근대 서양문물이 유입되기 시작한 메이지 시대(明治時代, 1868~1912) 이후에는 대표적인 남성 정장으로 착용되기 시작했습니다. '하오리'는 기본 기모노 위에 걸치는 일종의 재킷과 같은 상의이고 '하카마'는 통이 넓은 바지형태의 하의를 가리킵니다.

▲ 이로몬쓰키 하카마

하오리하카마 중에서도 가장 격이 높은 최고의 정장은 '구로 이쓰쓰몬쓰키 하카마(黒五つ紋付袴)'인데 구로는 검정, 이쓰쓰(五つ)는 5개라는 의미로, 검은색 상의 하오리에 가몬(家紋)이 5군데 새겨져 있어 여성의 구로 도메소데와 동일하게 최고 격식을 나타냅니다. 하의인 하카마는 '센다이히라(仙台平)'라고 불리는 흰색과 검은색이 섞인 줄무늬 모양인데, 연령에 비례해 줄무늬의 굵기가 다르다고 합니다. 보통 전통적인 방식으로 결혼식을 올릴 때 신랑이 착용하며, 신랑 신부의 아버지들도 이전에는 착용하였으나 최근에는 양장으로 대신하는 경우가 대부분입니다.

'이로몬쓰키 하카마(色紋付き羽織袴)'는 여성의 '이로 도메소데'에 해당하는 정장으로, 상의인 하오리의 색상은 검은색 외의 흰색, 갈색, 회색, 남색 등이 주로 사용됩니다. 이로 도메소데와 동일하게 격식의 정도에 따라 가몬의 숫자가 1개, 3개, 5개로 구분되며 현대에는 주로 성인의 날에 착용합니다.

4. 관혼상제와 기모노

시치고산과 기모노

아이들의 경우 '시치고산(七五三)'이라는 전통 행사에 참여할 때 기모노를 착용하는 것이 관례입니다. 시치고산은 숫자 7·5·3을 의미하며, 아이가 태어나 각각 3살·5살·7살이 되었을 때 그의 성장을 축복하고 기원

▲ 기모노를 입고 시치고산 행사에 참여한 소녀와 가족

하는 기념식을 치르는 것을 말합니다. 매년 11월 15일에 전국 각지의 신사에서 거행되며 남자아이는 3살과 5살, 여자아이는 3살과 7살이 되는 해에 행사에 참석합니다. 에도 시대에 정착된 행사로 예전에는 아이들이 태어나 각종 질병으로 인해 일찍 사망하는 일이 많았기에, 아이들의 건강과 장수를 기원하고자 하는 뜻에서 비롯되었다고 합니다. 3살 때는 어린이용 기모노 위에 '히후(被布)'라는 폭이 넓은 조끼를 덧입히는데, 원래는 바깥으로 튀어나온 끈 등을 가리기 위해 여자아이만 입었지만 최근에는 남자아이도 착용하는 추세라고 합니다. 남자아이는 5살 때 처음으로 성인들이 착용하는 하오리하카마를 입게 되며, 여자아이는 7살 때 후리소데를 입고 장식 띠인 오비로 모양을 만들어 꾸민 후 부모와 함께 집 주변의 신사에서 시치고산 행사를 치릅니다.

결혼식과 시로무쿠

전통을 중시하는 일본에서도 최근에는 성인의 날과 같은 일부 행사를 제외하고는 기모노를 착용하지 않는 경우가 증가하고 있습니다. 결혼식은 가족과 가까운 친척만이 참석하는 것이 일반적이며 신사에서 전통방식으로 결혼식을 올리거나 교회에서 서양식으로 진행하기도 합니다. 가족과 소수의 친인척만을 초대하여 괌이나 하와이와 같은 외국 호텔에서 결혼식을 올리는 경우도 있습니다. 전통 방식으로 결혼식을 올리는 경우 여성은 '시로무쿠(白無垢)'라는 흰색 기모노를 착용하는데, 이는 여성이 상대 남성 가문의 일원이 됨으로써 그 가문의 색(色) 즉, 집안 분위기에 자연스럽게 물든다는 의미를 가집니다.

▲ '구로 이쓰쓰몬쓰키 하카마'를 입은 신랑과 '시로무쿠'를 입은 신부

결혼식 피로연은 주로 호텔에서 진행되며, 피로연에는 친인척과 친구, 직장동료들이 참석하게 됩니다. 이때 신랑신부는 '이로나오시(色直し)'라고 해서 보통 2번 이상 의상을 갈아입는데, 신부의 경우 처음에는 흰색의 웨딩드레스를 입었다가 이후 색깔이 있는 드레스로 바꿔 입습니다. 피로연에 초대받은 사람들은 미혼의 친구인 경우 후리소데를 입고 참석하는 경우도 있으나 최근에는 양장인 드레스를 착용하는 경우가 많습니다.

장례식과 모후쿠

장례식을 주도하는 상주는 상복인 '모후쿠(喪服)', 전통적으로는 무지(無地)의 검은색 기모노를 입는 것이 관례였으나 최근에는 검은색 양장으로 대신하는 경우도 적지 않습니다. 기모노를 착용하는 경우 남성은 5개의 가몬(家紋)이 새겨진 검은색의 '구로 몬쓰키 하오리하카마(紋付き羽織袴)'

를, 여성도 5개의 가몬이 새겨진 검은 색의 '구로 몬쓰키(黒紋付き)'를 입습니다. 또 양장을 착용하는 경우 남성은 검은색의 연미복을, 여성은 검은색 원피스 정장을 입는 것이 일반적입니다.

　장례식에 참석하는 문상객의 복장을 살펴보면, 먼저 남성의 경우 흰색의 와이셔츠에 검은색 양복을 입고 넥타이는 물론 신발과 양말, 벨트도 양복에 맞춰 검은색으로 통일합니다. 특히 넥타이는 광택이 없는 것을 선택하고 넥타이핀은 사용하지 않으며, 멋을 부리기 위한 매듭을 만들지 않는 것이 예의입니다. 여성의 경우는 검은색 정장에 검은색 스타킹과 구두, 핸드백을 걸치며, 액세서리로는 검은색 혹은 흰색의 짧은 진주 목걸이를 합니다. 하지만 가까운 친인척이 아니거나 서둘러 참석해 정장을 갖추지 못한 경우, 남색이나 진회색과 같은 짙은 색의 양복이나 원피스를 착용하는 것도 크게 예의에 벗어나지 않는 것으로 간주하고 있습니다.

5. 축제와 기모노

유카타

　남녀노소 불문하고 입는 여름 전통 의상으로 '유카타(浴衣)'가 있습니다. 유카타는 헤이안 시대 귀족들이 목욕을 마친 후 바로 몸에 걸치던 일종의 가운이었지만, 현재는 여름 축제나 불꽃놀이 때 착용하는 외출복으로도 사용되고 있습니다. 후리소데 같은 기모노와의 차이점으로는 첫째, 일반 기모노의 소재가 실크나 울인 것에 반해 유카타는 면이나 마로 만들어져 통기성이 좋다는 점입니다. 둘째, 기모노의 경우 '나가주반(長襦袢)'이라는 긴 속옷을 안에 받쳐 입으나 유카타는 별도의 정해진 속옷이

▲ 유카타에 나막신인 게타를 착용한 모습

▲ 버선 모양의 다비(좌)와 신발인 조리(중), 여름 게타(우)

없으며 셋째, 기모노를 입을 때는 버선 모양의 양말 '다비(足袋)'에 '조리(草履)'라는 신발을 신는 데 반해 유카타는 맨발에 나막신인 '게타(下駄)'를 신는다는 차이점을 가지고 있습니다. 조리와 게타는 소재는 다르지만, 엄지와 검지 발가락 사이를 Y자 모양의 끈이 지나가는 서양식 플립플롭(flip-flop)과 동일한 형태입니다.

핫피

핫피(法被)는 에도 시대부터 상인들이 착용해 온 정장이었으나, 최근에는 전통축제인 마쓰리(祭り) 때 입는 상의로 더 알려져 있습니다. 이러

한 배경에는 제2차 세계대전 후 일본이 고도경제 성장기를 거치는 과정에서, 각 지역 상가의 상인과 주민들을 중심으로 지역경제 활성화를 위한 일환으로 마쓰리를 활용했던 영향이 적지 않습니다. 핫피에는 일반적으로 특정 회사의 로고나 행사명이 적혀 있는데, 이는 일종의 소속감과 일체감을 부여하

▲ 핫피·하치마키·조리를 하고 마쓰리에 참여한 상인들

는 역할을 합니다. 핫피와 함께 보통 머리에는 두건인 '하치마키(鉢卷)'를 두르며, 조리를 신습니다. 마쓰리 중에는 신(神)을 모신 가마인 '미코시(御輿)'를 어깨에 메고 단체로 이동하거나 '다시(山車)'라는 수레를 미는 등의 다양한 활동에 참여하므로 넘어져 다칠 수 있기 때문에, 미끄럼 방지를 위해 바닥에 고무 밑창이 있는 '지카타비(地下足袋)'라는 양말에 조리를 신습니다.

📢 확인 학습

1. 다음 중 일본의 주거 형태와 관련한 설명 중 옳지 않은 것은?
   ① '잇코다테(一戸建て)'는 일본식 단독주택을 의미한다.
   ② 일본의 아파트는 2층짜리 목조 혹은 경량 철근으로 만들어진 건물을 가리킨다.
   ③ 2013년 시행된 '주택·토지 통계조사'에 따르면, 집합주택 수가 단독주택을 능가한다.
   ④ 간토 대지진을 기점으로 서양식 콘크리트 건물이 증가하게 되었다.

2. 일본 주택의 내부 구조에 대한 설명으로 옳지 않은 것은?
   ① 1R은 1개의 방과 별도의 부엌이 있는 원룸을 의미한다.
   ② 2K는 2개의 방과 별도의 부엌이 있는 구조를 의미한다.
   ③ 3LDK는 3개의 방과 거실, 다이닝 키친이 있는 구조를 의미한다.
   ④ 4DK는 4개의 방과 다이닝 키친이 있는 구조를 의미한다.

3. 다음 중 다다미로 된 전통적인 형태의 방을 나타내는 표현은?
   ① 와쇼쿠   ② 와시쓰
   ③ 와가시   ④ 와시키

4. 일본의 주택 크기에 대한 설명으로 옳은 것은?
   ① 다다미 한 장의 가로세로 크기는 동일하다.
   ② 일반적으로 다다미 6장 크기의 침실은 가로세로 360×180cm이다.
   ③ 크기의 단위인 '쓰보(坪;평)'는, 1쓰보가 가로세로 3.3㎡에 해당한다.
   ④ 1쓰보는 다다미 한 장 크기로, 한 사람이 팔과 다리를 뻗을 수 있을 정도의 면적이다.

5. 일본 주택과 관련된 다음 내용 중 옳지 않은 것은?
   ① 집 안의 장식장 역할을 하는 '도코노마'는 원래 불가에서 비롯되었다.
   ② 욕실, 화장실, 세면대의 공간이 모두 분리되어 있다.
   ③ 주차장 확보를 증명하기 위해, 자동차 구매 시 '자동차 보관 장소 증명서'를 제출한다.
   ④ 겨울철 난방을 위해, 한국의 온돌과 같은 '유카단보'의 사용이 일반적이다.

6. '기모노'의 특징에 해당하는 것은?
   ① 장식 띠에 해당하는 '오비'는 폭이 30cm에, 길이는 4m가 넘는다.
   ② 기모노는 곡선과 직선이 어우러진 의복이다.

③ 헤이안 시대에는 현재의 원피스가 아닌 상하의로 구분되었다.
④ 기모노는 레이어드 스타일의 의복으로 끈과 단추로 고정한다.

7. 가장 화려한 기모노라 불리는 '후리소데'를 착용하는 날이 아닌 것은?
   ① 신년 하쓰모데
   ② 성인의 날
   ③ 친지 결혼식 피로연
   ④ 장례식

8. 다양한 여성 기모노에 대한 설명 중 맞지 않는 것은?
   ① 후리소데(振袖)는 미혼 여성만이 착용할 수 있다.
   ② 후리소데에는 가문을 상징하는 문장인 '가몬(家紋)'이 장식되어 있다.
   ③ 도메소데(留袖)는 후리소데에 비해 소매의 폭과 길이가 짧다.
   ④ 구로 도메소데(黒留袖)는 기혼 여성의 기모노 중 최고의 정장으로 불린다.

9. 관혼상제와 관련된 기모노의 설명 중 옳은 것은?
   ① '시치고산'인 11월 15일에는 3살·5살·7살이 되는 모든 남녀 아이들이 기모노를 착용한다.
   ② 전통 결혼식을 치를 때, 신랑은 검은 색의 하오리하카마를 착용한다.
   ③ '이로나오시'는 신부가 결혼식 피로연 때 입는 흰색 드레스를 의미한다.
   ④ 장례식 때 착용하는 상복 '모후쿠'는, 검은 색 기모노에 흰색 오비(帶)를 두른다.

10. 여름 전통 축제(마쓰리)에 착용하는 기모노 관련 내용 중 옳은 것은?
    ① 유카타는 헤이안 시대 귀족들의 목욕 가운으로, 현재는 여름 축제 때 여성들만 착용한다.
    ② 핫피는 에도 시대부터 일본의 모든 평민이 착용해 온 정장이었다.
    ③ 유카타 착용 시에는, 조리 대신 맨발에 게타를 신는다.
    ④ 유카타는 실크, 울, 면 등의 다양한 소재로 만들어진다.

정답

1	2	3	4	5	6	7	8	9	10
③	①	②	③	④	①	④	②	②	③

───── 제9장 ─────

음식

재료와 조리, 비교로 읽는 일본 밥상

- 일본 음식이 한국 음식과 어떤 공통점과 차이점이 있는지 이해할 수 있다.
- 전통적인 일본인의 식사 구성과 그것이 현대에 어떻게 변화했는지 이해할 수 있다.
- 일상생활(게)과 특별한 날(하레)에 먹는 일본 음식의 종류와 의미를 알아볼 수 있다.
- 연일본의 전통적인 조리 공간과 식기 사용 방식의 특징을 설명할 수 있다.
- 일본인의 식생활 속에 담긴 문화적·사회적 배경을 비판적으로 이해할 수 있다.

현대 한국인의 식탁에는 초밥, 라멘, 우동, 돈가스, 타코야키 등 일본 음식이 익숙하게 자리 잡고 있습니다. 이러한 음식 문화는 일제강점기의 유산, 관광과 외식 산업의 발전, 그리고 매체를 통한 문화 교류 속에서 점차 확산되어 왔습니다. 그러나 이른바 '일식'이라 불리는 음식들이 모두 전통 일본인의 식사를 반영하는 것은 아닙니다. 이 장에서는 일본인의 전통적인 식사 방식과 조리 공간, 의례적 식문화의 구분, 그리고 현대에 이르기까지 변화해 온 식생활의 양상을 살펴봅니다. 이를 통해 일본 음식

문화의 고유성과 다층적 맥락을 이해하고, 한국과의 공통점과 차이를 비판적으로 비교해 볼 수 있을 것입니다.

1. 일본인의 식탁

한국 음식 문화와의 공통점·차이점

우리의 일상생활에는 스시(壽司, 초밥), 라멘(ラーメン, 라면), 덴푸라(天ぷら, 튀김), 사케(日本酒, 청주)에서 돈가스, 타코야키, 카레, 맥주에 이르기까지 이른바 '일식' 음식이 넘쳐나고 있으며 어묵(おでん)이나 우동(うどん), 유부초밥(いなりずし) 등 이미 한국 음식 문화의 일부로 완전히 녹아들어 있는 것도 있습니다. 그중에는 일제강점기에 한반도에 살았던 일본인들이 가져온 것도 있고, 또 최근 외식업과 관광여행 경험을 통해 한국 사회에 유입된 것도 많습니다. 이와 같은 '일식'의 대부분은 근대화 이후, 또는 해방 후에 대중화된 것들입니다.

그렇다면 전통적인 일본인의 식사란 어떤 것일까요? 또 외식이 아니라 집에서 일상적으로 먹는 식사는 어떨까요? 이러한 관점에서 일본 음식을 바라보면 사실 한국 음식과 공통점도 많다는 것을 알 수 있습니다.

첫째, 쌀밥을 주식으로 먹고 국과 반찬으로 식사를 구성한다는 점, 둘째, 해산물이나 버섯에서 우려낸 국물(だし)을 많이 사용한다는 점, 셋째 조미료로 소금 외에 간장(醬油), 된장(味噌)을 많이 사용한다는 점, 넷째 소금에 절여서 발효시켜 저장한 채소(漬け物)가 반찬으로 이용된다는 점 등입니다. 하루 세 번의 식사(아침, 점심, 저녁)는 근대 이후로 상식이 되었으나 근대 이전에는 아침, 저녁 두 끼가 일반적이었다는 점도 비슷합니다.

그 반면, 한국과 다른 점도 많습니다. 원칙적으로 포유류의 고기(소, 돼지)를 먹지 않았던 점, 고추 사용이 극소량이며 마늘을 먹지 않았다는 점 등입니다. 그리고 식사 방법으로 숟가락을 사용하지 않고 젓가락만으로 식사를 하는 점, 그릇을 왼손으로 입 가까이에 들고 먹는 점, 입을 그릇에 대고 국물을 마시는 점 등이 다릅니다. 식탁에 가족들이 모두 모이면 '잘 먹겠습니다(いただきます)'라는 인사로 시작해서 '잘 먹었습니다(ごちそうさまでした)'라는 인사로 끝납니다. 인사 전에 먹기 시작하는 것과 끝인사 전에 자리를 뜨는 행동은 예절을 어기는 것으로 여겨집니다.

물론 이러한 전통적인 식생활 스타일은 최근 들어 크게 변화하고 있습니다. 이 장에서는 일본인이 전통적으로 무엇을 어떻게 먹어 왔는지, 또 현대 일본인의 식생활이 어떻게 변화하고 있는지 생각해 봅시다.

2. 집 안의 음식 공간

이로리와 가마도

오래된 일본 집에 가면 마루 한가운데에 네모난 화로가 자리 잡고, 그곳에 재가 쌓여 있는 것을 볼 수 있습니다. 이 화로는 '이로리(囲爐裏)'라

▼ 이로리

▼ 가마도

고 하며, 전통적인 가족 식사 장소입니다. 이로리를 둘러싸고 각자의 자리가 정해져 있으며 각각 가장권이나 주부권을 상징합니다. 그리고 도마(土間, 봉당)에는 주로 쌀을 짓기 위한 가마도(竈, 부뚜막)이 있습니다. 역사적으로 거실에 있는 이로리에서 부엌에 있는 가마도로 불이 나뉘면서 조리 과정이 2단계로 분화되었습니다. 이로리 및 가마도의 불을 관리하는 것은 주부의 중요한 책임이었습니다.

이로리와 가마도에서 조리한 음식을 가족들에게 나눠주는 일도 주부의 중요한 권리였습니다. 주부가 나이가 들어 그 권리를 며느리에게 양도할 때는 '헤라와타시(주걱 넘기기)'라고 하며 주걱을 새 주부에게 넘겨주는 의례도 있습니다. 이때 이로리의 좌석도 교대하게 됩니다.

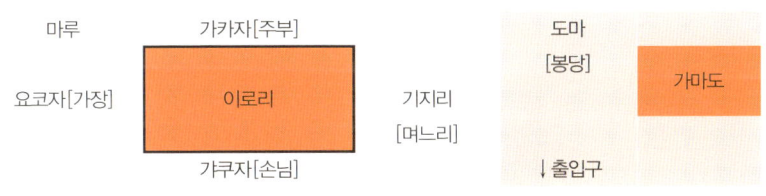

▲ 이로리를 둘러싼 좌석 배치 개념도 (필자 작성)

3. 하레와 게의 음식 문화

하레와 게

일본의 민속을 이해하는 데 중요한 키워드 중 하나로 '하레(ハレ, 비일상)'와 '게(ケ, 일상)'가 있습니다. 생산(농업, 노동)을 중심으로 하는 일상생

활(게)과 특별한 의례의 날(하레)은 옷과 음식, 언어(특정 단어의 사용이 금기시되거나 다른 말로 표현합니다)까지 명확하게 구분됩니다. 하레의 날에는 쇼가쓰(正月, 설날)나 봉(盆, 백중) 등 세시풍속, 그리고 혼례와 상장례, 성인식 등 통과의례가 포함됩니다. 청정하고 신성한 하레와 일상적이고 세속적인 게라는 관념이 생활상에 현재까지도 강력하게 작용하며 그중에서도 음식에는 이 구분이 특히 뚜렷하게 표현되고 있습니다.

한국·일본을 포함한 동아시아의 민간신앙에서는 죽은 조상도 산 사람과 같이 식사한다는 특징이 있습니다. 그래서 제사 의례의 핵심으로 신이나 조상에게 음식과 술을 올리고 그것을 공동체나 가족이 함께 나누어 먹는 행위가 자리 잡았다는 것이 공통점입니다. 사람들은 음식을 통해 신이나 조상과 소통하며 이러한 행위를 나오라이(直會, 음복)라고 합니다. 하레의 날에 특별한 음식을 마련하는 가장 중요한 목적이기도 합니다.

전통적 일본인의 일상 음식

그럼 게, 즉 일상생활에서 옛날 일본인들은 어떤 음식을 먹었을까요? 1941년, 1942년에 홋카이도에서 규슈까지 조사한 자료가 남아 있습니다, 그것을 요약해 보면 [표 1]과 같습니다.

[표 1] 1941년, 1942년 일본인의 일상 음식

주식	부식(국, 반찬)
쌀, 보리, 조, 피, 메밀, 마령서(감자), 감저(고구마)	된장국(味噌汁), 채소 조림(野菜の煮つけ) 데친 나물(おひたし), 쓰케모노(漬物, 채소 절임) 나마스(なます, 나물 식초 절임), 생선(魚, 구이 또는 조림) 니마메(煮豆, 콩 조림), 두부(豆腐), 낫토(納豆)

小川直之 편, 『日本の食文化1: 食事と作法』, 吉川弘文館, 2018, 20~23쪽.

주식으로는 쌀과 함께 보리와 조, 메밀 등 잡곡, 그리고 감자와 고구마를 먹었던 것을 알 수 있습니다. 또한 이 보고서에는 메이지 중기(1900년 전후)까지 일반 사람들이 쌀을 거의 먹지 못했고, 근대에 들어서 쌀밥이 늘었으며 전쟁 시기에 배급제도를 통해 쌀을 먹게 되었다는 점 등이 기록되어 있습니다. 쌀밥은 일본인의 주식이지만, 매일 먹는 일상적인 음식은 아니었고 '게'의 식사는 잡곡이나 근채(根菜)류에 크게 의존한 상태였습니다.

배급제도란 제2차 세계대전 중 물자 부족에 대처하기 위해 실시한 경제 통제 정책입니다. 이에 따라 1941년에는 미곡, 1942년에는 된장, 간장의 제조·판매가 규제되었습니다. 이 배급제도로 인해 도시 부유층에 한정되었던 일상적인 쌀 소비가 농촌까지 보급되었습니다. 전쟁 말기에는 보급할 물자 자체가 부족하여 뒷거래가 성행하게 되었습니다.

일본인의 '집밥'

 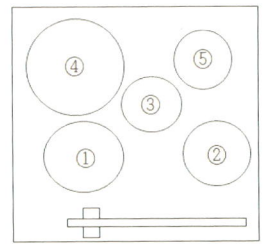

▲ 일본인의 '집밥' (2024년 8월 24일 후쿠오카시 하나후사댁에서 필자 촬영)

사진은 후쿠오카에 사는 주부인 하나후사 에미코(1948년생) 씨가 집에서 평소에 먹는 상차림을 재현한 것입니다. 이 메뉴에 사용된 식기 종류를 정리하면 [표 2]와 같습니다.

[표 2] 하나후사댁 '집밥'의 내용과 식기

	식단	재료	식기
①	쌀밥 (ごはん)	5분도 현미에 흑미를 넣어 지은 밥	밥그릇(차완, 茶碗): 도자기
②	된장국 (味噌汁)	다시는 다시마, 건더기는 두부, 당근, 가지, 미역, 양파, 동아, 피망	국그릇(시루완, 汁椀): 칠기
③	절임 (漬物)	오이 된장 절임(きゅうりの味噌漬け), 매실 장아찌(梅干し)	작은 접시(고자라, 小皿): 도자기
④	채소 조림 (煮しめ)	감자, 연근, 곤약, 치쿠와(어묵), 당근, 단호박, 동아, 피망	사발(하치, 鉢): 도자기
⑤	누룩 낫토 (麴納豆)	낫토에 누룩을 넣어 다진 다시마와 당근, 볶은 참깨와 무친 것	작은 사발(고바치, 小鉢): 도자기

일본인에게 매우 익숙한 가정식인 일즙삼채(一汁三菜: 밥, 국에 반찬 3가지) 상차림입니다. 낫토 대신에 두부가 들어갈 수도 있고 전쟁이나 고등어구이 또는 조림이 나오면 다소 사치스러운 식사가 됩니다. 채소 조림은 보통 토란이 들어가지만 제철이 아니어서 감자로 대신했다고 합니다. 피망은 주로 색의 균형을 맞추기 위한 것이며 다른 녹색 채소가 들어갈 수도 있습니다. 1940년대 농민들의 식사는 일즙일채(一汁一菜: 국에 반찬 한 가지)도 많았다고 하니 전쟁 때에 비하면 상당히 풍성한 식단이라고 해도 되겠습니다.

현대 일본인이 사용하는 식기는 에도 시대 도시 사람들과 부유층, 무사 계층이 주로 사용했던 도자기와 칠기가 자리 잡은 것이라고 할 수 있습니다. 특히 입을 대는 국그릇에는 반드시 목기를 사용하는 것이 특징입니다. 한국 식탁에 자주 보이는 금속 식기(유기, 스테인리스 등)는 조리기구로는 사용하지만 식기로 사용하지 않습니다. 숟가락을 사용하지 않는 일본인의 식사 스타일에서는 그릇을 손에 들고 입을 직접 대는 것을 전제로 해서 식기를 선택하기 때문에 식기는 가볍고 열을 차단해줘야 합니다.

'하레'의 식사

그러면 일상적인 식사에 비해 비일상인 '하레'의 식사는 어땠을까요? 앞에 나온 1941년, 1942년의 자료를 다시 보겠습니다. 같은 보고서에서는 하레의 날에 먹는 대표적인 음식과 특별하게 여기는 음식에 대해서 조사했습니다.

[표 3] 1941년, 1942년 일본인의 '하레' 음식

'하레'의 대표적인 음식	특별하게 여기는 음식
모치(餅, 찹쌀떡) 팥밥(赤飯) 보타모치(ぼた餅) 단고(団子, 멥쌀떡) 초밥(壽司) 우동(うどん) 메밀국수(そば) 생선구이(焼魚) 고모쿠메시(五目飯)	모치(餅) 술(酒) 생선(魚) 흰 밥(白い飯) 고모쿠메시(五目飯) 팥밥(赤飯) 초밥(壽司) 도미회(鯛の刺身)

小川直之, 같은 책, 24~27쪽.

표에 있는 고모쿠메시(五目飯)는 다키코미고한(炊き込みご飯)이라고도 하는데 쌀에 박고지, 표고버섯, 당근, 죽순 등 나물을 넣어 국물(だし)과 간장으로 간을 맞춰서 같이 지은 밥을 말합니다. 이처럼 밥에 재료를 섞어서 지은 것을 가테메시(かて飯)라고 하여 하레 음식의 한 종류입니다. 또 초밥도 초밥 위에 생선회를 얹은 니기리즈시(握り壽司)보다 초밥과 나물을 비벼 놓은 지라시즈시(散らし壽司)가 일반적이며 이것 또한 가테메시의 한 종류입니다.

▲ 고모쿠메시   ▲ 지라시즈시

▲ 보타모치   ▲ 팥밥

　모치(餠)는 '떡'으로 번역하는 것이 일반적이지만 사실 모치는 찹쌀떡처럼 쫄깃쫄깃한 탄력이 있는 떡을 말하며 "곡식 가루를 쪄서 빚은 음식"인 떡은 더욱 포괄적인 명칭입니다. 멥쌀가루로 만든 떡은 단고(團子)라고 합니다. 보타모치(ぼた餠)는 오하기(おはぎ)라고도 하며 멥쌀과 찹쌀을 섞어 쪄서 가볍게 친 다음 동그랗게 빚어 팥소를 묻힌 떡입니다. 팥밥(赤飯, 세키한)은 주로 찹쌀을 팥(또는 동부콩)과 함께 쪄서 만드는 밥으로, 현재까지 자녀의 학교 입학과 졸업 등 축하할 일이 있을 때마다 등장하는 대표적인 하레 음식입니다.

　하레에 해당되는 날은 혼례와 쇼가쓰(설날), 상장례, 그리고 성인식(元服)이나 출정(出征, 징병으로 외지에 떠나는 일)도 포함됩니다. 이런 날에는 평소에 먹지 못하는 흰 쌀밥과 쌀로 만든 떡, 팥밥을 먹고 쌀로 만든 술을 마시는 것을 매우 중요시했습니다. 일본인에게 쌀밥은 신성한 날에 반드시 먹어야 하는 음식이라는 의미에서 주식으로 여겨졌습니다. 또한 생선구이와 회, 초밥 등도 하레의 음식이며, 메밀국수와 우동 같은 면류 또한 과거에는 주로 하레의 날에만 먹는 음식이었습니다.

일본의 유명한 민속학자인 야나기타 구니오(柳田國男, 1875~1962)는 그의 저서 『明治大正史·世相篇』(1931)에서 생활이 도시화됨에 따라 원래 하레의 음식이었던 것이 게의 음식으로 흡수되는 것에 주목했는데[1], 그 배경에는 하레 때 먹었던 흰 밥과 떡, 술에 대한 강력한 욕구가 존재했습니다. 하레의 진수성찬을 언제든지 먹고 싶을 때 먹을 수 있게 된 것은 과거에 음식이 보유하고 있던 신성성이 무너지고 세속화되어 가는 것을 의미합니다.

조니와 오세치요리

하레 음식 중 가장 대표적인 것으로 쇼가쓰에 먹는 조니(雜煮)와 오세치요리(おせち料理)가 있습니다.

조니의 경우 국에 모치를 넣는 점은 전국적으로 동일하지만, 밭농사를 짓는 일부 지역에는 현재도 '모치 나시 쇼가쓰(모치 없는 정월)'라 하여 쇼가쓰에 모치를 먹는 것을 금기로 하는 지역이 존재합니다. 그러나 석고제(石高制, 쌀 수확량을 기준으로 무사의 봉급을 규정하는 제도)를 시행한 막번체제(幕藩體制)로 인해 벼농사 농가가 압도적이었던 에도 시대 이후 도코노마(床の間)에 가가미모치(鏡餅)를 올리며 조니의 모치를 먹는 관습은 일반적인 모습이 되었습니다. 일본 동쪽 지역에서는 기리모치(넓게 펴서 네모나게 자른 모치)를, 서쪽 지역에서는 마루모치(작고 둥글게 말린 모

1　柳田國男, 『明治大正史·世相篇』(1931), 『柳田國男全集』5, 筑摩書房, 1998.

▲ 조니   ▲ 오세치요리

치)를 쓰며 모치의 모양에도 지역성이 현저히 나타납니다.

일본은 근대 이후 양력 1월 1일, 설날을 축하하는 것이 일반화되었습니다. 이 신정 아침에 가족 모두가 모여 "아케마시테 오메데토 고자이마스(あけましておめでとうございます)"라고 새해 인사를 하며 도소주(屠蘇酒)를 마시고 오세치요리를 먹는 습관은 현대 도시에서도 이어지고 있습니다.

오세치요리의 오세치는 절기(節)를 뜻하며 명절 음식을 가리킵니다. 오세치를 구성하는 각각의 음식에는 그 명칭과 관련해 새해의 소망과 행복을 비는 의미를 담고 있습니다. 음식에 좋은 의미를 의도적으로 붙인 것이지만, 모든 일에 재수나 길흉을 따져 의미를 부여하려는 민간신앙이 반영된 것이기도 합니다.

오세치요리는 그 양식이 규격화되어가면서 근대화 이전 일본 농민들의 식생활 양상을 그나마 보존한 것으로 볼 수 있습니다. 그런 관점에서 보면 검은콩, 무, 멸치 등의 재료에서 한국의 일상적인 반찬과 공통점을 찾을 수 있는 것은 흥미롭습니다.

[표 4] 오세치요리의 대표적 메뉴와 식재료, 그리고 음식에 담긴 의미

분류	요리	주된 재료	의미
이와이자키나(祝い肴)	가즈노코(数の子, 청어알)	청어알	다산, 자손 번영
	구로마메(黒豆, 검은콩)	검은콩	부지런히 일을 함
	다즈쿠리(田作り, 멸치)	멸치	풍작
구치토리(口取り)	홍백가마보코(紅白かまぼこ)	어묵	액막이, 청정함
	구리킨톤(栗きんとん, 밤)	밤	금운
	곤부마키(昆布巻き)	다시마	장수, 자손 번영
야키모노(焼き物)	구이 요리	도미, 방어, 새우 등	경사스러움(도미) 입신출세(방어) 장수(새우)
스노모노(酢の物)	나마스(식초 절임)	무, 당근, 연근	뿌리를 내림 전망이 좋음(연근)
니시메(煮しめ)	근채(根菜)류 조림	연근, 토란, 죽순, 곤약	자손 번영, 부부 원만

4. 외식과 음식의 다양화

외식과 음식의 다양화

2013년 '와쇼쿠: 일본인의 전통 음식 문화'가 유네스코 무형문화유산으로 등재되었습니다. 현재 초밥을 비롯하여 일본 음식 문화는 세계 여러 지역에서 수용되고 있는데, 동시에 일본인의 식생활도 매우 다양해지고 있습니다. 일본인의 일주일 식사 중 한 끼도 전통적인 일본 음식을 먹지 않는 경우도 적지 않은 실정입니다.

근대화와 함께 들어온 서양 육식 문화는 제2차 세계대전 후에 본격적으로 대중화되었습니다. 또한 전쟁 전에 중국 대륙으로 이주한 일본인들은 중국에서 만두(餃子)와 라면(拉麵)을 일본으로 가져왔습니다. 제2차

세계대전 이후 식량이 부족하던 시기에 미국에서 대량으로 수입하게 된 밀가루는 일본인의 식생활을 완전히 바꾸어 놓았습니다. 아침 식사로 토스트, 학교 급식에도 빵과 우유가 일반화되고 타코야키, 야키소바, 오코노미야키 등이 일상 속에 정착되었습니다. 또한 영국을 통해 들어온 카레도 아이들이 가장 좋아하는 가정식으로 자리 잡고 있습니다.

또 재일한인들이 운영하는 한식 고깃집(燒肉屋)을 통해 야키니쿠(고기구이)는 초밥과 함께 현재 일본인들에게 무언가를 축하하는 '하레' 자리의 대표적인 진수성찬 메뉴가 되었습니다. 그리고 한류의 유행과 함께 떡볶이, 양념치킨 등을 즐기는 사람들도 늘고 있습니다. 현재 일본인의 식생활은 이처럼 혼종성을 보이는 변화 속에 있다고 할 수 있습니다.

 확인 학습

1. 전통적인 일본 가옥의 마루 한가운데에 자리 잡은 네모난 화로를 뭐라고 하나요?
   ① 가마도 ② 도마
   ③ 이로리 ④ 고타쓰

2. 일본에서 쇼가쓰(설날)에 먹는 대표적인 음식으로 적절한 것은?
   ① 된장국과 낫토 ② 조니와 오세치요리
   ③ 라멘과 타코야키 ④ 니마메와 나마스

3. 일본인의 식사 예절에 대한 설명으로 옳지 않은 것은?
   ① 국은 숟가락으로 먹는다.
   ② 식사 전에 "이타다키마스"라고 인사한다.
   ③ 그릇을 왼손에 들고 식사한다.
   ④ 식사 후 "고치소사마데시타"라고 인사한다.

4. '하레(ハレ)'와 '게(ケ)'에 대한 설명 중 옳은 것은?
   ① 하레는 평일 식사, 게는 명절 식사
   ② 하레는 일상이고, 게는 비일상
   ③ 하레는 특별한 날의 식사, 게는 일상적인 식사
   ④ 하레와 게는 일본 민속과는 관련이 없다.

5. 다음 중 일본의 전통적인 조리 공간과 관련이 없는 것은?
   ① 가마도 ② 도마
   ③ 이로리 ④ 도코노마

6. 일본 전통 식사 구성에서 '일즙삼채'는 무엇을 의미하나요?
   ① 국 1가지와 반찬 3가지 ② 밥 3공기와 반찬 1가지
   ③ 국 3가지와 생선 1마리 ④ 후식 포함 4단 상차림

7. 일본인이 사용하는 국그릇의 특징으로 알맞은 것은?
   ① 유기로 만든다. ② 나무로 된 칠기(목기)를 사용한다.
   ③ 스테인리스 제품이 일반적이다. ④ 밥그릇과 같은 재질을 쓴다.

8. '고모쿠메시(五目飯)'에 대한 설명으로 가장 적절한 것은?
   ① 메밀국수에 다섯 가지 고명을 올린 요리
   ② 다양한 재료를 밥에 섞어 국물과 함께 지은 밥
   ③ 다섯 가지 절임을 곁들인 찹쌀떡
   ④ 다섯 가지 생선이 들어간 초밥

9. 다음 중 '하레'의 식사로 분류되는 것으로 보기 어려운 것은?
   ① 도미회　　　　　② 팥밥
   ③ 된장국　　　　　④ 보타모치

10. 다음 중 일본의 식문화 변화와 가장 관련 깊은 설명은?
    ① 유기 식기가 널리 보급되었다.
    ② 미군정기 이후 밀가루 중심 식사가 확대되었다.
    ③ 불교 영향으로 채식이 완전히 지켜지고 있다.
    ④ 현대 일본인은 하루 한 끼만 먹는다.

정답									
1	2	3	4	5	6	7	8	9	10
③	②	①	③	④	①	②	②	③	②

---────── 제10장 ──────

연중행사

계절과 축제로 채워지는 한 해

> **핵심 포인트**
>
> ○ 일본 연중행사를 봄, 여름, 가을, 겨울의 계절별로 구분하여 이해할 수 있다.
> ○ 일본 연중행사의 시작과 그 연혁에 관해 설명할 수 있다.
> ○ 계절별 연중행사의 특징과 진행 방법을 이해할 수 있다.
> ○ 연중행사에서 먹는 특별한 음식과 장식을 설명할 수 있다.

　연중행사(年中行事)는 해마다 정기적으로 마련하는 행사로 일반적으로 이전부터 해 온 것, 관습 및 관례를 의미합니다. 다른 의미로는 신이나 부처, 또는 자연에서 받은 은혜, 선조의 영령에 기도하며 감사하는 마음을 행사나 행동으로 전해온 것입니다. 특히 일본이 일 년 내내 행사와 관습이 많은 것은 신도(神道) 및 불교와 관련된 행사, 전통적인 의례가 많았기 때문입니다. 우리도 설과 추석 같은 명절을 지내는 연중행사가 있지만, 일본만큼 많지 않습니다. 하지만 일본도 최근 핵가족화, 디지털 사회로의 진입으로 연중행사의 의미가 퇴색해 가고 있습니다.

일본에서는 연중행사를 '시키타리(しきたり)'라고도 부르며 예부터 계절별로 행사를 하고 인생의 고비나 단락 때, 통과의례를 정기적으로 해왔습니다. 그 유래는 신이나 부처님에게 공경을 표하고 감사하며 가내안전과 무병장수, 입신출세, 복을 기원했던 행사에 기인합니다. 한편 농경민족이었던 일본인은 계절 변화를 따르며 농업을 해왔기에 계절과 연관된 연중행사가 많습니다. 대륙의 영향을 받거나 귀족이나 무사가 해오던 풍습이 일반으로 전파되어 정착된 것도 있습니다.

1. 봄의 연중행사

히나마쓰리(ひな祭り) 3월 3일

이날은 여자아이를 위한 우아한 축제의 날로 보이지만, 본래 기원은 액운을 쫓는 행사였습니다. 여자아이의 건강한 성장과 행복을 빌며 히나 인형(雛人形)을 장식합니다. 또한 백주(白酒), 히시모치(菱餅), 대합국(ハマグリの吸い物), 지라시즈시(ちらし寿司)를 두어 복을 기원합니다. 히시모치는 홍, 백, 녹색으로 만든 마름모 모양의 떡으로

▲ 히나 장식 인형

붉은색은 악귀 퇴치, 흰색은 자손번영과 장수, 녹색은 건강과 신록을 의미하여 나쁜 기운을 쫓는 효능이 있다고 알려져 왔습니다.

히나마쓰리는 예부터 오절구의 하나로 '상사의 절구(上巳の節句)' 혹은 '모모의 절구(桃の節句)'라고 부릅니다. 지금까지 여자아이의 성장과 행복을 기원하는 행사로 널리 알려져 왔으나, 재난과 부정함을 쫓기 위한 액막이 풍습이 그 기원입니다. 고대 중국에서는 '상사'로 불리는 음력 3월 초 '미(巳)'의 날을 불길한 날로 여겨 물로 몸을 씻으며 무병장수를 기원했습니다. 구체적으로는 '히나가타(ひながた)' 인형에 자기 자신에게 올지 모를 부정함과 재난을 옮겨 강과 바다로 흘려보내는 행사입니다. 이러한 풍습이 일본에 전해져 헤이안(平安) 시대에는 인형을 강으로 흘려보내는 풍습이 생겨 '나가시비나(流しびな)'의 원형이 되었습니다. 이것에 귀족 여자 아이들의 인형놀이였던 '히나아소비(雛遊び)'가 결합하여 히나마쓰리의 기원이 되었습니다.

오하나미(お花見) 3월 말~4월 중순

일본에서 가장 오래된 가집인 『만엽집(万葉集)』에는 벚꽃인 사쿠라(桜)의 아름다움을 읊은 시가 다수 수록되었습니다. 나라(奈良), 헤이안 시대부터 사쿠라가 사람들을 매혹시킨 꽃이었음을 알 수 있습니다. 하지만 하나미가 서민의 즐거움으로 널리 퍼진 것은 에도(江戸) 시대부터입니다. 8대 쇼군(将軍)인 도쿠가와 요시무네(徳川吉宗)가 아스카산(飛鳥

▲ 하나미

山)과 스미다강(隅田川) 등에 벚꽃을 심어 에도 서민들이 도시락을 지참하여 하나미를 할 수 있게 했습니다. 벚꽃의 대명사인 왕벚나무 '소메이요시노(ソメイヨシノ)'와 알록달록한 경단인 '하나미단고(団子)'도 이 시기부터 등장했습니다.

한편 농민들 사이에서는 봄 농사 전에 논의 신을 맞이하는 하나미를 예부터 해왔습니다. 봄에 산에서 내려온 신이 논의 신이 되어 벚꽃에 내려앉는다는 믿음에 기인합니다. 사쿠라의 '사(さ)'는 논의 신을, '구라(くら)'는 신이 앉는 장소인 '미쿠라(御座)'를 의미합니다. 꽃이 핀 정도에 따라 그해 벼농사의 풍작을 점쳤기에 만개한 벚꽃으로 풍작을 기원했습니다. 농민들에게 하나미는 벼의 수확과 관계되는 중요한 연중 의례였습니다. 이 시기 일본 전국에서는 벚꽃 명소의 좋은 자리를 차지하기 위해 아침 일찍부터 자리를 맡기도 합니다. 또한 신입생과 신입 사원을 새롭게 맞이하는 시기로 하나미 명소는 더욱 붐비게 되었습니다.

단오의 절구(端午の節句) 5월 5일

'단(端)'은 한자의 뜻 그대로 '처음'을 의미하는 말입니다. 그리고 '오(午)'는 십이지(十二支)에서 일곱 번째에 해당하는 말(馬)의 날을 뜻합니다. 따라서 '단오(端午)'는 한 달의 초입에 해당하는 '말의 날'이라는 의미를 지니고 있습니다. 고대 중국의 문헌에 따르면, 단오는 음력 5월 5일을 가리키며, 이 시기를 '중하(仲夏)', 즉 여름의 한가운데로 여겼습니다. 이때는 기온이 점점 높아지고 습기가 많아져 병이 생기거나 나쁜 기운이 들어오기 쉬운 시기로 여겨졌습니다.

또한 옛날 중국에서는 월(달)과 일(날짜)의 숫자가 같은 날, 예를 들어 1월 1일, 3월 3일, 5월 5일처럼 숫자가 겹치는 날을 길일(吉日), 즉 운이 좋은 날로 여겨 특별한 행사를 치렀습니다. 이러한 문화적 배경 속에서, 음력 5월 5일에는 나쁜 기운을 물리치고 건강과 장수를 기원하는 행사들이 생겨 이것이 오늘날 '단오'의 기원이 되었습니다. 한편 이날은 '아이의 인

격을 존중하고 아이의 행복을 기원함과 동시에 어머니에게 감사하는 날'을 목적으로 한 '어린이의 날(子供の日)'로 1948년 지정되었습니다.

남자아이의 성장을 축복하며 입신출세를 기원하는 단오의 절구는 본래 여성이 몸을 정결하게 하는 날이었습니다. 5월 단오에 '사오토메(早乙女)'라는 소녀들이 쑥이나 창포 잎으로 지붕을 이은 작은 거처에서 하룻밤을 지내며 몸을 정결히 하는 행사가 있었습니다. 농경의 첫 시작인 씨 뿌리기는 풍작을 기원하는 신성한 농경 행사이기도 했습니다. 이러한 행사가 갑자기 남자아이의 행사로 바뀐 것은 에도 시대부터입니다. 남성 중심의 무가 사회가 되자, 대를 이어갈 장손 남자아이의 건강한 성장을 가장 최우선으로 기원하게 되었습니다.

한편 여성이 몸을 씻을 때 사용했던 창포(菖蒲, しょうぶ)가 '상무(尚武, しょうぶ)', '승부(勝負, しょうぶ)'와 같은 발음으로 용맹함을 뜻하기도 합니다. 그래서 갑옷과 투구, 액운을 쫓는 깃발을 세워 남자아이의 무사한 성장을 기원하게 되었습니다. 입신출세에 관한 염원으로 잉어 모양의 연인 '고이노보리(鯉のぼり)'를 장식합니다. 이것은 잉어가 폭포를 거슬러 용이 되어 하늘로 승천했다는 중국 전설이 그 유래입니다.

▼ 고이노보리

2. 여름의 연중행사

고로모가에(衣替え) 6월 1일

　일본 기후는 기온 차가 심하고 4계절이 존재하여 옷을 계절에 맞게 바꾸어 입는 관습이 있습니다. 옷을 바꿔 입는 고로모가에의 시작은 헤이안 시대의 '고이(更衣)'라는 궁중 행사가 그 기원입니다. 당시에는 음력 4월과 10월 첫날에 고로모가에를 하였고 의류뿐만 아니라 생활용품도 계절에 맞게 교체했습니다.

　에도 시대에는 막부(幕府)가 고로모가에를 정하여 매년 4회씩 무사가 착용하는 기모노(着物)의 옷차림을 지정하였고, 이후 서민에게까지 퍼졌습니다. 메이지유신(明治維新)으로 양력이 채택되어 하복의 고로모가에는 6월 1일, 동복의 고로모가에는 10월 1일로 정해졌습니다. 현재도 학교와 관공서 등은 이날을 '고로모가에의 날'로 정하여 시행하고 있습니다. 전국의 신사에서도 여전히 4월과 10월에 신에게 새로운 의복을 바치며 신복(神服)을 교체하는 행사로 '고로모가에 마쓰리(更衣祭)'를 합니다.

나고시노하라에(夏越の祓) 6월 30일

　일 년의 반이 지난 시점인 6월 30일은 아직 더운 여름이지만, 음력에서는 이날을 경계로 가을로 접어든다고 여겨왔습니다. 나고시노하라에는 반년간 쌓인 살생 등의 죄과를 씻기 위한 행사로 띠를 다발로 묶은 큰 원을 빠져 나가는 '지노와쿠구리(茅の輪くぐり)'를 합니다. 모초나 짚으로 둥글게 만든 지노와를 통과하며 재앙을 씻고 심신을 정결하게 합니다. 단지 통과하는 것이 아닌 처음에는 왼쪽으로 돌고, 다음에는 오른쪽으로 다시 왼쪽으로 돌아 8의 숫자로 통과하는 것이 정해진 규칙입니다.

나고시노하라에의 다른 행사로는 '히토가타(人形)'가 있습니다. 히토가타는 종이를 사람의 모양으로 자른 것으로 이날이 다가오면 신사에서 나눠줍니다. 이 인형에 이름과 생년월일을 적고 자신의 신체를 비빕니다. 그 후에 숨을 3번 내뱉으면 인형이 대역이 되어 자신의 재앙과 부정함을 대신 지게 됩니다. 당일 이것을 신사에 봉납하여 정결하게 한 후, 바다나 강에 흘려보내거나 장작불로 태워 버립니다.

야마비라키(山開き) 7월 1일

일본은 예부터 신령이 산에 산다고 생각하여 산을 신앙의 대상으로 삼아 왔습니다. 영험한 산악 지역은 여름 일부 기간 만 일반인의 입산을 허락했습니다. 그해 처음으로 입산이 가능해진 날을 야마비라키라 부릅니다. 일본의 영산으로 가장 유명한 후지산(富士山)의 야마비라키는 7월 1일이지만 눈이 녹는 상황에 따라 일정이 변하기도 합니다.

〈후지산 신앙〉은 고대부터 시작되었지만 에도 시대가 되어 민중 사이

▼ 후지산

에서 유행하게 되었습니다. 하지만 후지산을 오르는 것은 비용적인 면에서 부담이 컸기에 '후지코(富士講)'라는 그룹을 만들어 등산 비용을 적립해 왔습니다. 한편 '후지산즈카(富士山塚)'라는 인공 무덤이나 산을 만들어 그곳을 등반하면 영험을 얻을 수 있다고 믿어 왔습니다.

다나바타(七夕) 7월 7일

오리히메(織姫)와 히코보시(彦星)가 일 년에 한 번 7월 7일에 만난다는 '다나바타전설(七夕伝説)'은 중국에서 시작되었습니다. 견우(牽牛)와 직녀(織女)가 부부가 되어 사이가 너무 좋아 일도 하지 않자 천제(天帝)가 은하수를 경계로 둘을 떨어뜨려 놓았습니다. 단 일 년에 한 번 7월 7일에는 까치가 만든 다리를 건

▲ 단자쿠

너 만날 수 있도록 했습니다. 이날 여성들은 바느질을 잘할 수 있도록 공물을 바치며 직녀성에 기원하는 '걸교전(乞巧奠)'이라는 행사를 개최해 왔습니다. 나라 시대에 일본에 전해져 궁중 행사로 정착되었습니다. 당시 다나바타는 연못에 재단을 세우고 오리히메와 히코보시에게 바다와 산에서 생산된 산물을 바쳤습니다. 그리고 별을 보며 와카(和歌)라는 전통 시를 교환했습니다. 이때 와카와 소원을 가늘고 길게 자른 종이인 단자쿠(短冊)에 쓴 것이 다나바타 장식의 유래가 되었습니다.

양력 7월 7일은 장마가 한창때이지만 음력으로는 장마가 끝난 시기입니다. 그래서 다나바타는 추석(お盆)에 앞서 장마의 부정함을 떨쳐내고 선조의 영을 맞이하는 액막이 의식을 의미하기도 합니다. 현재도 다나바

타 축제는 음력으로 진행하는 곳이 많고 센다이시(仙台市) 축제가 가장 유명합니다.

오추겐(お中元) 7월 1일~8월 15일

일상적인 감사의 표시와 여름 인사를 겸한 오추겐은 중국 종교인 도교(道教)의 '삼원절(三元節)'에서 유래했습니다. 음력 1월 15일을 '상원(上元)', 7월 15일을 '중원(中元)', 10월 15일을 '하원(下元)'이라 부르며 신에게 곡물을 바치며 기도해 왔습니다. 특히 중원에는 속죄의 의미를 담아 정원에 불을 피우는 풍습도 있었습니다. 이와 같은 풍습이 일본에 전해지면서 오본과 겹치는 시기여서 보살펴 주신 분들이나 친척에게 선물을 보내게 되었습니다. 보내는 선물로는 선조에게 바치던 곡물인 밀가루, 백미, 국수 등의 면류, 과자와 과일 등의 식품이 많았고 집에서는 선향을 피우고 초롱을 밝혔습니다.

일반적으로 오추겐을 보내는 시기는 7월 초부터 15일까지입니다. 15일이 지나면 오추겐이 아닌 '쇼추미마이(暑中見舞い)', 8월 8일 경의 입추가 지나면 '잔쇼미마이(残暑見舞い)'라고 합니다. 지역에 따라서는 8월 15일까지를 오추겐의 시기로 하는 곳도 있으므로 보내는 곳을 생각하여 오추겐으로 할지 쇼추미마이로 할지 정하는 것이 좋습니다.

도요노우시노히(土用の丑の日) 7월 20일경

'도요(土用)'는 원래 입춘, 입하, 입추, 입동 전의 18일간을 의미하나, 일반적으로 알려진 것이 입추 전의 여름 도요입니다. 그리고 18일 기간 중 간지(干支)에서 '소(丑, うし)'에 해당하는 날을 '도요노우시노히(土用の丑の日)'라고 합니다.

이 시기는 한더위가 기승을 부리는 때라 더위를 먹고 지친 사람들이 많습니다. 여름 더위를 피하려고 이날에 '우(う)'가 붙은 음식을 먹는 풍습이 생겨 말린 매실인 우메보시(梅干), 참외인 우리(うり), 우동(うどん), 대표적으로는 장어인 우나기(うなぎ)를 먹게 되었습니다. 지금도 우나기를 먹는 풍습이 남아 슈퍼나 상점에서는 이날을 전후로 우나기 판매가 급증합니다.

우나기를 먹기 시작한 연유로는 에도 시대 난학자인 히라가 겐나이(平賀源内)가 여름에는 인기가 없었던 우나기집 앞에 '오늘, 도요노우시노

▲ 장어덮밥

히'라는 선전 문구를 붙이자 우나기 가게들이 붐비게 되었다는 설이 있습니다. 그 외에도 이날에는 '우시유(丑湯)'라는 약초를 넣은 목욕탕에 들어가거나 해수욕을 하는 풍습도 보입니다. 또한 수국(アジサイ)을 처마 아래에 걸어두면 금운이 올라간다는 풍문도 전해오고 있습니다.

오본(お盆) 8월 13일~16일경

'우란분회(盂蘭盆会)'는 불교행사에서 사용하던 용어로 오본은 이 말에서 유래했습니다. 우리의 추석에 해당하는 날로 조상의 영혼을 맞이하여 공양한다는 의미에서 '쇼료에(精霊会)'라고 하며 정월과 함께 일본의 대표적인 연중행사입니다. 원래는 음력 7월 행사였지만 현재는 양력에 맞추어 8월에 하게 되었습니다. 대부분의 기업이 쉬는 날로 오본 시작과 끝은 귀성 행렬로 역과 도로가 혼잡합니다.

오본은 석가의 제자 중 한 명인 목련(目連)이라는 수행승이 아귀도(餓

鬼道)에서 거꾸로 매달려 괴로워하던 어머니를 구하기 위해 석가의 가르침에 따라 7월 15일에 공양한 것을 기원으로 보고 있습니다. '우란분회'는 산스크리트어의 '울람바나'에서 전해진 말로 거꾸로 매달다는 의미를 지닙니다. 저세상에서 괴로워하는 죽은 이들을 공양으로 구원하는 부처의 가르침과 예부터 선조의 영혼을 모시던 풍습이 합쳐져 현재의 형태로 정착되었습니다. 오본 시작인 13일에 불단 앞에 조상의 영령을 모신 본다나(本棚)를 차리고 선조의 영혼이 헤매지 말고 잘 찾아오도록 '무카에비(迎え火)'라는 불을 피웁니다. 오본 마지막 날인 16일에도 선조의 영혼을 보내기 위한 '오쿠리비(送り火)'라는 불을 피웁니다. 교토(京都) 지역의 산에서는 대형의 '대(大)' 글자를 형상화한 오쿠리비를 피우는 연중행사가 유명합니다.

본다나는 돗자리를 깔고 그 위를 부처꽃으로 장식합니다. 초롱처럼 생긴 꽈리 열매를 장식해 조상님의 영혼이 잘 찾아오도록 하고, 자손이 번창하기를 바랍니다. 말을 이미지화한 오이와 소를 이미지화한 가지를 두는 것은 선조가 방문할 때는 빠른 말로 맞이하고 보낼 때는 느린 소로 보내드리며 아쉬움을 달랜다는 의미입니다.

또한 '본오도리(盆踊り)'라는 여름을 대표하는 춤을 추며 오본에 돌아온 선조의 영혼을 위로하며 마중하기도 합니다. 열을 지어 둥글게 돌며 춤을 추는 형식으로 헤이안 시대에 시작되어 가마쿠라(鎌倉) 시대에 전국으로 퍼진 '넨부쓰오도리(念仏踊り)'를 그 기원으로 보고 있습니다. 목련이 아귀도에서 괴로워하는 어머니와 망자를 구하기 위해 지옥문을 열자,

▲ 본오도리

그것을 환영하는 사령들의 모습을 그 시작으로 보기도 합니다. 그러한 이유로 본오도리는 다수가 춤춰야 한다는 형식을 취하게 되었습니다.

3. 가을의 연중행사

오쓰키미(お月見) 음력 8월 15일

보름달을 보면서 가을의 수확에 감사하는 연중행사로 '주고야(十五夜)'라고도 합니다. 현재는 9월이지만 음력으로는 8월 15일입니다. 본래 음력 7월부터 9월은 가을이었습니다. 그 중간의 8월 15일을 '중추(中秋)'라고 부르며 '중추의 명월(名月)'이라 했습니다. 오쓰키미는 중국에서 시작되어 청(清) 시대에는 정월, 단오와 비견할 만한 행사로 널리 알려졌습니다. 일본에는 나라 시대부터 헤이안 시대에 걸쳐 전해져 귀족이 달 아래에서 와카를 읊는 '쓰키미노엔(月見の宴)'으로 정착했습니다. 에도 시대에 이르러 서민에게도 널리 퍼져 풍작을 기원하는 축제와 함께 하는 행사로 발전했습니다. 공양하던 물건으로는 지역에 따라 다양하나, 풍작을 상징하는 둥근 떡과 달의 신이 깃든 억새가 대표적입니다. 억새의 날카로운 절단면은 액막이의 의미도 있습니다.

시치고산(七五三) 11월 15일

3세, 5세의 남자아이, 3세, 7세의 여자아이가 우지가미(氏神)를 모신 신사에 참배하여 그 해까지 건강히 성장한 것을 감사하고 앞으로의 성장을 기원하는 행사입니다. 7, 5, 3이라는 구분은 기수가 길수라는 음양도를 따르고 있습니다. 3세의 여자아이는 '가미오키(髪置き)'라는 의식을 통해 이날부터 머리를 기르게 됩니다. 5세의 남자아이는 '하카마기(袴着)'라고 하여 처음으로 하카마를 입습니다. 7세 여자아이의 '오비토키(帯説き)'는 기모노에 붙여 놓은 허리띠를 떼고 묶는 허리띠를 실제로 사용하는 정식의 기모노로 갈아입는 행사입니다. 현재는 나이에 상관없이 같은 날에 하는 행사이지만 원래는 서로 다른 의례였던 것이 에도 시대에 들어서 하나의 행사로 정착했습니다.

그 시작은 무로마치(室町) 시대의 '나나쓰코이와이(七つ子祝い)'라는 의식에서 유래합니다. 당시는 의학 기술이 발달하지 않아 아이들의 사망률이 상당히 높았습니다. 그래서 7세까지의 아이는 신의 것으로 여겨 7세가 되면 신에게 참배하여 아이의 존재를 사회적으로 인정하게 되었습니다. 장수를 기원하는 의미로 '지토세아메(千歳飴)'를 먹고 색은 길한 홍색을 띱니다. 축복을 의미하는 동물인 학과 거북이, 송죽매를 그려 놓은 봉지를 사용하고 자신의 나이만큼 사탕을 먹습니다.

4. 겨울의 연중행사

스스하라이(煤払い) 12월 13일

신년을 맞이하기 위한 대청소를 의미합니다. 단순히 집 안팎을 정리하며 청소하는 것이 아닌 새로운 해의 신을 기리기 위해 신전이나 불단을 청소하는 종교적인 행사입니다. 새로운 해의 신과 선조의 영령을 맞이하기 위한 중요한 준비 행사로 생각해 왔습니다. 헤이안 시대 액운을 쫓던 행사였던 것이 에도 시대에 이르러 막부가 12월 13일을 '에도성 대청소의 날(江戸城お煤納めの日)'로 정하여 서민에게까지 퍼지게 되었습니다.

12월 13일은 '오니의 날(鬼の日)'로 결혼 이외의 행사는 전부 길한 날로 여겼습니다.

스스하라이는 새로 자른 조릿대와 장대 대나무에 나뭇잎과 볏짚을 단 '스스본텐(煤梵天)'이라고 하는 특별한 도구를 사용해 왔습니다. 현재에도 신사와 절에서 스스하라이에 사용하고 있습니다.

오미소카(大晦日) 12월 31일

음력에서는 가장 마지막 달을 '미소카즈키(三十日月)'로 불렀습니다. '미소카(三十日)'를 점차 '달이 숨는 날'을 뜻하는 한자인 '미소카(晦日)'로 쓰기 시작하면서 달의 마지막 날을 의미하게 되었습니다. 그리고 12월 31일은 한 해의 가장 마지막 날이기에 '오미소카'로 부르게 되었습니다. 한 해

▲ 도시코시소바

의 마지막을 마치고 새해의 첫 아침인 간탄(元旦)까지의 사이를 '도시코시(年越し)', 해가 바뀌는 경계를 '제야(除夜)'로 부르며 지난해의 악운을 떨쳐내려 했습니다. 해가 바뀌는 밤에 새해의 신을 맞이하기 위해 밤을 지새우며 깨어 있어야 한다는 규율도 있었습니다. 몸을 정갈히 하고 신을 맞이하여야 하며 일찍 자 버리는 것은 신에게 큰 실례로 생각되어 왔습니다.

오미소카에 '도시코시소바(年越しそば)'를 먹는 풍습은 장사로 바쁜 이들이 밤늦게 소바를 먹던 습관에서 시작되었다고 합니다. 가늘고 긴 소바는 장수를 기원하고 끊기 쉬운 성질은 한 해의 액운을 끊는다는 의미입니다. 제야의 종은 오미소카의 한밤중에 울리는 종으로 108회를 칩

니다. 인간의 번뇌는 108회라는 불교의 가르침에 의한 것으로 그것과 같은 횟수를 치며 한 해의 죄과를 없애고 집착을 버리고 새해를 맞이한다는 의미입니다.

오쇼가쓰(お正月) 1월 1~3일

오쇼가쓰는 새로운 해의 풍작과 행운을 빌며 그 해의 도시가미(歲神)라는 신을 맞이하는 날로 여러 행사를 합니다. 이 날 장식으로는 도시가미가 잘 찾아올 수 있는 표시로 가도마쓰(門松)를 세워 둡니다. 한편 도시가미를 맞이하기 위한 신성한 장소를 나타내기 위해 시메카자리(注連飾り)를 걸어둡니다. 신에게 바치는 음식으로는 가가미모치(鏡餠)라고 하는 떡을 준비해 둡니다. 도시가미를 선조의 영령으로 여겨 오쇼가쓰에 각자의 가정을 방문한다고 생각해 왔습니다. 봄에는 마을로 내려와 논의 신이 되고 수확 철인 가을에는 산으로 돌아가 그곳의 신이 된다고 믿었습니다.

아이들은 세뱃돈인 오토시다마(お年玉)를 받고 음식으로는 오세치요리(おせち料理)와 우리의 떡국과 유사한 오조니(お雜煮)를 먹습니다. 오세치요리는 계절이 바뀌는 시기에 신에게 음식을 바친 후, 그 음식을 먹던 풍습에서 유래합니다. 도시가미에게 바치고 남은 진수성찬을 먹으며 무병장수와 가내 안전 등을 기원하는 방식으로 정착했습니다. 도시가미를 맞이하는 날은 성스러운 날이기에 불을 피우는 것을 꺼려 당일 요리하지 않고 미리 준비해 둡니다. 길조를 의미하는 산해진미를 일반적으로 4단으로 겹겹이 쌓아 3, 5, 7의 홀수로 요리 숫자를 정했습니다. 관동 지방은 검은콩(黑豆), 청어 알인 가즈노코(数の子), 마른 멸치인 고마메(五万米, ごまめ), 관서 지방은 검은콩, 가즈노코, 우엉이 빠져서는 안 되는 음

식입니다. 오세치요리는 각각 의미를 지니고 있어 검은콩은 건강하고 성실한 삶을, 가즈노코는 자손 번영을, 고마메는 풍작을 염원합니다.

한편 새해에 신사나 절에 참배하는 것을 하쓰모데(初詣)라고 합

▲ 새해 참배

니다. 그 기원은 길조 방향에 있는 신사와 절을 방문하는 '에호모데(恵方詣)'로 에도 시대 후기에 널리 퍼졌습니다. '오미쿠지(おみくじ)'를 뽑아 한 해의 운세를 점치고 대길이면 집으로 가져오고 다른 점이 나오면 나무에 묶어두고 옵니다.

성인의 날(成人の日) 1월 두 번째 월요일

일본에서는 매년 1월 둘째 주 월요일, '성인의 날(成人の日)'을 맞아 각 지자체에서 성인식을 개최합니다. 전통적으로 성인식은 만 20세를 대상으로 진행되며, 현재도 대부분의 지역에서 20세를 기준으로 삼고 있습니다. 한편, 민법상 성인 연령은 2022년 4월 1일 개정으로 20세에서 18세로 하향 조정되어, 법적으로는 만 18세부터 성인으로 인정받습니다.

성인의 날에는 특별히 정해진 복장과 머리 모양은 없지만, 대체로 여성은 화려한 기모노인 후리소데(振袖)를 입습니다. 남성은 하오리하카마(羽織袴), 혹은 정장을 입고 성인식에 출석합니다. 이러한 성인식은 관혼상제(冠婚葬祭)의 '관(冠)'에 해당하는 남성이 성인이 되었음을 알리는 전통 의례에서 유래합니다. 특히 헤이안 시대부터 귀족이나 무사가 머리에 천을 세워 위로 좁아지는 형태의 모자인 '에보시(烏帽子)'를 처음

착용하며 성인을 선언하던 의식, 즉 '겐푸쿠(元服)'를 그 기원으로 보고 있습니다.

세쓰분(節分) 2월 3일

세쓰분은 계절이 바뀌는 지점으로 원래는 계절(季節)을 가르다(分ける)는 의미였습니다. 입춘, 입하, 입추, 입동 전날을 부르는 말이었지만, 음력에서 특별히 새해가 시작되는 입춘 전날을 세쓰분으로 부르게 되었습니다. 계절이 바뀔 때 역병이나 재난을 부르는 악귀를 쫓는 고대 중국의 의례인 콩을 뿌리는 '마메마키

▲ 세쓰분의 오니

(豆撒き)'가 나라 시대에 전해져 헤이안 시대에 궁중 행사가 되었습니다. 현재와 같이 볶은 콩을 던지는 의식이 정착된 것은 무로마치 시대로, 에도 시대부터 서민에게 널리 퍼졌습니다.

마메마키는 악귀를 쫓고 복을 부르는 의례로 세쓰분에 사용하는 콩은 전날 가미다나(神棚)에 먼저 바칩니다. 세쓰분 당일, 현관과 집의 창문을 다 열고 '오니와 소토(鬼は外)'(악귀는 밖으로), '후쿠와 우치(福は内)'(복은 집안으로)라고 외치며 집안의 가장이 악귀가 출현하는 밤에 콩을 뿌립니다. 집 안의 방을 이동하며 콩을 뿌린 후, 마지막으로 현관에서 밖으로 향해 뿌립니다. 그리고 난 후, 복이 빠져나가지 못하도록 문과 창문을 소리 내며 닫습니다. 마메마키가 끝나면 한 해의 액운을 떨쳐내기 위해서 뿌린 콩을 주워 자신의 나이보다 하나 더 많게 먹습니다.

세쓰분 행사로 전국 각지의 신사나 절에서는 연예인이나 스모 선수를

초대하여 마메마키를 하기도 합니다. 최근에는 길한 방향인 에호(恵方)를 보며 굵은 김밥인 에호마키(恵方巻き)를 먹는 오사카(大阪)에서 시작된 풍습이 유행하고 있습니다. 말을 하면 운이 도망간다고 하여 묵묵히 통째로 먹습니다.

확인 학습

1. 다음 중 일본 연중행사에 관련한 설명 중 옳지 않은 것은?
   ① 일본에서는 연중행사를 '시키타리(しきたり)'라고도 부르며 예부터 계절별로 행사를 해 왔다.
   ② 일본에서 연중행사가 많은 이유는 신도(神道) 및 불교와 관련된 행사가 많았기 때문이다.
   ③ 농경민족이었던 일본인은 계절 변화에 따라 농업을 해왔기에 계절과 연관된 연중행사가 많다.
   ④ 일본은 근래에 핵가족화가 가속화되면서 연중행사가 여전히 성황리에 진행 중이다.

2. 히나마쓰리(ひな祭リ)에 관한 설명으로 옳지 않은 것은?
   ① 여자아이를 위한 축제의 날로 본래 기원은 액운을 쫓는 행사이다.
   ② 여자아이의 건강한 성장과 행복을 빌며 히나 인형(雛人形)을 장식한다.
   ③ 히시모치(菱餅)는 홍, 백, 녹색으로 만든 떡으로 붉은색은 장수를 기원합니다.
   ④ 히나마쓰리의 다른 이름으로는 '모모의 절구(桃の節句)'라고 부른다.

3. 하나미(花見)의 대표적인 꽃인 사쿠라(さくら)에서 사(さ)가 의미하는 뜻은?
   ① 논의 신   ② 강의 신
   ③ 벼의 수확   ④ 신이 앉는 자리

4. 단오의 절구(端午の節句)에 관한 설명으로 옳지 않은 것은?
   ① '단(端)'은 시작이라는 의미로 단오는 월초의 오(午, うま)를 의미한다.
   ② 이날은 1948년 '어린이의 날(子供の日)'로 지정되었다.
   ③ 단오의 절구는 본래 여성이 몸을 정결하게 하는 날이었다.
   ④ 단오의 절구가 갑자기 남자아이의 행사로 바뀐 것은 근대시대부터이다.

5. 다나바타(七夕) 행사에서 와카나 소원을 적는 가늘고 긴 종이는?
   ① 와카(和歌)   ② 단자쿠(短冊)
   ③ 깃코덴(乞巧奠)   ④ 아마노카와(天の川)

6. 도요노우시노히(土用の丑の日)에 관련한 설명으로 옳지 않은 것은?
   ① 여름을 연상시키는 '도요(土用)'는 원래 입춘, 입하, 입추, 입동 전의 15일간을 의미했다.

② 여름 더위를 피하려고 이 날에 '우(う)'가 붙은 음식을 먹는 풍습이 생겼다.
③ 대표적으로는 우나기(うなぎ)를 먹게 되어 지금도 이날을 전후로 장어 판매가 급증한다.
④ 이날에는 '우시유(丑湯)'라는 약초를 넣은 목욕탕에 들어가거나 해수욕을 하는 풍습도 있다.

7. 오본(お盆)에 관련한 설명으로 옳은 것은?
    ① '우라본에(盂蘭盆会)'는 신도행사에서 사용하던 용어로 오본은 여기서 유래했다.
    ② 오본 시작인 14일에는 선조의 영혼이 잘 찾아오도록 '무카에비(迎え火)'라는 불을 피운다.
    ③ 마지막 날인 16일에도 선조의 영혼을 보내기 위한 '오쿠리비(送り火)'라는 불을 피운다.
    ④ '본오도리(盆踊り)'라는 가을을 대표하는 음식을 먹으며 선조의 영혼을 위로하며 마중한다.

8. 시치고산(七五三)에 관련한 설명으로 옳지 않은 것은?
    ① 3세, 5세의 남자아이, 5세, 7세의 여자아이가 신사에 참배하여 건강한 성장을 기원한다.
    ② 5세의 여자아이는 '가미오키(髪置き)'라는 의식을 통해 이날부터 머리를 기르게 된다.
    ③ 7세 여자아이는 기모노에 붙여 놓은 허리띠를 떼고 실제로 묶는 허리띠를 사용한다.
    ④ 장수를 기원하는 의미로 '지토세아메(千歳飴)'를 먹고 색은 길한 홍색을 띤다.

9. 오쇼가쓰(お正月)에 먹는 우리의 떡국과 비슷한 음식은?
    ① 오조니(お雑煮)   ② 오세치(お節)
    ③ 하쓰모데(初詣)   ④ 오토시다마(お年玉)

10. 세쓰분(節分)에 관련한 설명으로 옳은 것은?
    ① 세쓰분은 계절을 가르다는 의미로 입춘, 입하, 입추, 입동 전전날을 부르는 말이었다.
    ② 세쓰분 당일, 현관과 집의 창문을 다 열고 '오니와 우치', '후쿠와 소토'라고 외친다.
    ③ 악귀를 쫓는 고대 중국의 의례인 콩을 뿌리는 '마메마키(豆巻き)'가 대표적인 행사이다.
    ④ 마메마키가 끝나면 한 해의 액운을 떨쳐내기 위해서 자신의 나이보다 두 개 더 먹는다.

정답									
1	2	3	4	5	6	7	8	9	10
④	③	①	④	②	①	③	②	①	③

---- 제11장 ----

관혼상제

성인식 · 혼인 · 장례로 만나는 삶의 의례

핵심 포인트

- 일본의 관혼상제(성인식, 결혼, 장례, 제례)의 개념과 문화적 의미를 이해한다.
- 성인의 날과 관련된 현대 일본 사회의 의례 및 상징물(후리소데 등)을 설명할 수 있다.
- 일본 결혼 문화의 이중 구조(전통혼례와 서양식 교회결혼)와 그 사회문화적 배경을 이해한다.
- 일본 장례문화의 불교적 특성과 역사적 배경(에도 시대의 사단제도 등)을 설명할 수 있다.
- 오본과 같은 마을 단위의 제례 의식이 일본인의 공동체 의식 및 조상 숭배와 어떻게 연결되는지를 분석한다.

일본 문화에 조금이라도 관심이 있는 사람이라면 "일본은 신사에서 새해 첫 참배를 하고 절에서는 장례식을 하며 교회에서 결혼식을 한다"라는 말을 들어본 적이 있을 것입니다. 관혼상제(冠婚喪祭)는 성인식(冠), 결혼식(婚), 장례(喪)와 제례(祭)를 가리키는데 이 관혼상제는 동아시아 문화권 속의 일본이 독자적인 역사 속에서 형성해 온 일본 고유의 문화적 특성을 잘 나타내준다는 문화현상이라는 점에서 주목할 만합니다.

1. 관혼상제와 종교

일본의 관혼상제를 이해하려면, 일본의 종교가 어떤 역사적 과정을 거쳐 형성되어 왔는지를 아는 것이 중요합니다. 일본은 한 종교를 절대적으로 믿기보다는, 여러 신과 부처를 상황에 따라 받아들이는 다신적이고 융합적인 종교문화를 형성해 왔습니다.

일본의 고유 신앙은 신도(神道)입니다. 신도는 자연현상, 조상, 동식물, 특정 장소 등을 '신(神)'으로 받아들이며, 문자보다 관습과 제의를 중시하는 종교입니다. 국가가 형성되기 이전부터 마을마다 우지가미(氏神)라고 불리는 수호신을 중심으로 축제와 제사를 행했고, 오늘날까지도 신사에서 시행되는 계절 축제나 어린이 성장 기원 행사(예: 753) 등이 그 계승이라 할 수 있습니다.

공식적으로는 불교가 백제를 통해 일본에 전해진 것은 6세기 무렵입니다. 초기에는 귀족과 왕실 중심의 사상이었지만, 점차 불교는 일본의 민간 사회로 깊이 퍼져나갔고, 특히 죽음과 내세를 설명해주는 종교로서 중요하게 여겨졌습니다. 시간이 지나면서 신도와 불교는 대립하지 않고 서로 융합(神仏習合)하게 됩니다. 신은 부처의 화신이며, 신사와 절이 나란히 있는 모습도 드물지 않게 나타났습니다. 이러한 관행은 메이지 유신(1868) 이전까지 일본 사회의 일반적인 종교 운영 방식이었습니다.

신도와 불교가 공존하던 가운데, 16세기 후반, 포르투갈 상인과 함께 예수회 선교사 프란시스코 자비에르(1549)가 규슈 지방에 도착하면서 일본에도 천주교가 전해졌습니다. 당시 일본은 전국시대(戰國時代)의 혼란기였고, 일부 다이묘(지방 영주)들은 서양 무기와 무역의 이점을 얻기 위해 기독교 선교를 허용하거나 장려하기도 했습니다. 실제로 16세기

말에는 기독교 신자가 20만~30만 명에 이를 정도로 급증했고, 나가사키 등에서는 기독교 공동체가 형성되었습니다.

그러나 도요토미 히데요시(豊臣秀吉)는 1587년에 기독교 선교 금지령을 내렸고, 도쿠가와 이에야스가 정권을 잡은 이후, 막부는 기독교를 체제 위협 요소로 인식하며 철저한 박해 정책을 펼치기 시작합니다. 1612년부터는 기독교 금지령이 전국적으로 시행되었으며, 1637~1638년의 시마바라·아마쿠사의 난(기독교 농민 반란) 이후에는 더욱 가혹한 탄압이 이루어졌습니다. 수천 명의 순교자가 발생했고, 기독교는 사실상 일본 사회에서 크게 약화되었습니다.

이제 관혼상제 각각의 의례가 어떤 종교적 원리와 전통 위에서 행해지는지 구체적으로 살펴보겠습니다.

2. 성인식

국경일로서 '성인의 날'의 유래

현재 '성인의 날(성인식)'이라고 하면 1월의 두 번째 월요일에 만 20세에 이른 젊은이를 성년으로서 축하하는 기념식을 가리킵니다. 매해 성인의 날이 되면 부드러운 모피를 목에 두른 화려한 기모노 모습의 여성과 하카마(袴)와 정장을 입은 남성들이 즐거운 모습으로 성인식 행사를 위해 거리를 일제히 누비는 모습을 쉽게 접할 수 있습니다.

현재와 같은 행정자치체가 주관이 되어 자기 지역 출신의 성인이 된 젊은이를 초대해 성인식 행사를 하는 형태는 사이타마현 와라비시(蕨市)에서 시작되었습니다. 와라비시에서는 "종전 직후 혼란과 허탈감이 컸던

▲ 지자체에서의 성인식 후 기념사진

1946년 11월 22일, 당시 와라비초(蕨町) 청년단이 20세를 맞이한 성인을 초대해, 지금이야말로 청년의 힘을 집결해 조국 재건의 선구자로서 자각을 갖고 행동해야 할 때라고 격려하는 행사를 마련한 것입니다. 이 취지와 의의가 높이 평가되어 1948년 7월 국민의 축일로서 성인의 날이 제정되었다."라고 설명하고 있습니다.

성인식 문화의 상징 후리소데(振袖)

일본에서는 예로부터 남자아이가 어른이 되기 위해 거쳐야 할 통과의례가 있었는데, 이것이 지금 말하는 성인식이었습니다. 궁중이나 귀족들의 사회에서는 대부분 13세부터 15세 정도가 되면 소년의 머리모양을 성인의 머리모양으로 바꾸고 관을 쓰게 되며, 입는 것 역시 성인복장으로 바꾸었습니다. 한편, 여성에게는 주산마이리(十三参り)와 같이 13세 경의 여성 아이에게 '후리소데'라는 기모노로 축하하는 풍습이 있었습니다. 이것이 현재의 '성인의 날'에도 후리소데를 입는 문화로 이어지고 있는 것으로 이해할 수 있을 것입니다.

후리소데는 미혼여성의 기모노로 성인식의 의례복으로 확고히 자리를 잡았습니다. 오키나와를 배경으로 한 쓰마부키 사토시와 나가사와 마사미 주연의 영화 〈눈물이 주룩주룩(涙そうそう)〉은 성인식의 후리소데를 소재로 가족애를 표현한 영화이기도 합니다. 이복남매인 요타로와 가오루를 남겨두고 가오루의 아버지는 무책임하게도 갑자기 떠나버립니다. 그로부터 얼마 뒤 병으로 죽어가던 어머니는 요타로에게 "가오루를 네가 지켜주어야 한다"는 유언을 남깁니다. 어머니의 유언대로 요타로는 열심히 일을 하면서 가오루의 대학 진학까지 뒷바라지하게 되지만 그도 예기치 못한 병으로 죽게 되었는데, 그가 죽기 전에 동생 가오루에게 보낸 성인식의 후리소데를 가오루가 받아들며 감사의 눈물을 흘리는 장면이 영화의 클라이맥스가 됩니다.

 ▲ 영화 〈눈물이 주룩주룩〉 포스터
 ▲ 미용실의 성인식 홍보 포스터

성인식에 입는 후리소데는 그 가격이 대략 400만 원에서 1천만 원에 이르기 때문에 일본 사람들에게도 상당히 고가임에 틀림없습니다. 하지

만 일본의 부모들은 이날만큼은 성인이 된 자녀에게 제대로 후리소데를 입혀 축하해 주고 싶어 하기 때문에 어느 정도 경제적으로 무리를 하는 것을 당연시 여기는 풍조가 있습니다.

또한 성인의 날은 일본의 미용실이 1년 중 가장 바쁜 날이자 가장 큰 수입을 올릴 수 있는 대목이기도 합니다. 후리소데를 입는 방법이 매우 복잡하며 특히 오비는 숙달된 사람의 도움을 받지 않으면 매기가 힘듭니다. 또한 후리소데에 어울리는 헤어스타일을 위해서도 미용실을 방문하지 않을 수 없습니다. 따라서 성인의 날 만큼은 일본의 미용실이 후리소데를 입는 것부터 그에 맞는 헤어스타일, 메이크업까지 모두 도맡아 해주는 곳이 되기 때문에 미용실은 다른 어느 날보다도 분주한 하루를 보냅니다.

3. 결혼식

기독교식 결혼이 유행하게 된 계기

80년대 일본 최고 아이돌 스타인 마쓰다 세이코(松田聖子)는 1985년 도쿄(東京) 메구로구(目黒区)에 있는 사레지오 교회(サレジオ教会)에서 결혼식을 올렸습니다. 이 결혼식은 방송국에서 독점 중계할 정도로 큰 이목을 끌었습니다. 마쓰다 세이코의 결혼식을 통해 전 국민에게 비추어진 사레지오 교회는 새하얗고 소박한 외관에서 아름다운 타종 소리가 울려 퍼졌고 유럽의 성당을 방불케 하는 스테인드글라스와 벽화는 화려함과 품격을 한층 더해주었습니다. 이 아름다운 교회에서 펼쳐진 톱스타의 결혼식 풍경이 많은 일본 사람들에게 '기독교식 결혼'에 대한 동경을 갖

▲ 마쓰다 세이코 결혼식　　▲ 사레지오 교회

게 하였습니다.

한편 마쓰다 세이코의 결혼식 피로연은 일본의 최고급 호텔 중 하나인 뉴오타니 호텔에서 펼쳐졌는데 결혼식 총 비용이 약 2억 엔(20억 원) 정도로 알려질 만큼 호화로움 그 자체였습니다. 교회와 호텔 곳곳에 흰 비둘기와 풍선을 날리고 초대형 웨딩 케이크와 호화로운 캔들, 수차례에 걸친 드레스 선보이기 등 다양한 이벤트와 함께 결혼식 피로연이 펼쳐졌습니다. 마쓰다 세이코의 결혼식은 당시의 많은 젊은 커플들이 교회에서 신성한 결혼 서약을 하고 호텔에서는 호화로운 피로연을 하는 결혼식 스타일을 선호하는 데에 큰 영향을 미쳤습니다. 80년대 중후반 일본에서는 버블경제 호황기를 반영하듯 호화로운 결혼식을 의미하는 '하데혼(派手婚)'이라는 말이 유행했을 정도입니다.

드라마 <롱 베케이션>과 두 번의 결혼식

기무라 다쿠야(木村拓哉) 주연의 드라마 <롱 베케이션(ロングバケーション)>은 90년대 일본의 대표적인 트렌디드라마로 당시 롱바케신드롬

(ロンバケ・シンドローム)이라는 사회현상을 일으킬 정도로 큰 인기를 얻은 작품입니다. 이 드라마〈롱 베케이션〉의 처음과 끝 장면이 모두 결혼식과 관련된 스토리입니다. 드라마 첫 회 미나미(야마구치 도모코(山口智子))는 결혼식 한 시간 전까지도 약혼자 아사쿠라가 나타나지 않자 황급히 그의 아파트로 달려가는데, 그곳에서 아무 영문도 모른 채 문을 열어준 사람이 룸메이트 세나(기무라 다쿠야)입니다. 세나는 집 안에서 아사쿠라가 미나미에게 남긴 편지를 발견해 "운명의 여인을 만나게 되어 미안하지만, 결혼식에 갈 수 없다"라는 황당한 이별통보를 대신 전해주게 됩니다. 이때 미나미가 입고 있는 새하얀 기모노가 전통 혼례의 여성이 입는 시로무쿠(白無垢)라는 예복이고 머리에 쓰고 있는 것이 전통 혼례용 모자인 쓰노카쿠시(角隠し)입니다. 일본에서는 이러한 전통의복을 입고 결혼식을 올리는 곳이 신사(神社)가 됩니다.

두 사람은 연인이 아닌 친구로서 드라마 제목〈롱 베케이션〉과 같은 동거 라이프를 함께 하게 되고 점차 서로에게 소중한 존재가 되어갑니다. 피아니스트였던 세나가 피아노 콩쿠르 우승으로 보스턴 오케스트라에 가게 되면서 미나미에게 "함께 보스턴에 가자! 지금보다 더 즐거울 거야"라는 말로 청혼을 대신합니다. 그 후 보스턴의 어느 교회에서 친구들이

▼ 드라마〈롱 베케이션〉포스터

▼ 드라마〈롱 베케이션〉의 마지막 장면

결혼식의 신랑 신부를 기다리고 있습니다. 결혼식에 지각한 두 사람이 "기모노 예복보다는 웨딩드레스가 달리기는 더 편해"라는 말과 함께 교회를 향해 달려가는 뒷모습으로 드라마는 끝이 납니다. 이와 같이 드라마 〈롱 베케이션〉 속 처음과 마지막을 장식하는 두 번의 결혼식 장면은 일본의 결혼식 문화가 크게 "신사의 전통 혼례"와 "교회의 서양식 웨딩"으로 이루어져 있다는 것을 상징적으로 보여주고 있습니다.

기독교식 결혼과 무종교성

2020년 결혼식 선호도 조사 결과를 보면 '기독교식(교회식)'이 51.7%, '인전식(人前式)'이 28.5%, '신도식(神道式)'이 17.5%인 것으로 나타났습니다. '기독교식'과 '신도식'은 교회나 신사에서 신에게 결혼을 약속하는 세리머니를 하는 것이라고 한다면, '인전식'은 종교적 의례를 하지 않고 초대객과 함께 자유로운 결혼식을 만드는 것이라고 할 수 있습니다. 이러한 점에서 현재 일본에서 가장 선호하는 결혼식은 '기독교식'이라는 것을 알 수 있습니다.

그런데 일본 인구 중 기독교 숫자는 단 1% 정도에 불과한데 교회에서 결혼식을 올리는 사람이 50%가 넘는다는 것은 어떤 의미일까요? 가장 인기 있는 결혼식 스타일 중 하나인 '게스트하우스 웨딩' 장소를 보면 그 특징을 찾을 수 있습니다. 게스트하우스 웨딩은 보통 '유럽식 저택'에서 펼쳐지는 결혼식으로 세련되면서도 가정적인 분위기를 함께 낼 수 있다는 점에서 매우 인기가 높습니다. 무엇보다 넓은 가든에서 축하객과 함께 즐기는 파티는 결혼식 분위기를 한층 흥겹게 해줍니다. 이 게스트하우스 웨딩에서 푸른 정원과 함께 빼놓을 수 없는 공간이 바로 신랑 신부가 엄숙한 결혼 생각을 하는 신성한 '예배당(대성당)'입니다. 즉 일본에서

▲ 일본 호텔 결혼식장(신주쿠 게이오 프라자 호텔)　　▲ 게스트하우스 결혼식 예배당

의 '게스트하우스 웨딩'이란 예배당에서의 혼인 서약과 가든에서의 피로연을 하는 것으로 이루어지는 방식인 것입니다. 일본 호텔 결혼식장에도 예배당(대성당)이 마련되어 있는 곳이 많습니다. 1975년 신주쿠 게이오 프라자 호텔에서 최초로 호텔 안에 아름다운 예배당을 설치하였고 그 이후 호텔에서도 기독교식 결혼이 가능해졌습니다. 이렇게 게스트하우스나 호텔 예배당에서 하는 결혼을 '채플 웨딩'이라고도 합니다.

　이러한 결혼식 문화에서는 한국과는 다른, 일본인의 전통적인 종교 인식과 유연한 태도를 엿볼 수 있습니다. 한국에서는 실제로 기독교 신자인 경우 교회에서 기독교식 결혼식을 올리는 것이 일반적입니다. 반면 일본에서는 기독교 신자가 아님에도 불구하고, 교회 형식을 차용하는 경우가 많습니다. 이는 특정 종교에 대한 신앙보다는, 다양한 종교 형식을 상징적·의례적으로 수용해 온 일본의 관습적 태도와 문화적 맥락에서 이해할 수 있습니다.

4. 장례와 제례

일본인들의 산소 오하카(お墓)

일본인은 전통적으로 신도와 불교를 조화롭게 받아들이는 '신불습합'의 문화를 형성해 왔습니다. 이러한 역사적 배경 속에서 일본인들은 특정 신이나 부처에 대한 배타적 신앙보다는, 다양한 신격(神格)을 상황과 목적에 따라 유연하게 수용하는 종교적 태도를 보여 왔습니다. 실제로 일상생활이나 통과의례 속에서도 신사와 절을 구분 없이 찾는 경우가 많아 외부에서 보았을 때, 일본인은 여러 신과 부처를 구분하지 않고 모두를 신앙하는 것처럼 비칠 수 있습니다.

하지만 장례와 조상제사에 있어서만큼은 불교적 성격이 강하게 나타납니다. 일본에서 신도를 생(生)의 종교, 불교를 사(死)의 종교로 보는 것도 이러한 이유 때문입니다. 우리들이 조상의 묘를 산소(山所)라고 말하듯이 일본인은 조상의 묘를 보통 '오하카'라고 표현합니다. 우리들이 산소라고 할 때는 보통 둥근 봉분이 있는 무덤 ― 무덤 앞에 세워진 비석과 함께 ― 을 연상합니다. 하지만 화장이 일반화된 일본인의 경우에는 대부분「○○가(家)의 묘(墓)」라고 새겨진 사각의 묘석 ― 묘석 아래에 있

▼ 사찰 안의 오하카

▼ 오하카(○○家之墓)

는 가로토(カロウト)라는 납골 공간과 함께 ― 을 떠올립니다. 이 오하카는 불교사원에 있는 경우가 많으므로 성묘를 하는 것은 곧 절에 가는 것이 됩니다.

대부분 일본의 각 가정에는 불단(佛壇)이 있습니다. 불단 문을 열면 작은 불상과 그 집 조상의 위패를 볼 수 있습니다. 일본에서는 사람이 죽으면 '부처가 된다(仏様になる)'는 표현을 자주 사용합니다. 여기서 말하는 '부처'는 깨달음을 얻은 불교의 부처님이라기보다, 돌아가신 고인, 곧 조상을 존경과 애도의 의미로 '부처님'이라 부르는 표현입니다. 즉, "부처님이 되었다(仏様になった)"는 말은 곧 "돌아가셨다"는 뜻입니다.

세상을 떠나면 승려로 출가한다고 생각하기 때문에 죽은 자는 자기의 집안이 소속해 있던 사찰로부터 계명(戒名), 즉 법명(法名)을 받고 사찰의 과거장(過去帳)이라는 장부에 이름이 기재됩니다. 이렇듯 일본의 장례문화 및 조상제사는 불교와 관련이 깊기 때문에 승려의 존재가 필수적입니다. 승려는 시신 앞에서 독경을 읽어주고, 또 그 시체를 화장터에 옮겼을 경우(일본은 대개 화장을 한다) 화장하기 전부터 화장하는 동안 줄곧 독경하는 것도 승려의 역할입니다. 또 오본(お盆)이나 제삿날에는 승려를 모셔 독경을 하는 것이 일반적입니다.

▼ 불단에 모셔지는 조상의 위패 ▼ 집 안의 불단

일본의 '불교식 장례'의 탄생

오늘날 일본에서 일반적으로 행해지는 불교식 장례 방식은 사실 에도 시대(17세기 이후)에 들어서야 본격적으로 자리 잡은 것입니다. 그 탄생 배경에는 기독교 탄압이라는 정치적 이유가 깊이 관련되어 있습니다.

에도 시대에 들어서면서, 도쿠가와 막부는 기독교를 엄격히 금지하고 이를 뿌리 뽑으려는 정책을 펼쳤습니다. 이때 시행된 가장 강력한 수단 중 하나가 바로 '사단제도(寺檀制度)', 즉 '사원-신도 등록 제도〔단가제도(檀家制度)〕'입니다. 이 제도에서는 모든 백성들이 지역 불교사원의 신도로 등록해야 했습니다. 각 가정은 불교 사원에 소속되어야 했고, 이를 통해 자신들이 기독교도가 아님을 공식적으로 증명해야 했습니다. 이때 작성된 것이 바로 '종문인별장(宗門人別帳)', 즉 불교 신도 명부입니다. 이 명부에는 가족 구성원 한 사람 한 사람의 이름이 기록되어 있었습니다.

불교사원은 이 명부를 통해 백성들이 기독교와 무관함을 증명해주는 일종의 행정기관 역할을 했습니다. 더 나아가, 이 제도는 오늘날의 호적과 비슷한 기능까지 하게 되었고, 그 결과 전국 곳곳에 불교사원이 대폭 늘어나게 되는 계기가 되었습니다.

이렇게 모든 백성이 불교사원에 등록되면서, 사망자에 대한 장례도 자연스럽게 불교 승려에 의해 추도·제사를 지내는 관행이 정착되었고, 오늘날 일본의 불교식 장례의 틀이 이 시기에 만들어지게 됩니다.

사망자에게는 불교적인 '계명(戒名)', 즉 법명이 부여됩니다. 예를 들어 남성은 "○○居士(고지)", 여성은 "○○大姉(다이시)"와 같은 이름이 붙습니다. 무덤에는 "○○가의 묘(○○家之墓)"나 "○○가 선조대대의 묘(○○家先祖代·之墓)"라는 비석이 세워지고, 후손들은 이를 통해 조상에게 제사를 지냅니다.

마을 의례로서 조상제사

전통축제인 마쓰리가 많은 일본은 이 조상제사를 마을 단위로 하는 경우가 적지 않습니다. 오본(お盆)의 본오도리(盆踊り) 대회와 같은 마을 축제가 대표적입니다. 이 본오도리의 유래 역시 저승에서 찾아온 조상의 영혼들이 후

▲ 고잔의 오쿠리비(五山送り火)

손들과 함께 즐겁게 춤추고 다시 저승으로 돌아갈 수 있도록 하는 데서 비롯되었다고 전해집니다. 오본에는 성묘를 하고, '무카에비(迎え火)', '오쿠리비(送り火)'라고 하여 조상님을 맞이하기 위한 관솔불을 피웁니다. 조상을 맞이하는 무카에비는 8월 13일, 보내는 오쿠리비는 8월 16일이 많습니다. 요즈음은 관솔불을 대신해서 불꽃 모양의 전구를 사용하기도 합니다.

16일의 오쿠리비는 집에서 만이 아니라 마을 공동으로 불을 피우기도 합니다. 이것을 하는 이유 역시 조상은 이 불을 등불삼아 저승으로 다시 돌아가신다고 전해집니다. 마을 단위로 할 때에는 강이나 바다, 산 등에서 모여서 하는 경우가 많은데 그중에서도 교토의 '대문자 보내기(大文字送り)'로 불리는 '고잔의 오쿠리비(五山の送り火)'는 매우 유명합니다. 산 중턱에서 '大'라는 글자가 일제히 점화하는데, '大' 자의 1획이 80m, 2획이 164m, 3획이 120m입니다. 이 오쿠리비가 거대한 경관을 만들기 때문에 이를 보러 오는 관광객도 많습니다.

또 나가사키(長崎)와 사세보(佐世保)의 도로나가시(灯籠流し)와 같이 배에 등롱을 실어 이것을 강이나 바다에 흘려보내는 의례가 있습니다. 이것은 쇼료오쿠리(精霊送り)라고 하는데 이것도 조상을 보내기 위한 오본의 마을 의례라고 할 수 있습니다.

 확인 학습

1. 일본의 '성인의 날'은 매년 언제 시행되는가?
   ① 1월 1일   ② 1월 두 번째 월요일
   ③ 4월 첫 번째 일요일   ④ 12월 마지막 주 토요일

2. 일본의 성인식에서 여성들이 주로 입는 전통 복장은 무엇인가?
   ① 유카타   ② 시로무쿠
   ③ 후리소데   ④ 하카마

3. 성인의 날 성인식을 처음 시작한 지역은 어디인가?
   ① 도쿄도   ② 오사카시
   ③ 와라비시   ④ 교토시

4. 1980년대 일본의 교회식 결혼식 유행에 큰 영향을 준 인물은 누구인가?
   ① 오카다 준이치   ② 마쓰다 세이코
   ③ 기무라 타쿠야   ④ 나카야마 미호

5. 일본 전통 혼례에서 신부가 입는 흰색 기모노를 무엇이라고 부르는가?
   ① 오비   ② 유카타
   ③ 후리소데   ④ 시로무쿠

6. 일본의 결혼식 중 종교적인 의식을 생략하고 자유로운 형식으로 치르는 방식을 무엇이라고 하는가?
   ① 신도식   ② 불교식
   ③ 인전식   ④ 채플웨딩

7. 일본에서 장례와 제례가 불교식으로 발전하게 된 역사적 배경은 무엇인가?
   ① 쇼와 시대의 경제 성장   ② 메이지 유신
   ③ 기독교 박해와 사단제도   ④ 태풍 피해 복구 사업

8. 일본에서 조상의 묘를 가리키는 표현으로 올바른 것은?
　① 야마토　　　　　② 오하카
　③ 가미사마　　　　④ 타이라

9. 일본의 오본(お盆) 기간에 조상의 넋을 보내기 위해 마을 단위로 행해지는 대표적인 의식은?
　① 신도제　　　　　② 본오도리
　③ 정월축제　　　　④ 하나비 대회

10. 교토에서 행해지는 오본 기간의 대표적인 오쿠리비(送火) 행사는 무엇인가?
　① 나루토 불꽃놀이　② 고잔의 오쿠리비
　③ 에도 본바이　　　④ 사카모토 제례

정답

1	2	3	4	5	6	7	8	9	10
②	③	③	②	④	③	③	②	②	②

―― 제12장 ――

미디어

신문에서 SNS까지 이어지는 소통의 길

핵심 포인트

- 미디어가 무엇인지, 미디어를 이루는 종류를 말할 수 있다.
- 신문이 어떤 역할을 하며, 전국지와 지방지의 종류를 설명할 수 있다.
- 일본 잡지에는 어떠한 것이 있고, 각각의 잡지별 특징은 무엇인지 말할 수 있다.
- 일본의 가요와 애니 송이 무엇인지 어떻게 발달하게 되었는지 이해하고, 그 특징을 말할 수 있다.
- 극장과 영화관, 그리고 드라마의 시대별 변화와 그 특색을 이해하고 말할 수 있다.
- 광고의 역할을 이해하고, 광고의 종류와 그 특징에 대하여 설명할 수 있다.

이 장에서는 일본의 주요 미디어와 대중문화 산업의 전반적인 흐름을 살펴봅니다. 신문과 잡지를 비롯해 극장, 텔레비전, 드라마, 음악, 광고 등 각 분야의 역사와 구조, 대표 사례, 최근 동향까지 폭넓게 다룹니다. 전국지와 지방지, 일반지와 만화잡지의 구분, 가부키와 현대 영화산업, 방송체계와 드라마 장르, J-POP과 애니 송, 디지털화된 광고 등을 통해 일본 미디어 문화의 다층적 특성을 이해할 수 있도록 구성되어 있습니다.

1. 출판

신문

일본의 신문에는 전국에서 일어난 사건·사고와 관련된 뉴스 또는 시사 내용을 기사화하고 있는 것으로, 전국에서 판매되는 '전국지(全国紙)'와 지역별로 뉴스나 홍보 등을 기사화하고 판매 범위가 관할 지역사회로 한정되는 '지방지(地方紙)'로 나눌 수 있습니다. 전국지에는 『요미우리 신문(読売新聞)』, 『마이니치 신문(毎日新聞)』, 『아사히 신문(朝日新聞)』, 『니혼게이자이 신문(日本経済新聞)』, 『산케이 신문(産経新聞)』등 5개 신문이 있습니다. 이들 전국지는 국내 및 해외에도 지국을 두어 독자적으로 취재 활동을 하고 있으며 각각 다른 특징과 사업 내용을 담고 있습니다. 이들 중에서 『요미우리 신문·마이니치 신문·아사히 신문』은 일본의 '3대 신문(3大紙)'이라 불리고 있습니다.

특정 지역을 판매 대상으로 하는 신문을 '지방지'라고 합니다. 지방지는 지역마다 많은 종류가 발행되고 있으며 블록지(ブロック紙)와 현지(県紙), 지역지(地域紙)로 분류됩니다. 현지는 한 도도부현의 거의 전역을 대상으로 판매하는 신문이며, 복수의 도도부현을 포함한 지역 블록을 대상으로 하는 지방지를 블록지, 도도부현 내의 한정된 지역인 일부 시정촌(市町村) 또는 낙도(離島)에서만 발행되는 신문을 지역지〔지역신문(地域新聞)〕또는 로컬지(ローカル紙=ローカル新聞)라고 합니다. 이와 같은 지방지도 많은 종류가 발행되고 있으며 한정된 지역에서 발간되지만, 발행 부수는 전국지에 뒤지지 않습니다. 전국에서 100개가 넘는 지역지가 발행되고 있으며 지역의 특유한 뉴스 또는 시사를 주로 소재로 다루어 기사화하고 있습니다.

▲ 일본의 신문

일본의 신문은 메이지 시대에 등장하여 일본의 근대화에 크게 관여하였으며 발행 부수나 보급률도 세계에서 상위를 차지하였습니다만, 21세기에 인터넷이 보급됨에 따라 '신문 기피' 현상이 나타났습니다.

최근에는 신문사에서 종이매체 및 전자화 신문을 함께 발행하고 있으며 전자화 신문의 출현으로 종이매체 신문의 발행 부수 및 판매가 감소하였습니다.

2011년 3월에 발생한 '동일본대지진'의 재해 지역에서는 정전으로 인해 TV, 전화, 인터넷 등의 통신 수단의 사용이 불가하게 되어 정보 전달이 단절되었습니다. 이러한 시기에 종이매체의 신문은 이재민의 안부 및 재해 정보를 게재하여 널리 읽히게 되었고 정확한 정보 전달에 큰 역할을 하였습니다.

잡지

일본에서 최초의 잡지는 1867년 10월에 야나가와 슌산(柳川春三)에 의해 창간된 『서양 잡지(西洋雜誌)』입니다. 『서양 잡지』는 월간지로 1869년 6권을 발행한 후 야나가와 슌산이 사망하면서 폐간되었습니다. 그 후, 1874년 후쿠자와 유키치(福沢諭吉)가 게이오기주쿠(慶応義塾) 출판사에서 『민간 잡지(民間雜誌)』를 출판하였고, 구미에서 유학한 학자들이 주축이 된 메이로쿠사(明六社)에서 일본 최초의 『종합 잡지』에 해당하는 『메이로쿠 잡지(明六雜誌)』를 창간하였으며 이를 계기로 잡지가 널리 보급되게 되었습니다. 잡지는 다양한 연령층을 대상으로 하여 장르별로 제작 및 구성되었으며 최근에는 디지털화된 잡지가 발행되고 있습니다.

정기 발행되는 출판물인 일반지(一般誌)에는 패션 잡지, 만화 잡지(漫画雜誌), 스포츠 잡지, 축구 전문지, 농구 전문지, 모형 잡지, 게임 잡지, 애니메이션 잡지(アニメ雜誌), 자동차 잡지, 오토바이 잡지(オートバイ雜誌) 등 여러 카테고리의 종류가 있습니다. 이와 같은 잡지에는 부록이 붙어 있습니다. 잡지 부록은 광고주의 홍보를 목적으로 구성하지만, 잡지의 내용과 전혀 관계가 없는 것은 부록으로 인정되지 않기 때문에 패션 잡지에는 토트백이나 파우치가 많고, 베이비 잡지라면 기저귀 교환 매트, 남성지는 그루밍 키트 등 잡지 기사와 관련된 아이템이 부록으로 구성됩니다. 유치원생을 대상으로 출판되는 『유치원(幼稚園)』이라는 잡지에서는 신호등, AED체험세트(AEDたいけんセット)와 같이 부모와 함께 만들어서 직접 연습과 체험을 할 수 있는 부록이 들어있습니다.

일본의 만화잡지는 만화를 게재할 목적으로 출판하며 『코믹지(コミック誌)』 등으로 불리기도 합니다. 주간, 격주간, 월 2회, 연 4회 계간 등 발

▼ 일본의 잡지

▼ 일본의 만화 잡지

행주기는 출판물에 따라서 다양합니다. 대상 구독자층에 맞추어 소년 만화지, 순정 만화지, 청년 만화지 외 4컷 만화지 등이 있습니다.

　최근 등장한 잡지 『Halmek(ハルメク)』은 직판 스타일의 시니어 여성을 위한 정기구독 잡지입니다. 서점이나 편의점에서 판매되지 않음에도 불구하고 일본 ABC협회의 조사에 의하면 2021년 상반기 잡지 판매 부수에서 여성지 부문에서 5기 연속 No.1을 획득했습니다. 시니어의 리얼한 목소리를 반영하고 있기 때문에 잡지 『Halmek』이 지지를 받고 있습니다. 잡지뿐만 아니라 유튜브에 공식 채널을 통하여 동영상으로도 제작 및 방영되고 있습니다.

2. 극장과 TV 드라마 그리고 음악

일본의 극장과 TV

　일본 교토의 '미나미좌(南座)'는 현존하는 가부키 극장 중 가장 오래된 전통을 가진 극장으로, 에도 시대 초기 연극 문화가 번성하던 교토 시조(四条) 지역에 자리 잡았습니다. 도쿠가와 막부의 통제 아래 허가된 극장 중 하나로서 운영되었으며, 이후에도 가부키 배우들의 주요 무대로 현재까지 공연이 이어지고 있습니다.

　일본 전국에는 6개의 국립극장이 있으며, 가부키(歌舞伎)와 분라쿠(文楽), 노가쿠(能楽), 대중 예능, 오키나와 전통 예능은 물론 오페라, 발레, 연극까지 상연되고 있습니다.

　일본의 대표적인 3대 극단이란, '문학좌(文学座)', '극단 배우좌(劇団俳優座)', '극단 민예(劇団民藝)'를 말하며, '극단 민예'가 아닌 '극단 청년좌

(劇団青年座)'가 포함되기도 합니다. 또한 3대 소녀 가극단으로는 'OSK 일본 가극단(OSK日本歌劇団)', '다카라즈카 가극단(宝塚歌劇団)', '쇼치쿠 가극단(松竹歌劇団)'을 들 수 있으며, 이들 극단은 주로 간사이(關西)를 중심으로 활약하고 있습니다.

일본 최초의 상설 영화관으로 불리는 '아사쿠사 전기관(浅草電気館)'은 1903년 도쿄 아사쿠사에 개관되었으며, 초기에는 수입된 무성 영화를 상영했습니다. 이후 일본 국산 영화의 제작이 증가하면서 국내 영화 전문관으로 변화하였습니다. 일본인이 촬영한 초기 영화로는 1898년 아사노 시로(浅野四郎)가 제작한 단편 무성 영화 〈요괴지장(化け地蔵)〉, 〈죽은 자의 소생(死人の蘇生)〉 등이 있습니다. 한편, 현존하는 일본 최고(最古)의 영화는 1899년에 촬영된 〈단풍놀이(紅葉狩)〉로, 가부키 무대 장면을 담은 작품입니다. 이 작품에는 9대 이치카와 단주로(市川団十郎)와 5대 오노에 기쿠고로(尾上菊五郎)가 출연하여 최고의 기예를 선보였습니다.

일본에서 영화가 산업으로서 확립된 것은 1912년 일본 활동사진 주식회사, 이른바 '닛카쓰(日活)'가 성립했을 때입니다. 1920년에는 전통 있는 예능 기획사인 '쇼치쿠(松竹)'가 영화 부문을 신설하였고, 1936년에는 '도쿄 다카라즈카' 등의 합병으로 '도호(東宝)'가 탄생하였습니다. 전쟁 중인 1943년에 '다이에이(大映)'가 국가의 지원으로 만들어졌고, 전후의 1949년에 도쿄큐코(東京急行) 전철(현: 도큐(東急))에서 '도에이(東映)'를 만들었습니다. 여기에 '도호(東宝)'에서 노동조합이 독립하여 만든 '신토호(新東宝)'를 합하여 총 6개의 영화사가 존재하였습니다.

하지만 태평양 전쟁의 패배와 텔레비전의 보급으로 인해 일본의 영화산업은 침체기를 맞이하게 되었습니다. 이러한 침체 국면에서 영화산업에 하나의 전환점을 가져다준 요인 중 하나가 바로 '시네마 콤플렉스'라

▲ 일본의 영화관

▲ 일본의 극장

는 새로운 형태의 영화관입니다. 이른바 쇼핑센터 등에 인접하거나 병설된 복합건물 내에 다수의 스크린(보통 6~18개)을 갖추고, 다양한 작품을 자유롭게 편성하여 어느 스크린에서든 상영이 가능하도록 설계된 새로운 배급 방식의 영화관입니다.

또한 6개 스크린에 못 미치는 소규모 시네콘을 '미니콘(ミニコン, 또는 미니플렉스(ミニプレックス))', 18개 스크린이 넘는 대규모 시네콘을 '메가콘(メガコン, 또는 메가플렉스(メガプレックス))'이라고 부르는 경우가 있습니다.

일본의 텔레비전의 탄생과 발전과정에 대한 이야기는 다카야나기 겐지로(高柳健次郎, 1899~1990) 박사로부터 시작됩니다. 다카야나기 겐지로 박사는 1926년 세계 최초로 전자식 텔레비전 개발에 성공한 후, 1940년에는 NHK(일본 방송 협회) 기술 연구소팀을 인솔하여 텔레비전의 실험방송에 성공하였습니다. 그리고 제2차 세계 대전 후에도 일본의 텔레비전 개발을 지휘하여 1953년의 텔레비전 방송 개시나 일본 최초의 텔레비전을 개발하게 되었습니다.

NHK가 1953년 2월 1일에 처음으로 텔레비전 방송을 시작했고, 6개월 뒤인 8월 28일에 니혼TV가 민간 방송 최초의 TV 방송을 시작하였습니

▲ 아사히 & NHK 방송국

다. 그 후, 일본 전국에서 TV 방송국이 속속 설립되었습니다. 방송 초기에는 TV가 매우 비싸서 길거리나 가게 앞에서 TV를 볼 수밖에 없었지만, 1950년대 후반부터 일본 경제는 고도 성장기로 접어들면서 텔레비전은 일반 가정에 급속히 보급되었습니다.

1960년대 이후, NHK와 민방 4국이 컬러텔레비전의 본방송을 스타트하였고, 1971~1979년에는 NHK 종합 텔레비전 전 시간대의 컬러화를 시행하였습니다. 텔레비전 방송 개시로부터 22년이 경과 한 1975년에는 컬러텔레비전의 세대 보급률이 90%를 웃돌았습니다. 그 후, 1980년대부터 위성 방송이 시작되었고 1990년대부터 하이비전 방송, 2003년부터 지상 디지털 방송이 시작되었습니다. 그리고 2011년, 일본의 텔레비전은 모두 디지털 방송으로 전환되면서 아날로그 텔레비전 방송을 종료하였습니다.

그리고 2014년부터 4K 슈퍼하이비전, 2016년부터 8K 슈퍼하이비전의 시험 방송을 시작했으며, 2018년 12월 1일에는 NHK BS4K와 NHK BS8K가 함께 실용 방송을 시작했습니다. 2019년에는 NHK의 BS4K 채널에서 지상파 및 위성 방송 프로그램 가운데 선별된 콘텐츠를 4K 화질로 제작해 방송하였습니다. 한편, BS8K 채널에서는 세계 최고 수준의 영상과 음향을 활용하여, 미술·기행·스포츠·음악·라이브 공연 등 고품질 콘텐츠를 중심으로 편성하고 있습니다. 지금도 TV는 끊임없이 진화를 계속하고 있습니다.

드라마

1953년 2월 1일에 NHK가, 그리고 같은 해 8월 28일에는 '닛폰 TV 방송망(日本テレビ放送網)'에서 본방송을 시작하였습니다. 이후, 텔레비전 방송국은 지상 127사, 위성 13사로 발전을 이루었습니다. 지상파의 텔레비전 방송국은 '키국(キー局)'·'로컬국(ローカル局)'·'독립 U국(独立U局)'으로, 위성방송의 텔레비전 방송국은 'BS(Broadcasting Satellites)'·'CS(Communication Satellites)'로 나눌 수 있습니다. '키국(キー局)'은 주요 방송국을 가리키며 닛폰 TV 방송망·TV 아사히(テレビ朝日)·TBS TV(TBSテレビ)·TV 도쿄(テレビ東京)·후지 TV(フジテレビジョン) 등의 5국을 가리킵니다. '로컬국'은 특정 지역을 방송 구역으로 하는 지역 기반의 방송국을 말하며, '독립 U국'은 주요 네트워크 계열에 소속되지 않은 독립형 텔레비전 방송국을 의미합니다. 'BS' 방송은 위성을 이용한 방송을 일반적으로 BS 방송이라고 하며 시청은 일부 유료 채널을 제외하고 기본적으로는 무료로 시청이 가능합니다. 'CS' 방송은 통신위성을 이용한 방송을 가리키며 CS를 시청할 때 시청 비용이 발생합니다.

일본에서 첫 드라마는 〈저녁식사 전에(夕餉前)〉로 1940년에 일본 방송협회(NHK)의 텔레비전 기술 실험 방송에서 제작된 일본 최초의 텔레비전 드라마입니다. 이마 우헤이(伊馬鵜平)의 각본으로 12분 정도의 홈 드라마이며, 결혼 적령기 딸의 혼담을 중심으로 한 내용입니다.

일본 TV 드라마 사상 가장 높은 평균 시청률과 최고 시청률을 기록한 작품은, 1983년부터 1984년에 걸쳐 방영된 NHK 연속 TV 소설 〈오싱(お

しん)〉입니다. 이 드라마는 최고 시청률 62.9%라는 경이적인 수치를 기록하였으며, 일본 전역에 깊은 감동을 안긴 불후의 명작으로 평가받고 있습니다.

1970년대 초반에는 시대극의 새로운 흐름과 홈드라마의 전성기가 이어졌고, 1970년대 후반부터 1980년대 전반까지를 일본 드라마의 제1차 황금기로 불립니다. 이 시기를 대표하는 작품으로는 텔레비전 드라마 역사에 큰 족적을 남긴 〈기슭의 앨범(岸辺のアルバム, TBS)〉과, 구라모토 소우(倉本聰)가 각본을 맡은 〈북쪽 나라에서(北の国から: 후지 TV, 1981년 10월 9일~1982년 3월 26일)〉 등이 있습니다.

TBS에서는 드라마 〈추억으로 변할 때까지(想い出にかわるまで: 1990)〉가 방영되어 큰 인기를 끌었습니다. 그리고 같은 해 방영된 애증의 정서를 담은 〈크리스마스 이브(クリスマス・イヴ)〉가 그 뒤를 이었는데, 가라시마 미도리(辛島美登里)가 부른 주제가 '사일런트 이브(サイレント・イブ)'도 함께 히트했습니다. 이 노래는 버블 경제기의 젊은이들 사이에서 크리스마스 이브에 연인과 함께 특별한 시간을 보내는 문화를 유행시키는 데 큰 영향을 주었습니다. 당시에는 '아카사카 프린스 호텔(赤坂プリンス)', 줄여서 '아카푸리(赤プリ)'라고 불리는 고급 호텔에서 하룻밤을 보내는 것이 하나의 트렌드로 자리 잡기도 했습니다.

1990년대 전반은 버블 붕괴 이후 화려한 드라마의 전성기였고, 후반에는 연애 드라마의 황금기와 여성들의 연대를 주제로 한 작품들이 주류를 이루었습니다. 이러한 1990년대의 드라마 경향은 21세기에도 이어졌으며, 2003년에는 한국의 드라마 〈겨울연가(冬のソナタ)〉의 방영을 계기로 한류 드라마 붐이 일본 전역에 확산되었습니다.

2011년 3월 11일의 '동일본대지진(東日本大震災)'과 '도쿄전력 후쿠시마 제1 원자력 발전소의 사고' 이후에는 텔레비전 드라마나 버라이어티 등의 엔터테인먼트는 '자숙'의 분위기로 바뀌어, 텔레비전에서는 AC재팬의 CM만이 방송되었습니다.

2020년, 코로나에 의한 재택생활의 시기 이후에는 Netflix나 Amazon Prime 등을 이용한 드라마의 시청률이 높아졌습니다. 하지만 〈엘피스-희망, 혹은 재앙(エルピス-希望'あるいは災い: 간사이 TV·후지TV 계열, 2022)〉이나 〈펜스(フェンス: WOWOW, 2023)〉 등과 같은 사회문제나 현실을 직시하고 파헤치는 드라마도 제작되어 방송되었습니다. 2019년부터 2023년까지 5년간의 종합 시청률의 순위로 1위는 〈한자와 나오키(半沢直樹)〉의 최종회, 2위는 〈테세우스의 배(テセウスの船)〉의 최종회, 3위는 〈VIVANT〉의 최종회였으며, 1위인 〈한자와 나오키〉는 2013년 방송의 속편으로 2019년 이후의 레이와 시대에서도 변함없는 인기작이었습니다.

일본에서 텔레비전 방송국이 개국한 지 70여 년이 지난 오늘날, 컬러 방송과 디지털화 등의 기술적 발전을 거쳐, 2020년대에 들어서는 드라마의 장르적 다양성과 멀티 플랫폼을 통한 송출이 본격화되는 시대가 열렸습니다.

음악

일본의 대중음악으로는 'J-POP'과 '애니 송(アニソン)'이 유명합니다.

'J-POP'은 일본인이 작사와 작곡을 담당한 대중음악을 가리킵니다. 엔카나 격렬한 하드 록 등은 포함하지 않은, 일본만의 팝 음악 형식으로, 전통적인 음악 스타일을 기반으로 서양의 팝과 록, R&B, 댄스, 일렉트로닉 등의 요소를 도입하고 있습니다.

'J-POP'의 특징은 섬세하고 다양한 표현으로 일상의 감정과 이야기를 세밀하게 담아낸 가사에 있으며, 소리를 흉내 내어 인위적으로 만들어낸 의음(疑音)이 많이 사용된다는 점에서도 두드러집니다.

밀리언셀러가 1992년경부터 등장하였고, 1998년에는 일본의 CD 생산 금액이 사상 최고의 기록을 경신하며 음악 산업은 전성기를 맞이하였습니다. 고무로 데쓰야(小室哲哉)가 프로듀스한 TRF, 아무로 나미에(安室奈美恵), 음악 제작사인 비잉(ビーイング)의 오구로 마키(大黒摩季), B'z, ZARD 등이 음악계를 석권하였으며, 1999년에는 우타다 히카루(宇多田ヒカル)의 앨범 'First Love'가 역대 앨범 차트에서 1위를 기록하였습니다.

2000년대에 들어서면서 CD 판매는 감소하고 디지털 다운로드 매출이 증가하는 추세로 전환되었습니다. 소니의 음악 사이트 'bitmusic', '휴대폰 벨소리 음원(着歌)', NTT 도코모(NTTドコモ)의 음악 정액 서비스 '음악 무제한 듣기(きき放題)', KDDI의 'LISMO' 등이 그 예입니다. 현재 'J-POP'이라는 장르는 10대에서 60대 이상의 다양한 연령층으로부터 폭넓은 지지를 받고 있습니다.

'애니 송'은 TV 애니메이션이나 애니메이션 영화의 주제가 및 캐릭터 송 등을 의미합니다. 애니메이션 주제가는 대부분 템포가 빠르고 역동적인 리듬을 특징으로 합니다. 따라서 곡의 템포를 빠르게 설정하고 리듬에 변화를 줌으로써 청중의 주의를 끌고 짧은 시간 안에 강한 인상을 주도록 구성되어 있습니다. 또한 팝, 록, 일렉트로닉, 클래식 등 다양한 음악 장르가 '애니 송'으로 채택되어, 장르적 다양성도 갖추고 있습니다.

그리고 또 하나의 특징은 기억하기 쉬워 반복해서 듣고 싶어지는 멜로디, 즉 '후크 송'입니다. 인상적인 문구를 반복해서 사용하거나 멜로디에 변화를 주면서도 기억하기 쉬운 패턴을 만드는 것이 특징입니다. 하지만 최근에는 애니메이션의 주제가로 쓰이지 않은 노래라도, 성우가 부르거나 애니 송 전문 레이블에서 만든 곡이면 '애니 송'으로 분류되는 경우가 많습니다.

	2024년 애니 송 순위
1	'잔혹한 천사의 테제' 다카하시 요코, 신세기 에반게리온
2	'아이돌' YOASOB, 최애의 아이
3	'볼테스 V의 노래' 호리에 미쓰코, 초전자 머신 볼테스 V
4	'unravel' TK from 린토시테시구레, 도쿄 구울
5	'KICKBACK' 요네즈 겐시, 체인소 맨
6	'블루버드' 이키모노 가카리, 나루토 - 질풍전
7	'SPECIALZ' King Gnu, 주술회전 회옥·옥절(懷玉·玉折) / 시부야 사변(제2기)
8	'We are!' 기타다니 히로시, 원피스
9	'again' YUI, 강철의 연금술사
10	'푸른 스미카(青のすみか)' 기타니 다쓰야, 주술회전 회옥·옥절(懷玉·玉折) / 시부야 사변 (제2기)

▲ 일본의 HMV

3. 광고

광고는 기업이 마케팅 전략의 일환으로 유료 매체를 통해 요금을 지불하고 진행하는 커뮤니케이션 활동입니다. 제품이나 상품, 서비스 또는 아이디어 등의 존재와 특징, 필요성 등의 정보를 대중에게 전달하여, 소비자의 인식과 태도, 소비 행동에 변화를 일으키는 것을 목적으로 합니다. 이는 마케팅 활동 중 하나로 간주됩니다.

일본에서는 718년에 제정된 '양로율령(養老律令)'의 해설서인 '영집해

◀ 일본의 광고 연감(コピー年鑑) 및 광고&CM 연감

(令集解)'에, 각 매장에서 상품명을 간판에 명기하도록 한 규정이 있었습니다. 이를 일본 최초의 상업 광고로 보는 설도 존재합니다.

일본에서 가장 오랜 역사를 지닌 종합 광고상은 '광고덴쓰상(広告電通賞)'입니다. 1947년 12월에 창설되었으며, 우수한 광고 커뮤니케이션을 실천한 광고주에게 수여됩니다. 이 상은 일본의 산업과 경제, 문화의 발전에 기여하는 것을 목표로 합니다. 수상 부문은 최고상, 금상, 은상, 종합상, 특별상, 지역상 등 7개로 구성되어 있으며, 심사는 총 24개 카테고리로 나누어 진행됩니다. 2025년에는 제78회를 맞이하였습니다.

인터넷 광고 및 대중 매체 광고

광고는 크게 '인터넷 광고', '대중 매체 광고', '세일즈 프로모션 광고(SP)'로 나눌 수 있습니다. 먼저 '인터넷 광고'는 인터넷을 통해 이루어지는 광고를 말하며, 검색 화면, 블로그, SNS 등 다양한 매체에 게재됩니다. 인터넷 광고의 특징은 이용자의 행동이나 속성 정보를 바탕으로, 타깃이 되는 대상에게 맞춤형 광고를 정밀하게 전달할 수 있다는 점입니다. 또

◀ Web 광고

▲ 신문광고

▲ 잡지광고

▲ TV CM

한 구매나 문의 등의 활동을 수치로 계측할 수 있어, 광고 효과를 구체적으로 측정하고 그 근거를 제시하기 쉽다는 장점이 있습니다.

 '대중 매체 광고'는 대중(소비자)에게 정보를 보다 더 널리 전달할 수 있다는 점이 가장 큰 특징이며, 4대 대중 매체로는 TV CM, 신문광고, 잡지광고, 라디오가 있습니다.

세일즈 프로모션 광고(SP)

'세일즈 프로모션 광고(SP)'는 이윤 추구를 위한 판매 촉진을 목적으로 오프라인을 중심으로 이루어지는 광고 기법입니다. 세일즈 요소가 강하고, 매장의 이벤트나 전시회 등에서 직접 구매로 연결되는 효과가 있습니다. 그 외에 DM(다이렉트 메일)이나 전단지 등과 같이 직접 대중(소비자)에게 정보를 전달하는 방법도 포함하고 있습니다.

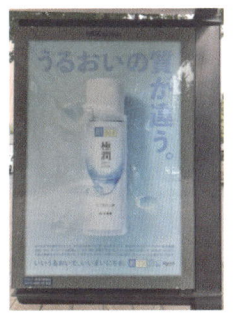  

▲ 옥외 광고 및 교통 광고

▲ 전단지

확인 학습

1. 다음 중 일본의 전국지(全国紙)에 해당하지 않는 신문사는?
   ① 요미우리 신문
   ② 아사히 신문
   ③ 마이니치 신문
   ④ 홋카이도 신문

2. 다음 중 지방지(地方紙)에 대한 설명으로 가장 적절한 것은?
   ① 전국에 동일한 기사를 송출하는 신문이다.
   ② 일본에서 3개 신문만 존재하며, 모두 도쿄에 본사를 둔다.
   ③ 특정 도도부현이나 지역 단위로 발행되는 신문이다.
   ④ 일본 내에서는 발행 부수가 가장 적은 유형이다.

3. 다음 중 일본에서 최초로 창간된 잡지로 가장 알맞은 것은?
   ① 민간 잡지
   ② 서양 잡지
   ③ 메이지 잡지
   ④ 메이로쿠 잡지

4. 잡지 'Halmek'이 독특한 이유로 옳지 않은 것은?
   ① 여성 시니어를 주요 독자층으로 삼는다.
   ② 편의점과 서점에서 주로 판매된다.
   ③ 유튜브를 활용한 영상 콘텐츠도 제작된다.
   ④ 직판 구독 방식으로 유통된다.

5. 다음 중 일본의 3대 극단에 포함되지 않는 것은?
   ① 문학좌
   ② 극단 배우좌
   ③ 극단 민예
   ④ 다카라즈카 가극단

6. 일본의 시네마 콤플렉스에 대한 설명으로 적절하지 않은 것은?
   ① 복합건물 내에 다수의 상영관을 가진 영화관이다.
   ② 쇼핑센터와 인접한 경우가 많다.
   ③ 모든 영화는 국가의 허가를 받아야 상영 가능하다.
   ④ '미니콘'은 소규모 스크린 수를 가진 시네콘이다.

7. 일본 텔레비전 방송 초기의 상황에 대한 설명으로 옳은 것은?
   ① 위성방송으로 시작되었다.
   ② TV는 대중화되어 가정마다 있었다.
   ③ 컬러 방송은 1960년대부터 시작되었다.
   ④ 아날로그 방송은 2000년에 종료되었다.

8. 다음 중 일본 드라마 방송 구조에 대한 설명으로 옳은 것은?
   ① '키국'은 모든 지역 방송국의 지국 역할을 한다.
   ② '로컬국'은 특정 지역을 중심으로 방송하는 지상파 방송국이다.
   ③ 'BS' 방송은 유료 방송으로만 운영된다.
   ④ 'CS' 방송은 무료 방송이며 전국 어디서나 수신 가능하다.

9. 다음 중 J-POP의 특징으로 보기 어려운 것은?
   ① 서양 음악 요소와 일본어 가사를 결합한다.
   ② 후크 송이나 의음 등 인상적인 구성 요소가 있다.
   ③ 엔카와 하드 록을 포함하는 장르이다.
   ④ 감정 표현이 섬세한 가사 구성이 많다.

10. 다음 중 일본의 세일즈 프로모션 광고에 해당하지 않는 것은?
    ① 백화점의 할인 이벤트 전단지
    ② 편의점 진열대의 POP 광고
    ③ SNS에 노출되는 알고리즘 기반 광고
    ④ 박람회 현장 부스 체험형 판촉 활동

정 답

1	2	3	4	5	6	7	8	9	10
④	③	②	②	④	③	③	②	③	③

─── 제13장 ───

정치와 사회

헌법과 제도로 보는 일본 사회

> **핵심 포인트**
>
> - 국가가 무엇인지, 국가를 이루는 세 가지 요소(영토, 국민, 주권)를 말할 수 있다.
> - 헌법이 어떤 역할을 하는 법인지, 일반 법과 어떻게 다른지 설명할 수 있다.
> - 일본국 헌법의 세 가지 기본 원칙(국민주권, 기본적 인권 존중, 평화주의)을 말할 수 있다.
> - 일본과 한국의 정치 체제가 어떻게 다른지 간단히 비교할 수 있다.
> - 정당이 하는 일을 알고, 왜 국민들이 정당에 투표하는지 설명할 수 있다.

일본의 정치 체제는 1947년에 시행된 일본국 헌법을 바탕으로 운영됩니다. 이 헌법은 국민 주권, 기본적 인권의 존중, 평화주의를 기본 원칙으로 삼고 있으며, 입법·행정·사법의 삼권분립 구조를 통해 권력의 균형을 유지합니다. 일본은 의원내각제를 채택하고 있어 총리는 국회에서 선출되며, 내각이 중심이 되어 정책을 수행합니다. 국회는 중의원과 참의원으로 구성된 양원제를 따르며, 정당을 통한 대의민주주의가 중요한 역할을 합니다. 특히 자유민주당을 중심으로 한 정치 운영은 일본 정치의 큰 특징입니다. 이 장에서는 일본국 헌법의 구조, 정치 기구의 기능, 정당 정치의 특징과 과제에 대해 살펴봅니다.

1. 헌법

일본국 헌법의 이해

국가란 무엇보다 먼저, 일정한 영토와 그 안에서 살아가는 국민, 그리고 이를 통치하는 주권을 갖춘 정치 공동체를 말합니다. 이러한 국가의 구성 요소는 세계 어느 나라에서나 공통되며, 국가가 성립하기 위한 최소 조건이기도 합니다. 특히 주권은 국가가 독자적인 의사결정을 통해 국내외 문제를 처리하고, 국민의 안전과 권리를 보장하며, 법과 제도를 시행할 수 있는 힘의 근거가 됩니다.

그러나 이러한 주권이 실제로 어떠한 방식으로 행사되는지는 나라마다 다르며, 각기 다른 법적 규범과 정치 체계에 따라 달라집니다. 국가 운영의 틀을 규정하는 가장 근본적인 법률이 바로 헌법입니다. 헌법은 국가의 조직과 권력 분립, 국민의 권리와 의무 등을 규정하는 최고 법규이며, 모든 법률은 이 헌법에 근거하여 제정되고 집행되어야 합니다.

일본에서 법률의 기원은 7세기로 거슬러 올라간다. 604년에 쇼토쿠 태자에 의해 제정된 '17조 헌법'은 일본에서 가장 오래된 성문헌법으로 간주되며, 이 헌법은 법치보다는 윤리적, 도덕적 규범에 가까운 내용으로 구성되어 있습니다. 일본국 헌법과 직접적인 제도적 계보를 잇는 헌법은 '대일본제국 헌법'부터입니다. 메이지 시대인 1889년(공포는 1889년, 시행은 1890년)에 제정된 '대일본제국 헌법'은 독일(프로이센) 헌법을 모델로 삼은 군주제 헌법(흠정헌법)이었습니다. 이 헌법에서는 천황이 입법, 행정, 사법을 모두 장악한 주권자로 위치하고 있었습니다.

그러나 제2차 세계대전이 일본의 패전으로 끝난 후, 일본은 연합국

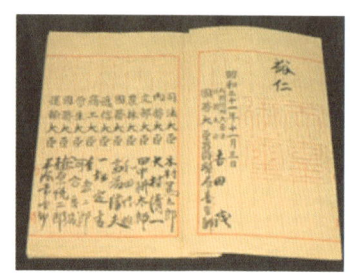

▲ 일본국 헌법 원본

의 점령 하에 들어가게 되었고, 당시 일본을 통치하던 연합군 총사령부(GHQ)는 일본의 정치 체제를 민주주의 국가로 개편할 것을 요구하였습니다. 이로 인해 GHQ의 초안을 바탕으로 새 헌법이 마련되었고, 그 결과 1946년 11월 3일에 공포, 1947년 5월 3일에 시행된 것이 현재의 일본국 헌법입니다. 이 헌법은 총 103개 조항으로 이루어져 있으며, 이 가운데 제13조와 제21조는 일본 사회의 기본적 가치와 문화적 풍토를 형성하는 데 핵심적인 역할을 합니다. 제13조는 "모든 국민은 개인으로서 존중받는다"고 규정하고, 생명·자유·행복추구권이 공공의 복지에 반하지 않는 한 최대한 존중되어야 함을 명시하고 있습니다. 이 조항은 개인의 존엄과 자율성을 법적으로 보장함으로써, 일본국 헌법 전체에서 기본적 인권을 지탱하는 철학적 기초로 기능합니다.

이에 더해 제21조는 집회·결사·표현의 자유를 보장하고, 검열을 금지하며, 통신의 비밀 보호를 명시함으로써 국민이 사상과 감정을 자유롭게 표현할 수 있는 법적 기반을 제공합니다. 이러한 조항들은 일본 사회가 정치·경제 영역뿐 아니라 문화·예술 분야에서도 자유로운 창작 환경을 유지할 수 있도록 하는 헌법적 전제조건이라 할 수 있습니다.

실제로 일본은 만화, 애니메이션, 소설, 영화, 유튜브 등 다양한 표현 매체를 통해 활발한 창작 활동이 이루어지고 있으며, 이는 단순한 산업 성

장에 그치지 않고 표현의 자유와 개인의 존엄을 보장한 헌법의 정신 위에서 가능해진 현상입니다. 요컨대, 일본국 헌법의 인권 조항은 표현 활동의 자유를 제도적으로 뒷받침하며, 국민이 자신의 사상과 문화를 자유롭게 펼칠 수 있는 사회적 기반을 제공하고 있습니다. 구체제를 폐기하고 국민 주권, 기본적 인권의 존중, 평화주의를 핵심 원칙으로 하는 새로운 국가 체계를 수립하였습니다.

일본국 헌법의 세 가지 기본 원칙

일본국 헌법은 다음의 세 가지 기본 원칙을 중심으로 설계되어 있습니다. 이를 흔히 헌법의 3대 원칙이라 하며, 각각은 일본 정치와 사회의 근간을 이루고 있습니다.

첫째는 국민주권입니다. 이는 국가의 주권이 천황이 아닌 국민에게 있다는 원칙으로, 정치권력은 국민의 의사를 반영하여 행사되어야 함을 뜻합니다. 과거 메이지 헌법에서는 천황이 입법권과 행정권, 군 통수권까지 장악하고 있었지만, 현재의 헌법에서는 천황은 일본 국민 전체의 통합을 상징하는 존재로만 규정되어 있습니다. 실제로 천황은 내각의 조언과 승인을 바탕으로 국빈을 접견하거나, 훈장을 수여하고, 총리 및 최고재판소장을 임명하는 의례적 역할만을 수행합니다.

둘째는 기본적 인권의 존중입니다. 인간이라면 누구나 갖는 보편적인 권리는 국가에 의해 보호받아야 하며, 국가는 이를 침해해서는 안 된다는 원칙입니다. 일본국 헌법은 이를 명시함으로써 국민의 생명, 자유, 신체의 안전, 표현의 자유, 학문과 사상의 자유, 종교의 자유 등 다양한 권리를 보장합니다. 앞서 언급한 제13조와 제21조를 포함한 관련 조항들은 이러한 권리를 구체화하고 있으며, 일본 사회가 세계적으로 자유롭고 다

▲ 최고 재판소. 일본 최고 사법부이며, 헌법의 수호자라는 별칭이 있음

양한 문화 활동을 펼칠 수 있는 토대가 되고 있습니다.

　셋째는 평화주의입니다. 일본은 헌법 제9조에서 전쟁을 통해 문제를 해결하지 않으며, 군대를 보유하지 않는다고 선언하고 있습니다. 이에 따라 일본은 전투 능력을 가진 정규군 대신 자위대를 보유하고 있으며, 자위대는 원칙적으로 국내 방위를 중심으로 활동합니다. 다만 21세기에 들어 일본은 안보 환경의 변화에 따라 집단적 자위권의 제한적 행사를 허용하는 법률을 제정하였으며, 이는 국제사회의 요청에 따라 유엔 평화유지활동(PKO) 등에도 참여할 수 있게 되었습니다. 그러나 이러한 변화에도 불구하고, 평화주의는 여전히 일본국 헌법의 핵심 가치로 간주되고 있으며, 국내에서도 다양한 의견과 토론이 이어지고 있습니다.

2. 정치 기구

삼권분립 제도

국가 권력은 일반적으로 세 가지 기능으로 구분됩니다. 이는 바로 입법권, 행정권, 그리고 사법권입니다. 이 세 가지 권력은 각각 독립된 기관이 담당하며, 서로를 견제하고 균형을 이루는 구조를 갖추고 있습니다. 이러한 원리는 '삼권분립(三權分立)'이라고 하며, 근대 입헌주의 국가에서 가장 기본적인 정치 원리로 자리 잡고 있습니다.

일본은 제2차 세계대전 이후 제정된 일본국 헌법을 통해 이 삼권분립 제도를 명확히 규정하였습니다. 헌법은 세 권력이 한 곳에 집중되는 것을 방지하고, 권력의 남용을 막기 위한 견제 장치를 마련함으로써 국민의 자유와 권리를 보호하는 기능을 수행합니다.

▼ 일본의 삼권분립

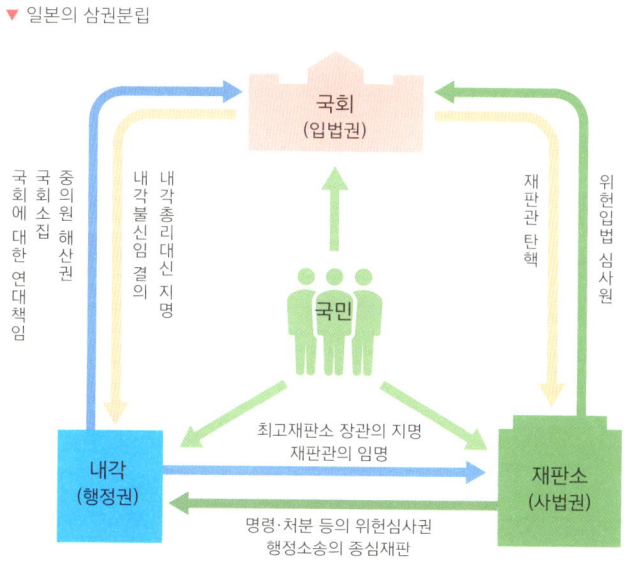

먼저, 입법권은 국회에 속합니다. 국회는 일본 국민이 선출한 대표들로 구성되며, 법률의 제정과 개정, 폐지를 담당하는 국가 최고의 입법 기관입니다. 일본 국회는 양원제를 채택하고 있으며, 중의원(衆議院)과 참의원(參議院)이라는 두 개의 원(院)으로 구성되어 있습니다. 일반적으로 법률안은 중의원에서 먼저 심의하고, 그 후 참의원에서 재검토하는 절차를 거칩니다.

다음으로 행정권은 법률에 따라 국가 정책을 수립하고, 실제로 이를 실행하는 권한입니다. 이 권한은 내각, 즉 행정부가 행사합니다. 내각은 국회에서 선출된 총리와 총리가 임명한 여러 명의 국무대신(장관)으로 구성되어 있으며, 교육·외교·재무·국토·환경·복지 등 다양한 부처를 통해 국정을 수행합니다. 일본국 헌법 제73조는 내각의 권한을 명확히 규정하고 있으며, 내각은 국회가 만든 법률과 헌법의 정신에 따라 행정 집행의 책임을 집니다.

끝으로, 사법권은 사회에서 발생하는 각종 분쟁과 범죄에 대해 법률에 따라 판결을 내리는 권한입니다. 이 권한은 재판소(법원), 즉 사법부가 행사합니다. 일본의 사법부는 최고재판소를 정점으로 하여 고등재판소, 지방재판소, 가정재판소, 간이재판소 등으로 구성되어 있으며, 헌법 제76조에 따라 독립된 기관으로 운영됩니다. 재판소는 단순히 법률을 적용하는 기관에 그치지 않고, 행정부나 입법부가 헌법에 위반된 결정을 했는지를 심사하는 '위헌심사권'을 가지고 있습니다. 특히 최고재판소는 헌법 제81조에 따라 헌법 위반 여부에 대한 최종 판단권을 가지므로, 흔히 '헌법의 수호자'로 불리기도 합니다.

이처럼 일본의 국회, 내각, 재판소는 각각 독립된 권한을 가지면서도, 서로의 권력을 견제하고 균형을 이루는 관계에 놓여 있습니다. 예를 들어, 국회는 행정부가 예산을 집행할 수 있도록 승인하고, 법률 제정으로 정책 방향을 설정하며, 국무대신에 대한 문책권을 통해 행정부를 견제합니다. 반대로, 내각은 국회를 해산할 수 있는 권한을 갖고 있으며, 국회의 신임을 상실하면 총리는 사임하거나 해산을 선택해야 합니다. 이것을 조금 더 부연하면, 국회 해산은 헌법 제7조(천황의 국사행위)와 제69조에 따라, 내각이 실질적으로 중의원을 해산할 수 있는 권한을 가집니다. 불신임 결의가 중의원에서 통과되면, 총리는 10일 이내에 내각 총사직 또는 중의원 해산 중 하나를 선택해야 합니다. 이는 의회 내각제적 특징으로, 행정부와 입법부의 견제와 균형을 제도적으로 구현하고 있습니다.

한편, 재판소는 이 둘 모두가 헌법을 준수하고 있는지를 판단하고, 위헌적인 행정 명령이나 법률에 대해서는 무효 판결을 내릴 수 있습니다.

삼권분립은 국가 권력이 남용되거나 한쪽에 집중되어 민주주의가 훼손되는 것을 방지하기 위한 중요한 장치입니다. 일본의 정치 체계에서도 이 원칙은 실질적으로 작동하고 있으며, 각 권력 기관이 상호 견제를 통해 일본 사회의 법적 안정성과 공정한 통치를 유지하는 데 중요한 역할을 하고 있습니다.

내각의 구성과 총리의 선출 방식

일본의 행정부, 즉 내각은 국가의 법률과 정책을 실행하는 중심 기관입니다. 내각은 총리(내각총리대신) 1인과 다수의 국무대신(장관)들로 구성되며, 국무대신의 수는 시기마다 변동이 있으나 10명대 후반이 보통입니다. 이들은 각각 외무·재무·국토교통·문부과학·환경·방위 등 다양한 부처를 책임지며, 총리의 지휘 아래 각자의 분야에서 국가 운영을 담당합니다.

내각을 이끄는 총리는 일본국 헌법 제67조에 따라 국회의원 중에서 선출됩니다. 국회에서 총리 지명 선거를 실시하고, 중의원과 참의원 양원 모두가 총리 후보자를 선출하며, 중의원의 의결이 우선권을 가집니다. 이렇게 국회에서 지명된 총리는 천황이 임명하지만, 이는 어디까지나 의례적 절차일 뿐이며, 천황이 거부권을 행사할 수는 없습니다.

이러한 방식은 한국의 대통령제와 큰 차이를 보입니다. 한국은 대통령을 모든 국민이 참여하는 직접선거를 통해 선출하며, 대통령이 행정부의 수장으로서 강한 권한을 행사합니다. 반면 일본은 간접선거 방식을 통해 총리를 선출하며, 총리는 국회의 신임을 바탕으로 내각을 구성하고 국정을 운영합니다.

또한 일본에서는 총리가 언제든 국회를 해산할 수 있는 권한을 갖고 있으며, 이는 의회의 견제에 대한 행정부의 대응 수단으로 작용합니다. 총리는 국무대신을 자유롭게 임면할 수 있으며, 정책의 최종 결정과 외교 활동에서도 중심적 역할을 수행합니다. 하지만 총리가 지나치게 권력을 독점하는 것을 막기 위해, 내각은 집단적 책임 원칙에 따라 운영됩니다. 다시 말해, 총리가 실책을 범했을 경우 전체 내각이 함께 책임을 지고 총사직해야 하는 경우도 있습니다.

내각의 구조는 수평적 협의체로서의 성격도 가지고 있으며, 총리와 국무대신들은 각료회의를 통해 주요 정책을 조율합니다. 특히 외교, 국방, 예산 편성 등 중요한 안건은 각료 전체의 합의를 거쳐 결정되며, 총리는 이러한 과정을 통해 국민과 국회의 요구에 부응하는 정치를 실행하게 됩니다.

이처럼 일본의 내각은 총리를 중심으로 구성되며, 입법부와의 긴밀한 관계 속에서 간접민주주의의 원칙에 따라 정책을 집행합니다. 이는 대통령제 국가와는 다른 의회 중심의 정치체계라는 점에서 일본 정치의 중요한 특징이라고 할 수 있습니다.

국회의 양원제와 일본 정치 구조의 특징

일본의 국회는 헌법 제41조에 따라 '국권의 최고 기관이며 국민의 유일한 입법기관'으로 규정되어 있습니다. 이는 일본의 정치 체제에서 국회가 입법을 포함한 정치적 정당성의 근거를 제공하는 핵심 기관임을 의미합니다.

일본 국회는 앞서 살펴본 바와 같이 중의원과 참의원의 양원제를 채택하고 있는데, 구성 방식과 권한에 일부 차이가 있습니다. 이러한 양원제는 정책 결정의 균형성과 심의의 신중함을 도모하려는 목적에서 운영되고 있습니다.

우선 중의원은 임기 4년이며, 전체 465석으로 구성되어 있습니다. 하지만 중의원은 언제든지 총리대신의 지시로 해산이 될 가능성이 있다는 특징이 있어, 실제 임기는 4년을 채우지 못하는 경우도 많습니다. 중의원 선거는 소선거구와 비례대표 병립제로 실시되며, 여당의 정권 유지 여부나 총리 교체와 직결되는 중요한 선거입니다. 중의원은 예산안 심의, 총리 지명, 법률 제정 등에 있어 참의원보다 더 우선적인 권한을 보장받고 있습니다.

반면 참의원은 임기 6년이며, 3년마다 절반이 교체되는 방식으로 선출됩니다. 전체 248석으로 구성되며, 참의원 선거는 중의원보다 상대적으로 정권 교체와는 거리가 있는 안정성과 지속성을 중시하는 구조로 되어 있습니다. 참의원도 법률안, 예산안, 조약 비준 등에서 중요한 역할을 하지만, 중의원보다 우선순위는 낮습니다. 예컨대 중의원에서 가결된 법률안이 참의원에서 부결되더라도, 중의원이 재가결하면 법률은 성립됩니다. 이를 '중의원의 우월'이라고 합니다.

양원제의 장점은 정치 과정에서 심의가 신중해질 수 있다는 점입니다. 중의원과 참의원이 서로 다른 임기와 선출 구조를 가지고 있기 때문에, 여당이 중의원에서 다수를 차지하더라도 참의원에서는 야당이 다수인 경우가 종종 발생합니다. 이런 경우, 참의원이 중의원의 법안을 견제할 수 있기 때문에 입법 절차에서의 균형 역할을 수행하게 됩니다.

하지만 이러한 구조는 때때로 정치의 교착 상태, 즉 '꼬인 국회(ねじれ国会)'를 초래하기도 합니다. 꼬인 국회란 중의원과 참의원의 다수당이 서로 다른 경우를 말하며, 여당이 중의원에서는 법안을 통과시켰지만, 참의원에서 야당이 이를 부결시키는 상황이 반복되면 국정이 정체될 수 있습니다. 이는 정치적 협의와 타협이 부족할 경우에 특히 문제가 되며, 국민의 입장에서는 정책 실행 지연이나 정책 불안정성으로 이어질 수 있습니다.

이와 같은 일본의 양원제는 한국의 단원제(일원제)와는 명확한 차이를 보입니다. 한국은 하나의 국회만을 가지고 있으며, 300명의 국회의원이 단일한 회의체에서 모든 입법과 예산 심의를 담당합니다. 단원제의 가장 큰 장점은 입법 절차의 효율성으로, 신속한 의사결정이 가능하다는 점입니다. 반면, 입법 심의 과정에서 충분한 숙의가 이루어지지 않거나 다수당의 횡포가 발생할 위험도 있습니다.

일본의 양원제는 이런 단원제의 한계를 보완하기 위한 제도적 장치로 볼 수 있습니다. 물론 정치적 갈등 상황에서는 양원제 역시 제 기능을 하지 못하는 경우가 생기지만, 전체적으로 볼 때 입법의 이중 검토 체계로서 의미 있는 역할을 수행하고 있습니다.

▲ 국회의사당. 도쿄도 지요다구 소재

 또한 일본 국회는 단순한 입법기관을 넘어서, 행정부에 대한 감시와 견제 기능도 수행합니다. 총리 지명권, 국무대신에 대한 불신임 결의, 예산 심의, 각료 출석 요구, 국정감사 등은 국회가 내각을 직접적으로 감시할 수 있는 제도적 장치입니다. 이러한 제도는 민주주의 국가에서 입법부가 단순한 법률 통과 기계가 아니라, 정부 전반에 대한 국민의 감시 권한을 대행하는 기관임을 보여줍니다.

 요약하자면, 일본의 양원제는 중의원을 중심으로 한 강력한 의회 구조 속에서 참의원이 견제자 역할을 담당하는 이중 구조입니다. 이 구조는 일본 정치의 안정성을 보장하기 위한 중요한 틀로 작동하고 있으며, 때로는 조정의 어려움도 있지만, 그 자체가 숙의 민주주의의 장이기도 합니다.

3. 정당

정당과 정치 참여

일본과 한국은 모두 대의민주주의 체제를 채택한 나라입니다. 이는 국민이 직접 정치에 참여하는 것이 아니라, 선거를 통해 대표를 선출하고, 그 대표가 국정을 운영하도록 맡기는 체제를 의미합니다. 이러한 대의제에서는 국민이 자신의 정치적 의사를 가장 효과적으로 표현할 수 있는 수단이 바로 정당입니다.

정당이란 비슷한 정치적 이념과 목표를 가진 사람들이 모여, 정권을 획득하거나 정치에 영향력을 행사하기 위해 조직한 집단입니다. 정당은 자신들의 정책 목표를 실현하기 위해 후보자를 공천하고, 선거 운동을 펼치며, 국회 안팎에서 법률 제정, 정부 감시 등의 정치 활동을 수행합니다. 국민은 자신과 정치적 가치관이 비슷한 정당의 후보자에게 투표함으로써 간접적으로 국정에 참여하게 됩니다.

일본에서는 일정한 요건을 충족한 정당만이 공식 정당으로 인정되며, 정당으로 등록된 경우 정당 교부금, 즉 세금에서 지급되는 정당 보조금을 받을 수 있습니다. 이는 정치 자금의 투명성을 확보하고, 대중 정당의 활동을 지원하기 위한 제도입니다.

정당은 국민의 의사를 모으고, 이를 정책으로 구체화하여 국정에 반영하는 기능을 합니다. 또한 야당의 경우 여당을 감시하고 비판하며, 대안을 제시하는 역할도 담당합니다. 따라서 정당의 존재는 민주주의 사회에서 정치적 다양성과 균형, 책임 있는 정치 운영을 가능하게 하는 핵심 제도라고 할 수 있습니다.

일본국 헌법은 정당의 자유로운 활동과 국민의 정치 참여권(참정권)을 보장하고 있으며, 일본 국적을 가진 일본 국민만이 선거권과 피선거권을 갖습니다. 외국인에게는 원칙적으로 참정권이 인정되지 않으며, 이는 국가 주권의 원칙과 헌법상 국민 주권 이념에 기반한 것입니다. 이는 한국의 제도와도 유사하며, 양국 모두 국민만이 투표와 선거에 참여할 수 있는 법적 근거를 갖추고 있습니다. 단, 한국의 경우 일부 지방선거에서는 외국인(영주권자)에게도 제한적으로 선거권이 부여되어, 일본과 약간의 차이점이 존재합니다.

정당 구조와 주요 정치 정당

일본에는 여러 정당이 존재하지만, 실제 정치에서는 몇몇 주요 정당이 중심 역할을 하고 있습니다. 이 가운데 가장 대표적인 정당은 자유민주당(自由民主党, 줄여서 자민당)입니다. 자민당은 1955년 보수 양당이 통합되어 창당된 이후, 제1야당에 잠시 머물렀던 기간을 제외하면 거의 대부분의 기간 동안 정권을 유지해 온 사실상 장기 집권 정당입니다.

자민당은 경제 성장, 외교 안보, 행정 개혁 등 여러 정책을 내세우며 보수주의 성향의 유권자들에게 널리 지지를 받고 왔습니다. 특히 일본의 관료 조직과도 밀접한 연계를 유지하면서 안정적인 정치 운영을 이어왔으며, 일부에서는 이를 '일당우위 체제(一党優位体制)'로 표현하기도 합니다.

한편, 민주당(民主党)은 1990년대 후반에 등장한 대표적인 중도·진보 계열의 정당으로, 2009년에는 자민당을 제치고 정권 교체에 성공하였습니다. 그러나 이후 정권 운영에서의 혼선과 정책 혼란으로 인해 국민의 신뢰를 얻는 데 고전하였고, 정당 내부 분열을 거쳐 현재는 입헌민주당(立憲民主党)과 국민민주당(国民民主党) 등으로 재편되었습니다.

이 외에도 일본에는 공명당(公明党), 일본유신회(日本維新の会), 일본공산당(日本共産党), 사민당(社会民主党) 등 다양한 성향의 정당들이 활동하고 있으며, 지역 정당이나 무소속 의원도 존재합니다. 특히 공명당은 자민당과 연립 정권을 구성하는 주요 정당으로, 선거에서의 협조와 국회 내 연대 활동을 통해 정책 실현에 기여해 왔습니다.

일본의 정당 체계는 형식적으로는 다당제에 가까우나, 자민당의 지지 기반이 비교적 탄탄하고 야당이 대안을 충분히 제시하지 못하는 상황이 지속되면서, 실질적으로는 자민당 중심의 정치 운영이 고착화되고 있다는 평가도 있습니다. 이러한 점은 일본 정당 정치의 구조적 특징으로 이해할 수 있으며, 유권자의 정치 불신이나 낮은 투표율과도 일정 부분 연관되어 있습니다.

정당정치의 쟁점과 일본 사회의 과제

전후 일본의 정당 정치에서 꾸준히 논란이 되어 온 대표적인 이슈는 헌법 개정과 안보 정책입니다.

일본국 헌법 제9조는 전쟁을 포기하고, 군대를 보유하지 않으며, 교전권을 인정하지 않는다는 내용을 명시하고 있으며, 이 조항은 일본의 평화주의를 상징하는 조문으로서 국제적으로도 널리 알려져 있습니다. 그러나 동북아 정세의 불안정, 특히 북한의 미사일 발사, 중국의 군사 확장, 러시아-우크라이나 전쟁, 대만 해협의 긴장 등으로 인해 일본 내부에서도 자위권 확대나 헌법 개정 논의가 본격화되고 있습니다.

자민당은 헌법 개정을 당 강령에 명시하고 있으며, 특히 제9조의 자위대 명기를 추진하고 있습니다. 이에 대해 입헌민주당이나 공산당 등은 평화헌법 유지와 군사력 확대 반대 입장을 견지하며, 헌법 개정 논의는 정치권에서 지속적인 갈등을 일으키는 주요 쟁점입니다.

또 하나의 큰 사회적 과제는 고령화와 복지 재정 문제입니다. 일본은 세계에서 가장 빠르게 고령화가 진행된 나라 중 하나로, 노인 의료, 연금, 간병 등 복지 재정의 지속 가능성이 심각한 정치적 논의 대상이 되고 있습니다. 1960년대 후반에 사회당과 공산당 등 진보 정당의 지지를 받은 '혁신 자치체'들이 고령자 의료비 무상화를 주장한 적도 있었으나, 재정 부담과 정책 반대 여론으로 인해 실현되지는 못했습니다.

21세기에 들어 일본은 복지 확대보다는 후발 의약품 사용 장려, 간병보험제도 개혁, 세대 간 부담 조정 등을 통해 점진적인 정책 조정을 시도하고 있으며, 이는 정당의 정책 경쟁에서 중요한 요소로 작용하고 있습니다.

또한 정치 구조 자체에 대한 회의감도 증가하고 있습니다. 일본 국민의 투표율은 선진국 가운데 낮은 편이며, 이는 정당에 대한 신뢰 부족, 정치인과 유권자 사이의 소통 부재, 대안 정당의 부재 등이 복합적으로 작용한 결과입니다. 특히 젊은 세대의 정치적 무관심은 미래 정치의 건강성을 위협할 수 있는 요인으로 지적되고 있으며, 이에 대한 정당과 정치 교육의 역할이 중요해지고 있습니다.

▼ 내각총리대신 관저. 일본 행정부로 장관들의 회의 장소가 있음

 **확인 학습**

1. 다음 중 국가를 구성하는 세 가지 기본 요소가 아닌 것은?
   ① 영토
   ② 국민
   ③ 주권
   ④ 정당

2. 헌법과 일반 법률의 가장 큰 차이는 무엇인가?
   ① 헌법은 대통령이 만든다.
   ② 헌법은 국가의 최고 규범이다.
   ③ 법률은 헌법보다 우선한다.
   ④ 헌법은 지방에서만 적용된다.

3. 일본국 헌법의 세 가지 기본 원리에 해당하지 않는 것은?
   ① 국민주권
   ② 기본적 인권 존중
   ③ 국방 강화
   ④ 평화주의

4. 다음 중 '상징으로서의 천황제'에 대한 설명으로 옳은 것은?
   ① 천황은 직접 정치에 참여한다.
   ② 천황은 국민의 투표로 선출된다.
   ③ 천황은 일본 국민 통합의 상징이다.
   ④ 천황은 입법권을 가진다.

5. 일본의 삼권분립에서 사법권을 행사하는 기관은?
   ① 국회
   ② 내각
   ③ 재판소
   ④ 총리실

6. 일본 내각총리대신은 어떻게 선출되는가?
   ① 국민의 직접선거
   ② 천황의 임명
   ③ 국회의 간접선거
   ④ 법원의 추천

7. '꼬인 국회(ねじれ国会)' 상황이 발생하는 이유는?
   ① 천황이 법안을 거부했을 때
   ② 중의원과 참의원의 다수당이 다를 때
   ③ 대통령과 총리의 권한이 중복될 때
   ④ 모든 법안이 부결되었을 때

8. 일본의 정당정치 체제를 가장 잘 설명한 것은?
   ① 다당제   ② 1당제
   ③ 2대정당제   ④ 일당우위체제

9. 일본의 사회문제로 논의되고 있는 항목이 아닌 것은?
   ① 고령자 의료비 문제
   ② 수도 이전 문제
   ③ 젊은 세대의 정치적 무관심
   ④ 동아시아 정세에 대비한 헌법 제9조 개정

10. 각 정당이 유권자에게 약속하는 사항으로, 정치적 실천의 기준이 되는 것은?
    ① 재판결과   ② 세금규정
    ③ 공약   ④ 조약

정 답									
1	2	3	4	5	6	7	8	9	10
④	②	③	③	③	③	②	④	②	③

필진 소개(가나다 순)

김경희 | 6장 담당
국립순천대학교 일본어일본문화학전공 교수. 쓰쿠바대학교 대학원 인문사회과학연구과 박사과정 졸. 연구업적으로는 『요괴: 또 하나의 일본의 문화코드』(공저), 『에로티시즘으로 읽는 일본문화』(공저), 「일본 지역캐릭터의 의인화와 지역부흥의 가능성」, 「글로벌을 향한 일본의 소프트 파워」, 「한국의 일본 대중문화 수용과 연구 현황」 등 다수가 있음.

김정희 | 5장 담당
경기대학교 일어일문전공 교수. 도쿄대학교 대학원 인문사회계연구과 일어일문 박사과정 졸. 연구업적으로는 『일본문화의 연속성과 변화』, 『はじめて読む源氏物語』, 『동시대 일본소설을 만나러 가다』, 「패러디된 '민화'와 일본적 가치관의 상대화」, 「〈스즈메의 문단속〉에 나타난 국토 의식」 등 다수가 있음.

김학순 | 10장 담당
충남대학교 일어일문학과 교수. 쓰쿠바대학교 대학원 인문사회과학연구과 박사과정 졸. 연구업적으로는 『한류의 경계』(공저), 『동아시아 지식권력과 미래 한국 인문학』(공저), 『지역과 일본인』(공저), 「에도시대 과학기술과 SF적인 상상력」, 「닌자 콘텐츠와 에도문학 교육」 등 다수가 있음.

마치다 타카시 | 9장 담당

국립창원대학교 일어일문학과 객원교수. 한국학중앙연구원 한국학대학원 인류·민속학과 박사과정 졸. 연구업적으로는 『제일제주인과 마이너리티』(공저), 『폭력에 대항하는 법 : 일본군 '위안부' 문제와 언어, 기억, 그리고 연대』(공저), 『食卓の上の韓國史』(역서), 「조선시대 제주도 풍속을 둘러싼 이념과 정책」, 「弊習_民俗_文化財：濟州島在來文化をめぐる相克」 등 다수가 있음.

박용구 | 3장 담당

한국외국어대학교 융합일본지역학부 교수, 한국외국어대학교 국제관계학과 박사과정 졸. 연구업적으로는 『時效無き日本軍慰安婦問題を問う』, 『이문화간 커뮤니케이션 입문』, 『일본인의 삶과 종교』, 「하위민(subaltern)은 말할 수 있는가?」, 「일본의 디지털 경쟁력 추이와 현황」 등 다수가 있음.

방윤형 | 4장 담당

수원대학교 일본언어문화전공 교수. 오사카대학교 대학원 문학연구과 박사과정 졸. 연구업적으로는 『인문과학과 일본어의 접점 –총론편–』(공저), 『한국인을 위한 알기 쉬운 현대일본어학』(공저), 「現代日本語における「うえ」の意味·機能」, 「動詞に接続する「ものだ」の意味と機能—意味と機能の派生関係を中心に—」, 「日本語の「せい」と韓國語の「탓」との対照研究」 등 다수가 있음.

송은미 | 12장 담당

백석예술대학교 글로벌문화콘텐츠학과 교수. 도호쿠대학교 대학원 문학연구과 박사과정 졸. 경희대학교 대학원 관광학과 박사과정 졸. 연구업적으로는 "Local support factors in integrated resort development: a study of Japanese residents",「일본에서의 한국 식음료 광고의 이미지 및 광고 표현기법」,『호텔리어를 위한 생생 일본어』,『일본인의 언어유희』,「일본에서의 한국 식음료 광고의 이미지 및 광고 표현기법」 등 다수가 있음.

신의식 | 7장 담당

경기대학교 일어일문전공 교수. 쓰쿠바대학교 대학원 인문사회과학연구과(현 인문사회비즈니스과학기술원) 박사과정 졸. 연구업적으로는「複合助詞ノヲにおける格助詞用法と接続助詞用法の連続性について」,「複合助詞『上で』の用法と助詞『で』について」,「中ヲ의 의미와 문법 기능 및 통어적 위치에 대해서」,「ChatGPT를 활용한 멀티링구얼 교육의 가능성에 대해서-일본어·영어 멀티링구얼 교육을 중심으로-」 등 다수가 있음.

이시준 | 1, 2장 담당

숭실대학교 일어일문학과 교수. 도쿄대학교 대학원 총합문화연구과 박사과정 졸. 연구업적으로는『今昔物語集 本朝部の研究』,『식민지시기 일본어 조선설화집 기초적 연구 1, 2』,『금석이야기집 일본편 1-9』,『구로사와 아키라의 국책영화와 일본문학』,『근대전환기 영화의 메타모포시스』 등 다수가 있음.

조규헌 | 11장 담당

상명대학교 한일문화콘텐츠전공 교수. 와세다대학교 대학원 인간과학연구과 박사과정 졸. 연구업적으로는 『일본의례문화의 기층과 변용』, 『한류의 경계』(공저), 『일본, 야스쿠니』(공저), 『文化の遠近法 エコ_イマジネル2』(공저) 등 다수가 있음.

카네코 유우키 | 13장 담당

동국대학교 WISE캠퍼스 일어일문학과 강의초빙교수. 간사이대학교 박사(문화교섭학). 연구업적으로는 『「新続忠臣図」─倭乱後朝鮮における理想的忠の群像』, 『雨森芳洲の朝鮮語教科書─『全一道人』を読む』, 『일본 교토대학도서관 소장 한국전적』(번역감수), 『朝鮮時代ソウル都市史』(공역) 등 다수가 있음.

홍진희 | 8장 담당

경기대학교 일어일문전공 교수. 오사카외국어대학(현 오사카대학) 대학원 언어사회연구과 박사과정 졸. 연구업적으로는 『일본문화 살펴보기』, 「오에 겐자부로의 『만연원년의 풋볼』론」, 「오에 겐자부로의 핵문제 이해」, 「요시모토 바나나의 『키친』에 나타난 여성상의 의미」, 「야마다 에이미의 청춘소설 연구」 등 다수가 있음.

한국일어일문학회 일본문화총서 16

교양인을 위한 일본 입문

2025년 12월 26일 초판 1쇄 펴냄

엮은이 　한국일어일문학회
펴낸이 　김흥국
펴낸곳 　보고사

등록　1990년 12월 13일 제6-0429호
주소　경기도 파주시 회동길 337-15 보고사
전화　031-955-9797
팩스　02-922-6990
메일　bogosabooks@naver.com
http://www.bogosabooks.co.kr

ISBN　979-11-6587-949-5　03300
ⓒ한국일어일문학회, 2025

정가 18,000원
사전 동의 없는 무단 전재 및 복제를 금합니다.
잘못 만들어진 책은 바꾸어 드립니다.